JN121018

市民参画と
サービス・ラーニング

学問領域や文化の壁を乗り越えて学びたい学生のために

クリスティーン・M・クレス
ピーター・J・コリアル
ヴィッキー・L・ライタナワ [著]

吉川 幸　前田 芳男 [監訳]

ポートランド州立大学ワークショップアラムナイ [翻訳]

岡山大学出版会

LEARNING THROUGH SERVING
A Student Guidebook for Service-Learning
and Civic Engagement Across Academic Disciplines and Cultural Communities

Christine M. Cress, Peter J. Collier and Vicki L. Reitenauer

First published in 2013
by Stylus Publishing, LLC

社会に貢献すること、

チームや地域の一員であることの大切さを教えてくれた両親や家族へ、

感謝を込めてこの本を捧げます。

翻訳にあたって

　原書を翻訳しようという話が持ち上がったのは、著者のお一人であるクリスティーン・M・クレス教授の講演を含む、一連の「コミュニティ・ベースド・教授法ワークショップ」の場であった。米国オレゴン州に所在するポートランド州立大学が、日本の大学教職員を対象として実施したワークショップである。ここに参加していたメンバーを中心に、19名が分担して日本語への翻訳を試みたものが本書である。

　ポートランド市は、全米で最も住みたい都市の一つであると言われている。1980年代には深刻な環境問題に悩まされていたというが、現在は公共交通として路面電車や多くの自転車が行き交い、美しい街並みが保たれ、若い世代が多数移住してくる活気ある都市である。ここに立地するポートランド州立大学のモットーは、「Let Knowledge Serve the City（知識を以てまちに仕えよ）」である。教育カリキュラムの柱にはコミュニティ・ベースド・ラーニングがあり、年間800にも上る科目が、大学と地域の連携によって展開されている。

　日本においても、インターンシッププログラムや地域実習といった形で、学生が地域に出かけて学ぶスタイルの科目は徐々に増えつつある。大学しかり、高等学校しかりである。しかし、教育プログラムを考える教職員の側が冷静に考えなければならないのは、「生徒や学生を地域に出すことで満足してはいないか」ということではないかと思う。地域で彼らに何を学んでほしいのか。そのために必要な事前教育は何か。事中のフォローアップや事後教育はどうか。地域にとってはどういう意味を持つのか。そのような問いかけを自らに課しながら、プログラムの質を向上させてゆくためのヒントを求めて、訳者たちはポートランドに集まり、学ぶこととなった。

　原著の初版は2005年、翻訳した第二版は2013年の刊行であるが、現在の日本の教育環境においては斬新な考え方ばかりである。それゆえに翻訳作業は訳者の理解も問われるものであったが、ポートランドでの訳者たちの学びを、より多くの日本の方々に共有できるものになったのではないかと思う。

　翻訳作業を進めるにあたっては、ポートランド州立大学の西芝雅美教授、向野也代助教授、飯迫八千代氏の協力を得た。また、編集作業を進めていた時期にフルブライトスペシャリストとして岡山大学に滞在して研究を進めていたセリーン・フィッツモーリス氏には、原著の解釈について話し合うなどして支えていただいた。ここに記して感謝を申し上げたい。

翻訳者を代表して

吉川　　幸

前田　芳男

目　次

第1部　サービス・ラーニングの原理

　　　　サービス・ラーニングと市民参画とは何か
　　　　サービス・ラーニングは他の科目とどのように違うのか
　　　　大学でサービス・ラーニングを必要とする理由
　　　　市民とは何か。なぜ、私はその一人になるように学ばなければならないのか
　　　　民主主義における教育の役割
　　　　市民能力の開発：慈善 vs 連帯
　　　　サービス・ラーニング科目ではどのように市民能力が開発されるのか
　　　　サービス・ラーニング科目から得られることは他にあるか
　　　　私たちが得たものは何か

　　　ヴィッキー・L・ライタナワ、エイミー・スプリング、ケビン・ケスカス、
　　　シアナ・M・ケリガン、クリスティーン・M・クレス、ピーター・J・コリアル
　　　　貢献活動と学びに対する自己の方向付け
　　　　地域社会との協力関係
　　　　CBL の学習環境
　　　　私はこのチャレンジのための準備ができているのか。私のコミュニティパート
　　　　　ナーは私を受け入れる準備ができているのか
　　　　この場所は何か。私の場所は何か
　　　　資産、関心、およびニーズ
　　　　今、何が起きているか──不具合を回避すること
　　　　貢献活動を行うための行動学習計画（ALPS）の開発

結論

第2部　状況と言葉の理解

ジャネット・ベネット

文化はどう関係しているのか

異文化の感受性を構築する

更なる前進への一歩：権力の探求と特権の解明

私たちが何を見るかは、私たちがどんな立場をとっているかにかかっている

結論

第3部　教室内外での学びと意味構成の促進

クリスティーン・M・クレス、ステファニー・T・スタカマー、
トーマス・J・ヴァン・クリーブ、チスラ・エドウィン
準備：出発前
実践：サービス活動を通じて学ぶ
成果：結果を出す、自らが変わる

ヴィッキー・L・ライタナワ
どこからでも始めよ
そしてどこまでも続けよ
変化を起こす
そして毎日あなたの持つ意味はひとつずつ増えていく

ピーター・J・コリアル、ヴィッキー・L・ライタナワ

図表一覧

演習問題一覧

以下の著作物について本書への転載許諾をいただいた著作者に記して謝意を表したい。

図 6.1 の「省察とサービス・ラーニングのサイクル」(Toole & Toole, 1991、1993年および 2001 年修正) の使用については、James C. Toole, Compress Institute から許諾を得た。

図 6.2 は、David A. Kolb が 1984 年に著した *Experiential Learning: Experience as the Source of Learning and Development* からの転載であるが、Pearson Education, Inc. から許諾を得た。

詩「The Low Road」は、Marge Piercy が 1980 年に著した *The Moon Is Always Female* に所収されているものからの転載であるが、Random House, Inc. の部局である Alfred A. Knopf から再版の許諾を得た。

はじめに

（翻訳　山田　一隆）

第2版で新たに取り上げたこと

本書の初版は2005年に刊行され、市民参画（civic engagement）とコミュニティ・ベースド・ラーニング（community-based learning、地域に根差した学び[1]）に関する授業の教科書として、米国内の大学で広く採用されている。本書はアラビア語にも翻訳された。また、オーストラリア、サウジアラビア、インド、日本、アイルランド、中国、イラクをはじめ、世界中の国々で大学教員や学生たちに使用されている。その内容と活動は、教育課程の統合、学習評価、地域社会への効果に焦点をあてた参画の研究に関する大学教員の研修会での教材ともなっている。この10年間で、世界各国の相互依存関係は、経済的側面においても環境的側面においても、技術の進歩やつながりによって、ますます強くなった。こうした国際開発に歩調を合わせるように、大学では、私たちの共有の未来の成果は、学術的な知識と技能を十分に発揮できる学生を輩出することにかかっているという考え方が、ある種の「錦の御旗」のように受け入れられるようになっている。したがって、地域社会への貢献活動と学習を意図的に結び付けることは、多くの初等、中等、高等教育機関における教授・学習の方略として特徴づけられるようになっている。

実際のところ、市民参画は学生の中途退学を防ぎ、学びを高め、卒業を促進するための強力な教育的ツールのひとつであることを示す調査結果がある。思慮深く目的意識を持って設計された市民参画の活動は、初等中等教育段階の学校、短期大学、四年制大学において、質の高い学びと卒業率の改善をもたらしている。実際、サービス・ラーニングは、生徒の誰ひとり取り残さないことを確かなものにするためのひとつの方法であると唱える教育者もいるのだ（Cress 2012）。

しかし、時間の経過とともに教授法も発達する。サービス・ラーニングの科目は、電子的な様式を活用することが多くなり、すべてがオンラインで提供されることさえ起きている。今日、様々なソーシャルメディアネットワークを通して、サービス・ラーニングの学生により大きな変化が見られたり、地域の社会資源が活用されたりするというような状況が見られる。落ちこぼれるかも知れない中高生の面倒をみるといった、地域社会での直接的な貢献活動を実施する際にも、対面での援助をするだけでなく、併せてオンラインでも直接的な支援をすることができる。さらに、間接的な貢献活動のプロジェクトが行われる頻度が高まっている。サービス・ラーニングの学生が非営利の社会奉仕組織のためにウェブサイトを再設計したり、新たな営業計画の戦略を練ったりもすることもあるだろう。

加えて、毎年、何千人もの学生が、「もうひとつの春休み」の期間や短期の国際サービス・

1　community-based learning は CBL と略される。

1

ラーニングの一環として、集中的にサービス・ラーニング活動に参加している。ポートランド州立大学（Portland State University）のような高等教育機関では、授業者や研究者、運営者として市民参画の領域でキャリアを追求するための修士課程の専門科目や卒業認定を行う場合もある（http://pdx.edu/elp/service-learning）。

　この第2版においても本書の方針は変わっていない。学生が、個人的にも、また、地域社会に貢献する心の優しい専門家としても、地域社会での貢献活動の経験を理解し省察するのに役立つように設計されている。また、地域社会の課題や困難に対して学問的な知識を適用する際に、貢献活動の学びを通して、教員が、心の優しい学生の専門知識を成長させるのに役立つように設計されている。要するに本書は、未来の市民リーダーとして学生たちが成長するにあたり、市民的な貢献活動の学術的な意味を理解するための本なのである。

　そのため、内容と活動とが現代的なサービス・ラーニングの経験に関連していることを担保するために、著者と編者は、集合的な専門知識を分かち合う目的で各章を修正し、増補して再構成した。とりわけ各章は、社会正義、特権・権力、多様性、異文化間コミュニケーション、テクノロジーの課題に十分に対応している。加えて、様々な学問領域からの事例、帰属理論といったサービス・ラーニングの課題を理解するための学術的な参考文献、障がいを持つ学生や留学生に関連した課題に関する情報を追加した。さらに、新たに、メンタリング（第7章）、リーダーシップ（第8章）、チェンジ・エージェント（第13章）、グローバル・サービス・ラーニング（第12章）に関する4つの章を追加した。

　私たちはまた、本書に沿った科目のために、重要な部分を論議するような授業者用の手引きを作成した。手引きは https://sty. presswarehouse.com/sites/stylus/ LtsInstructorManual-2e.pdf から無料でダウンロードできる。本書の電子書籍版にはこの手引きも含まれている[2]。

　編者として、効果的なサービス・ラーニングのための学問的な枠組みを提供するために努力しようという仲間たちに感謝の念を伝えたい。ポートランド州立大学は、20年以上前にその最も重視すべき学術的な使命に市民参画を掲げた。そのリーダーシップに私たちはとても感謝している。Stylus社の John von Knorring 氏が示した、知的で健全な教科書を出版するべきという先見の明は、この教育学的アプローチの正統性が学生の学びと地域社会の改善の要となることに大いに貢献している。そして、新たな価値を生み出そうとする私たちの研究を支えてくれたそれぞれの家族にはとても感謝している。

参考文献

Cress, C. M. (2012). Civic engagement and student success: Leveraging multiple degrees of achievement. *Diversity and Democracy*, 15(3).

2　訳者注：本書の原著 *Learning through Serving, A Student Guidebook for Service-Learning and Civic Engagement across Academic Disciplines and Cultural Communities*（英語）の電子書籍版についての記述。日本語翻訳版は未対応である。

序章　なぜサービス・ラーニングを学ぶのか

クリスティーン・M・クレス（翻訳　吉田　敦也）

　本書『市民参画とサービス・ラーニング——学問領域や文化の壁を乗り越えて学びたい学生のために』（原題 *Learning through Serving, A Student Guidebook for Service-Learning and Civic Engagement across Academic Disciplines and Cultural Communities*）は、大学でサービス・ラーニングを学ぶ学生のために書かれた教科書である。学生の社会貢献活動と学習について、大学の教育課程において取り組む場合にも、社会の中での自分の問題として取り組む場合にも、いずれにおいても効果的で興味深く意義のある体験ができるよう、演習問題や活動を提供している。

　本書の目的は、学習と貢献活動に不可欠な要素を紹介することである。言い換えると、いかにすれば、コミュニティを運営する団体や組織に対して意味ある社会貢献活動を最大限提供できるかということだ。同時に、大学プログラムの統合的な要素として、従来無かった技能、知識、理解の習得が可能かどうかに焦点を合わせている。

　周知のように、サービス・ラーニング科目は複合的な教授と学習の環境である。学術的な科目内容と地域社会での社会貢献の機会とを接続することで学びが高まるようデザインされている。こうしたやり方は、講義中心の伝統的な教育課程と異なり、学生にとっても指導者にとっても、新しい振る舞い方、新しい学習法への移行が求められる。また、コミュニティでの意欲的な実践に基づくまったく新しい学習の文脈だと感じることは間違いなく、それがまた、教室での指示、予習的に課せられるリーディング（読む課題）、議論の持つ意味を新たなものとしていく。本書は、こうした社会貢献による学習の計画、対処、評価を支援するものである。

　本書の内容は、サービス・ラーニング科目で直面する困難をどう乗り越えていくかというところから始まる。そのため、地域活動においてボランティア活動が本当に必要なのか、あるいは、学習者、市民、コミュニティの一員であることの本質とは何か、そうしたことの意味や価値について問題提起する。なお、それらのほとんどは、あなたがサービス・ラーニング科目の教科書を読了し、必要な活動は終えているものとして書かれている。もし教員が全ての活動を完了していることを授業の条件としていない場合でも、あなたのこれまでの社会貢献の体験を振り返ることに役立つことでもあるだろう。

　また、この本は、ひとつの学期に渡って読めるように書かれている。従って、1週間に1章を読むとよいだろう。その時、学びとることや気づきが最大になるよう、読み進む速度、演習問題への取り組みをコミュニティでの体験に合わせて調節しておいてほしい。

　本書には各種の目録や理解を深めるための諸活動も用意されている。それらはクラスメイト（教室も一種のコミュニティを形成している）、地域社会の運営組織（あるいはその他あなたが社会貢献しているところの運営組織）、より大きな社会などとの関係について

理解を助けてくれるだろう。さらに本書は、あなたが多文化コミュニティに参加するための準備ともなる。そのため、あなたが「コミュニティを基礎とした作業」において遭遇するであろう多様性（ダイバーシティ）の問題も取り上げる。人種、社会階層、ジェンダー、能力、性的指向、その他、教室や様々な形で拡張しつつある社会において、人によって異なる部分と同じ部分が存在する問題について調べるための情報、資料、活動も提供している。

　奨学金のことや、社会的変化の特性や過程に関する教訓を集めるのに役立つ質問などについても記載している。あなたが受講している大学プログラムや専攻が、理解の枠組み、複雑な地域社会への挑戦にいかに有用かを考える助けともなり得るものだ。もっと言うなら、地域社会の力、協働、変化、変容の力学について検討するための支点、すなわち梃子となるポイント探しにも有益だ。加えて、評価のためのより深い内省戦略も提供している。実践の過程や成果を含めてあなたが行ってきた社会貢献の意味づけに役立つだろう。また、今後、市民、ボランティア、従業員として地域社会の中で果たすであろう未来の役割を考えるのに役立つだろう。

　このように本書は、あなたのサービス・ラーニングの体験が数週間あるいは数か月続くものであったとしても、やり遂げ、成長できるよう手助けする実践的なガイドブックとしてデザインされている。また、多様な学術領域と多数の地域社会を基礎とした体験にまたがる学習と社会貢献活動のギャップを橋渡しする創造的な資料やアイディアを提供するという意味で、サービス・ラーニング科目のリーディング課題では座右の書となるだろう。

　読み進むにつれてわかると思うが、各章では現代的な地域社会の問題について前後関係から理解するための理論的な情報も提供している。一方で、各章の大部分には、自分自身の内省と評価の手法、個人の思考とグループディスカッションのための問題提起、地域社会との相互作用を効果的に起こすための技法についての示唆、他の機関におけるサービス・ラーニング・プロジェクトの事例などが含まれている。

　学習支援のため、演習問題にはマークを付けてある。各章の考えを理解するために、演習問題がどのような役割を持つかを示したものだ。可能であれば、教員と一緒に、どの演習問題が個人作業で完了させるべきものか、どれがグループワークで完了させるべきものかをチェックしておいてほしい。

　★印で示した演習問題は最も重要なものだ。個人作業、グループワークのいずれの場合であっても実施してもらいたい。📈印はオプション問題で、その問題へのより深い見通しを得るための助けとなるだろう。➕印がついたものは、さらなる資料、情報を提供する演習問題で、地域社会の問題解決や変化について理解するための探究に役立つだろう。「地域に根差した体験（community-based experience）」の範囲によって、「サービス・ラーニング（service-learning）」と「CBL（地域に根差した学習、community-based learning）」という用語がともに使われている点については注意してほしい。もちろん、二つの用語の違いは第1章にて扱う。

　理解しやすさに配慮して、本書は4部構成とした。

4

第1部：サービス・ラーニングの原理

　第1部の到達目標は社会貢献を通じた学習を体験するための準備をすることである。学生の中にはサービス・ラーニング科目にすでに参加していて、個人的なボランティア体験や市民参加の経験からこの種のクラス内コミュニティを体験するための基本的なことを理解しつつある人がいることだろう。一方で、不案内で未経験の領域だと感じている学生もいることだろう。そのため、第1章から第3章にかけて、段階的に、あなたと地域社会とをつないでいこう。また、社会貢献による学習の中での協働作業からどのような経験を得られるかについて提起する。

第1章　サービス・ラーニングと市民参画とは何か

　第1章では、サービス・ラーニング科目の中で実行される「貢献活動（service）」や「学習（learning）」の特性について考える。そして、民主主義、市民性、市民の責任といったより広い視点からの議論に結びつけていく。そして、振り返り活動についても紹介する。これは社会貢献とボランティア活動とを区別する鍵となる要素で、実践的なものだ。また、市民力（個々人の活動を集合的なものとする市民パワー）を開発するための促進要因という観点から、大学の役割についても議論しよう。地域社会の中で十分に活躍できるメンバーとなれるよう、知識の類型、技能、動機づけなどについても議論していこう。

第2章　コミュニティパートナーを開拓し維持する

　第2章では、地域社会を運営する組織とのパートナーシップが潜在的に持っている、知識を変えていく力についてより深く探究する。そのため、パートナーシップの成功を導く鍵となる要素について、サービス・ラーニング体験の取り組み開始から、関与、そして、完了に至るケーススタディーをもとに議論する。ALPS（Action Learning Plan for Serving、貢献活動を行うための行動学習計画）を開発する課題も与えられる。それは社会貢献と学習を最大効率で行うための戦略となる。

第3章　地域社会への移行：私から私たちへ

　第3章では、サービス・ラーニング科目で体験する地域社会について論じる。すなわち、学習コミュニティとしての授業、壁のない教室としての拡張的なコミュニティ、そして、それら様々な学習シーンの交差点といった議論である。このような議論を通じて、複数の当事者が異なる価値観やゴールを持っており、良き意図とコミュニケーションが必ずしも常に実りある社会貢献の体験を導くものではないことにも気づくだろう。新しいリーダーシップモデルも紹介しよう。それは地域社会の変化を導く「協働」の作業を効率的に活用していく枠組みとなるだろう。

第2部：状況と言葉の理解

社会貢献による学習体験に参加していくにつれて、自分自身について、また、他者について、新しい見方をするようになるだろう。第2部（第4章、第5章）では、あなたが学習者または社会貢献する者としての効果や共感を最大化できるよう、多様な文化グループに関する情報や演習問題を提供する。

第4章　グループは楽しい、グループは楽しくない：公共善のためのチームワーク

あなたが社会貢献するための正式なチームメンバーであってもなくても、グループにおいてなされるチーム活動や協働作業の多くは、一般的によく見られるものだろう。第4章においては、特に、あなたの知識と技能を発達させることが、コース学習と社会貢献対象のいずれに対しても、より一層効果的なグループ内協働を生み出すことについて論じる。

第5章　文化的な繋がりを作る：違いを探る、権力を調査する、既得権益を明らかにする

第5章では、多文化主義について一層接近して観察するためのグループ演習を行う。そこでは多様性への理解の過程でよく見られる体験学習を土台にしている。あなたは、クラスメイト、コミュニティの構成員などを代表して、礼儀正しく、道義的に、かつ、効果的に作業することを間違いなく望んでいるだろう。一方で、その目的達成にあっては、根底に潜む諸問題（権力、特権、差別、ステレオタイプな考え方、異文化間コミュニケーション、文化的な能力、その他）を避けては通れない。なぜならそれらは地域社会の生活を左右するからだ。そこで本章では、地域社会をどう捉えるかについてのいくつもの見解をどう取り込んで一つのまとまりとするのか、そして、差別に関する政治的取り扱い、市民参加への影響をどう議論していくかについて吟味する。

第3部：教室内外での学びと意味構成の促進

第3部（第6章〜第10章）の到達目標は、地域社会での貢献活動体験について理解するための多様な場所について、学習が順調に進んでいる場合、そうでない場合の両方を取り上げる。特に、学習者がそれぞれの体験から意味や知識を構築するために振り返りをどう活用するか、助言や指導を行う立場からそうした新しい見識を他者の成長や発達の促進にどう活用するか、コミュニティでのやりとりが期待外れで失敗に終わった場合に何ができるか、科目や専攻の文脈で貢献活動から学習できることや将来の進路についてどう考えるか、について議論する。

第6章　リフレクション・イン・アクション：学習と活動の関係

自らの行為について振り返る機会が多くは無かった場合、学習者はコミュニティパート

ナーとの関わりの中で学習が増幅された方法について、また、その関わりが学習者に対して持つ意味について明確にすることなく、サービス・ラーニングの授業を終えることになる危険性がある。第6章では、サービス・ラーニング体験の全体を振り返るためになされている一連の演習問題を構造化する戦略について提案する。何が学習者の学びと社会貢献に役立ち、また、妨害するのかも徹底的に検証する。多様な方法で省察することがいかにあなたの学習に役立つかについて理解しよう。

第7章　メンタリング：エンパワーメントのための関係性づくり

　ピアメンタリングは、エンパワーメントや助言を受ける能力を向上させる。私たちはここでメンタリングの二元機能モデルを紹介し、ピアメンタリングが心理社会的支援と被助言者の成功に寄与するロールモデルの両方をいかに提供するかを示す。対面のメンタリング、オンラインで行うeメンタリングの相対的な利益についての議論の一部として、「信用」の概念について取り上げる。そして、なぜそれが助言者（メンター）と被助言者（メンティー）との効果的な関係に重要なのかを説明する。最後に、メンターの道具「新ジョハリの窓」を共有する。ジョハリの窓は、被助言者が自分では気づかない問題解決能力への認識を手助けすることから、被助言者の助言者への信用を高める手法である。

第8章　リーダーシップとサービス・ラーニング：変革を進める

　21世紀のリーダーシップは種々多様な異文化が混在する状況の中で行われる傾向にあり、複雑な問題である。そのために、あるサービス・ラーニングの場所、例えば、コミュニティ・ガーデンで効果的なリーダーシップの手法が、別な場所、例えば、小学校では適当ではない場合があり得る。また、市内居住者との作業において適用できたものが移住労働者との場合には通用しないこともある。本章ではLipman-Blumenの複数リーダーシップスタイルモデルについて説明する。そして、考えを行動へと変化させる効果的戦略としての「リーダーシップの道具箱」を紹介する。最後に、一連の囲み記事を通じて、各種サービス場面での成功に求められる多様なリーダーシップ接近法について説明する。また、サービス・ラーニングの授業への参加は、学生それぞれの持ち味を活かしたリーダーシップスキルを開発する機会となることについても述べる。

第9章　失敗からでも学ぶ気持ち：うまくいかなかった時に

　よく練られた計画にもかかわらず、いざ地域社会で実践してみると様々なことがうまくいかない場合がある。グループワークの場合、学生がお互いに反目し始めることもあり得る。地域社会のパートナーが学習体験のための十分な情報や支援を提供しない場合もあるだろうし。資金のことや交通／輸送の手配が予定していた期日までに整わないこともあるかもしれない。本章はそうした失敗の可能性を想定して回避すること、戦略的な問題解決と問題に向き合うこと、勝算に関係なくやり遂げるというようなことに役立つ。

第10章　すそ野を広げる：コースコンセプトの新しい視点

　科目の内容とサービス・ラーニング体験の関係を見極め、理解することは、しばしば地域に根差した学習で最も苦労することになる点だ。本章では、批判的な視点を提供する。そのことによって、理論的な概念を学習と変化のための具体的な戦略とを結びつけ、各種学術領域の学習内容がコミュニティでの社会貢献や実践にいかに活力を与えうるものかということを見て取れるようにする。加えて、ケーススタディーを読めるようにした。貢献活動体験からの実際的なシナリオも紹介されており、学術的な知識がコミュニティの取り組みやニーズへの対処にどう使えるかを知るのに役立つだろう。

第4部　参画の取り組みの評価

　第4部（第11章～第14章）の到達目標は、地域を基礎とした関与の成果を評価することから学習者を支援することである。学習者の努力は本当に地域や関係者に変化をもたらしたのだろうか。一方、学習者は、コミュニティとつながる過程で、どんな技能、知識、価値を得たのだろうか。こうした学習が、将来、学習者が自身の地域社会でポジティブな変化を起こすにあたって、どんなふうに役立っていくのだろうか。

第11章　採点を越えて：学習と貢献活動の評価をめぐる便益と課題

　サービス・ラーニング体験の終わりにあたって考えるべき側面は多くある。特に、学習者の社会貢献が、学習者自身、クラスメイト、教員、コミュニティパートナーにとって意味ある変化を起こしたか否かを測定することだ。当該研究により、コミュニティの関係者に肯定的な影響はあっただろうか。学習者の専攻に直接つながる学習はあっただろうか。ポジティブな変化は見られただろうか。本章では、学習者の社会貢献と、大学と地域社会の関係による複数の効果を測るのに役立つ各種の評価方法とツールを提供する。

第12章　どっぷりはまれるグローバル・サービス・ラーニング：出かけるまでに知っておくべきこと

　サービス・ラーニング体験が他国への旅行を含む（グローバル・サービス・ラーニング）学生、あるいは、自国内であっても何週間か何か月かの別地域への旅行を含む（没入型サービス・ラーニング）学生は、大学、友人、家族から遠く離れて、ユニークな機会と挑戦を経験するだろう。本章では、そうした特別なサービス・ラーニング体験にどう準備し、どう処理し、どう評価するかを示す。もちろん、情報と戦略はいかなる市民参加体験にも応用できるので、本章を新しい理解と洞察を得るため読んでほしい。特に、交通／運送、プロジェクト準備、異文化感受性などの諸問題を取り上げる。強調していることは、参画的省察である。それは、大学で専攻する科目から得た概念が自宅や海外での実際のコミュニティ生活においていかに応用可能であるかをより深く学ぶための知的道具、情緒的道具となるだろう。

第13章　どこからでも始めよ、どこまでも続けよ：変化の主体

　本章では、南アフリカのヨハネスブルグの事例から学ぶ。ジョーバート・パークの近隣地域は薬物中毒とギャングによる暴力の場所であったのだが、地域社会の力で、祝祭と芸術のための持続可能な公園に変容した過程について学ぶ。その物語は、たとえそれが全くない状態でも、豊かさを切望するところから始めることの大切さを教えてくれる。私たちはまず自らの強みと情熱を振り返ることから始め、続いて、同じ志を持った人との連携を構築するため、外へと開いてゆく。あなたのサービス・ラーニング体験が、私たち一人ひとりが行動する力を持ち、行動することを選択し、興味と連動しているばかりか集団の前向きな変化を生み出すことを教えてくれることを願っている。

第14章　振り返り：さああなたはここからどこへ？

　最終章では、学習過程について全体を見渡す形で省察することがテーマである。貢献活動を開始したときどんな様子であったか、それがどういうふうに変化したか、将来、あなたが社会の公共善に貢献する準備ができていたとして、いかに体験を終えようとしているかについて、再検証する。

　我々が期待することは、本書に記載した多数の考え方、戦略、枠組みが、学習者、クラスメイト、教員、コミュニティパートナーにとって、学習と社会貢献の学術的、個人的な意味づけに有益な資源であるかを証明するということである。もしも、市民参加の学術領域についてもっと学びたいなら、ポートランド州立大学の教育学大学院の Web サイト [3]（http://www.pdx.edu/elp/service-learning）を訪問してみてほしい。サービス・ラーニングと CBL の単位認定と修士課程プログラムについての説明を読むことができる。

　最後に、専門知識や学識を共有くださったポートランド州立大学の同僚には大変お世話になった。学生諸君やコミュニティパートナーにはいろいろなことを教わった。深い敬意の念を持って感謝したい。

3　2019 年 9 月 1 日、アクセス可能であることを確認。

第1部

サービス・ラーニングの原理

　第1部の到達目標は社会貢献を通じた学習を体験するための準備をすることである。学生の中にはサービス・ラーニング科目にすでに参加していて、個人的なボランティア体験や市民参加の経験からこの種のクラス内コミュニティを体験するための基本的なことを理解しつつある人がいることだろう。一方で、不案内で未経験の領域だと感じている学生もいることだろう。そのため、第1章から第3章にかけて、段階的に、あなたと地域社会とをつないでいこう。また、社会貢献による学習の中での協働作業からどのような経験を得られるかについて提起する。

演習問題等の記号：

必修問題。個人ワークでもグループワークでも必ず取り組んでほしい。

選択問題。より深く理解するための一助となるので、できるだけ活用してほしい。

選択問題。地域社会の課題解決し変革を進めるうえで有益な資源や情報を得るために活用してほしい。

第1章　サービス・ラーニングと市民参画とは何か

クリスティーン・M・クレス（翻訳　山本　浩史）

サービス・ラーニングと市民参画とは何か

　米国内や外国で、学生と教員が、その学習を活性化し、市や町、州といった地域にある日常の生活課題と教育とのつながりを体験するため、教室から離れ、地域社会と関わっている。この本を読んでいるあなたは、こういった学習に関わっている学生の一人なのかもしれない。あるいは、国内の別の地方や外国を旅行し、その地に貢献し、学ぼうとしているのかもしれない。カリキュラムやプログラムによっては、あなたの経験は数時間から数週間、あるいは数か月、場合によれば数年に及ぶ可能性がある。（もしあなたが国内の別の場所で、または外国でサービス・ラーニングを行う場合には、本書の第12章を必ず読んでもらいたい。）

　実際のところ、これはあなたにとって最初のボランティア、あるいは、社会貢献活動、またはサービス・ラーニングの経験ではないかもしれない。今日、多くの高等学校では卒業のために地域社会への貢献活動を求めているし、多くの大学は入学申請の一部として、入学以前に活動した市民参画活動や地域貢献活動の証明書を要求している。

　これらの経験を表す名前は複数ある。**サービス・ラーニング**（service learning）、**コミュニティ・サービス**（community service）、**CBL**（community-based learning）といった具合だ。本書ではこれらの用語を比較的近い意味で使用しているが、いくつかの重要な違いも探っている。この活動は、ボランティア活動やインターンシップとは異なるものだ。なぜなら、地域社会の問題に取り組むために意図的に知的能力や技術を使うことになるからだ。知識と技術を直接的に実践する機会がある一方で、地域社会をより良い生活と仕事の場にするように、経験を省察する方法も学んでいこう。

　例えば、勉強についていけない恐れのある中学生に勉強を教えるボランティアは、確かに地域社会にとって貴重だ。同様に、地域のラジオ局のためにニュースの原稿を書くインターンとして働くことは、すばらしい職務経験である。しかしながら、それらはサービス・ラーニングとは異なるものだ。サービス・ラーニングでは、あなたはクラスメイトや教員と協力して、大学の学問を活用し、社会的、政治的、経済的根底にある問題を理解することで科目内容を掘り下げ、地域社会の課題解決に寄与することができる。本質的に、あなたは、地域社会における教育を受けた一員となり、問題解決者の一人として、社会貢献活動とその意味を省察する方法を学ぶのだ。

・**ボランティア活動**：受益者または受取人（クライアント、パートナー）のために、貢献を重視する活動に取り組む。

- **インターンシップ**：自分の職業訓練やキャリア開発を強化するための活動に取り組む。
- **実習**：教室内での授業を受ける代わりに、学問体系に関連した場所で活動する。
- **コミュニティ・サービス**：カリキュラムの統合された要素として、実際の地域社会のニーズを満たす活動に取り組む。
- **CBL**：学問的目標や科目目標に到達するための手段として、相互に定義された地域社会のニーズ（コミュニティパートナー、教員、および学生の協力関係として）に積極的に取り組む。
- **サービス・ラーニング**：学術的な意図や学習目標を持って社会貢献活動に取り組み、自分の専攻する学問分野に関連する省察をする。

サービス・ラーニングは他の科目とどのように違うのか

　地域に根差した学びの経験をわかりやすく示すために、私たちが最もよく使うのはサービス・ラーニングという用語である。教員は科目の目的と目標、およびコミュニティパートナーのニーズに応じて、若干異なる経験を構造化することができる。最も重要なことは、サービス・ラーニングとは、サービスという語とラーニングという語の間にある関係を、これまでとは異なる方法で、本当の意味で学ぶものであるということだ。この2つの要素は相互依存的で動的であり、科目内容と実際の経験を結びつけることに焦点を当てるという点において、他の伝統的な学習形態とは異なっている（図1.1 参照）。

　受講生は受動的に講義を聞くのではなく、知識創造に積極的に参加している。教師と学習者の役割は、より流動的であり、堅苦しくない。教員が科目の説明をしている間、学生はクラスの成果を左右する統制方法を共有している。最初は、この新しい種類の**教授法**は、学生にとっては非常に不思議に思えるかもしれない。あなたとあなたのクラスメイトがグループで活動しながら地域社会とつながるようになると、「通常の講義」よりもはるかに面白く感じることだろう。

　多くの伝統的な学習環境では、講師は講義、課題、および試験によって授業を構成する。場合によっては、学生は実習や他の実地経験をして学習を進めることもできる。これとは対照的に、経験を省察することによる学習は、サービス・ラーニング科目の真髄であり、教員は学生が**省察**する過程を通じて、学術的な知識と地域社会の相互作用を統合するように指導する。

　経験を豊かなものにするであろうサービス・ラーニングの要素の一つは、経験の要素が幅広い学習スタイルにつながるということだ。貢献活動の現場に入ると、地域社会のニーズは予想していたものと大きく異なることがある。例えば、あなたのサービス・ラーニングには、家庭内暴力の被害者で保護施設に滞在する女性が履歴書を書くための支援が含まれるとしよう。その女性と作業を進めるうちに、就職活動のための服が必要だと気づくかもしれない。あなたに助けられながら履歴書を準備している最中であっても、ふさわしい

服を着ていると思えない限り、就職面接に対する彼らの自信は損なわれたままかもしれない。サービス・ラーニングの学習者として、あなたは「私は今何をするべきか」と自問自答するかもしれない。

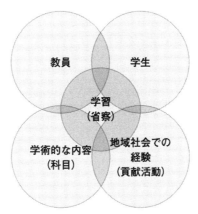

図 1.1　貢献活動を通した学習モデル

　あなたが教育を受けて成功しているとすれば、それは講義に耳を傾けたり、テストを受けたり、研究をしたり、論文を書く能力がある程度あるからだろう。しかしながら、一部の学生（おそらくあなた自身も含む）にとって、これは自然に身につくものではない。その代わりに、地域の人にインタビューをしたり、カウンセリング支援をしたりする時にあなたの技術は最もよく表れるのかもしれない。あるいは、組織化する作業や企画スケジュールを作成することや美しいものを生み出すことに、あなたは優れているかもしれない。前述の例で言えば、あなたはその女性が履歴書を書くための支援を提供するのに最適な人物かもしれないが、あなたが地域機関に衣服の寄付について問い合わせるよう呼びかけている間に、クラスメイトが履歴書を手助けするのはもっと意味があるかもしれない。理想的には、すべての学生が、異なる様々なスキルセットを使用することで、サービス・ラーニングの企画には力強さがもたらされるのだ。

　教員による指導や講義のための文献は、技術、知識、洞察力を磨き、スキルのレパートリーをさらに広げるのに役立つだろう。なぜなら、サービス・ラーニングの科目において、学生が、「真実」と知恵がどこにあるのかを常に考えておくというのは、とても難しいことだからだ。さらに深く考えると、例えばこのようなことだ。あなたの地域に家庭内暴力がなぜ存在するのだろう。家庭内の関係の健全さや不健全さを描写する際に、メディアはどのような役割を果たしているだろうか。失業などの経済的要因によるのだろうか。薬物乱用の問題についてはどうだろうか。

　ここでいったん立ち止まって、自分の教室内の学習と外の世界の関係や自分が受けた教育についてよく考えながら、次の質問について考えてみよう。

・学生、教職員、コミュニティパートナーから提示されたアイディアと比較して、学術文献から得られた解決策の相対的価値はどのくらいか。
・実際の人々や実際の問題を理解するために、ステレオタイプ、先入観、誤った情報、偏見をどのように乗り越えてゆけばよいだろうか。
・どのように私たちは解決策を中心に考えることができるだろうか。
・どのように私たちは外部の規範や社会構造を調べることができるだろうか。
・私たちはどのコミュニティの価値を強化すべきか。それは疑問の余地がないか。コミュニティはこれをどのように決定すべきか。
・地域社会における市民として従事しながら、私たちは、どのようにして倫理的な基盤から発展し、行動することができるだろうか。

　CBL 科目の履修者として、あなたは、自分の学習経験を深く省察するように求められる。多くの場合、あなたは活動日報を書いたり、学習の様々な側面を内省したレポートを書いたりするだろう。また、サービス・ラーニングのブログに投稿し、オンラインディスカッションの質問に応答するよう求められることもあるだろう。その目的は、経験に関する思考や感情を、認知的かつ親身になって受け止め、学術知識を生かして幅広い洞察を導くことなのだ。

　経験を省察する方法は、例えばこのようなことだ。あなたは都市部において、潜在的に危険な状態にある生徒のための放課後活動を提供する、上級レベルの科目を受講しており、自分たちの経験を様々な視点から省察して、振り返りシートに記入することを求められた。

・あなたが今日<u>した</u>ことを説明してみよう。
・あなたは活動現場で何を<u>見て</u>、何を観察したか。
・あなたはその経験についてどのように<u>感じた</u>か。
・<u>経験</u>と<u>教材</u>の間にどのような<u>つながり</u>を見出したか。
・どのような新しい<u>アイディア</u>や<u>洞察</u>をあなたは得たのか。
・あなたはどんな<u>スキル</u>を使うことができるか。それをさらに伸ばすことができるか。
・あなたは地域社会との今後の作業において、この経験から何を<u>応用</u>するのか。

　経験を省察することは、今学んでいることに新たな意義を与えてくれる。また、はじめに設定した目標を最終的な結果と比較して、達成したことを評価することもできる。CBL の経験の省察と評価については、後の章でさらに詳しく説明する。ここでは、大学がサービス・ラーニング科目を提供する理由を考えてみよう。

　学習者として参加した従来型の授業を思い出してほしい。この種の授業で、学生にはどのような責任があっただろうか。教員にはどんな責任があっただろうか。このCBLの経験では、学生であるあなたの役割は従来型の授業とはどのように違っていただろうか。あなたはこのクラスでどのような責任を担っていると思うか。教員はどうだろうか。このクラスで一緒に学んでいる人々はどうだろうか。教室外にいる地域社会の人々はどうだろうか。

　従来型の授業で行った活動のリストを作成し、それらを従来型ではない学習経験と比較してみてほしい。あなたの学習を最も進化させたのは、それぞれの環境のどのような要素だろうか。最も困難にさせた要素は何だろうか。

大学でサービス・ラーニングを必要とする理由

　将来の**市民**としての備えを学生にさせることをその教育的使命とする大学がますます増えている。これは何を意味するのだろうか。大学はあなたが社会の貢献者として、投票し、税金を払うことを単純に望んでいるのだろうか。職業訓練や労働力となる備えをさせようとしているのだろうか。実際、あなたは学校に多くの時間とお金を費やしているのではないか。もしそうなら、なぜあなたは地域社会でボランティア活動を行う必要があるのだろうか。義務的なボランティア活動は、強制労働のようなものではないだろうか。言い換えれば、あなたはただ働きすることを余儀なくされてはいないだろうか。

　サービス・ラーニングの授業でよく言われる素朴な抵抗感は、貢献活動がボランティア活動だとみなされることで、そのために、貢献活動は必要でないと主張されてしまうことから来るのだろう。しかしながら、サービス・ラーニングの授業では、あなたが地域社会で行う善行には、努力の結果として得られる学習が必然的に含まれている。サービス・ラーニング全体のポイントは、技術と知識を正確に伸ばすことである。なぜなら、あなたの潜在能力が、実世界の問題の解決に生かされるからなのだ。あなた自身にも、地域社会にも利益がもたらされるのだ。

　大学は社会貢献活動の提供者になろうとしているわけではないし、そのつもりもない。無数の政府機関、非営利団体、および宗教的に提携した団体が地域社会のニーズに対応している。その代わりに、高等教育機関は、地域社会とのつながりにおいて良き隣人でありたいと考えている。大学は、未来のために市民を育成し、働くことの備えがしっかりとできていて、社会に貢献できる卒業生を輩出することにいちばん関心を持っている。サービス・ラーニングの科目を必要とする機関は、そういった科目は、参画する市民を育成し、輩出するための基盤的な方法を提供するものだと確信している。

市民とは何か。なぜ、私はその一人になるように学ばなければならないのか

　米国市民であるということは、あなたがここで生まれたか、または帰化した（市民権試験に合格し、市民権の宣誓をした）ことを意味している。一般的に、米国市民は、**市民性**の意味を省察したりすることはない。2001年9月11日に起きた攻撃やテロとの戦いなどのような重大な国家的あるいは世界的事件の直後では、市民性はアメリカの愛国心と関係している場合がある。軍人は国家とその民主的価値を守る責任があるので、市民であることが何を意味するのかを頻繁に考えるかもしれない。

　確かに、米国市民は、市民性が何を意味するのかという話題に関して、様々な見解を持っている。あなたが留学生である場合、あるいは米国に移住した場合、市民性に関するあなたの考えは、多くのアメリカ人のものとは異なる場合があるだろう。あなたがサービス・ラーニング科目に参加する際には、アメリカのコミュニティの生活に積極的に参加する市民であることを意味するものに多く出会い、探究する機会があるだろう。この国の民主主義に参加するための義務と権利とは何だろうか。

　ボスニア出身のある学生は、サービス・ラーニング科目の中で次のように書いた。

> 　私は戦争のために5年前に難民として米国に来ました。私の国では、以前は自由を願っていました。自分の意思決定を自由にすることができ、行きたい場所に自由に行きたいと思っています。当時、私はそれを民主主義と関連させて考えてはいませんでした。今、アメリカでは、私は自由、民主主義、市民性などの用語は相互依存関係にあると考えています。それらは、お互いの存在なしで存在することはできません。私たちが民主的な社会に住んでいるならば、一定の自由があります。しかし、私たちはまた、皆のためにそれらの自由を守る責任ある善き市民でならなくてはなりません。

　50年以上前、ジョン・F・ケネディ大統領は、「国があなたのために何をしてくれるのかを問うのではなく、あなたが国のために何を成すことができるのかを問うてほしい」と演説した。この声明は、サービス・ラーニングとコミュニティ・サービスの背後にある基本的な概念を最も簡潔かつ適切に記述している。市民として、国家の発展に貢献するのは私たちの義務である。さらに、多くの人が、世界の最も裕福な国家の市民として、よき**地球市民（Global Citizen）**であることが、私たちの責任であると主張している。

　私たちは、ホームレス、貧困、麻薬中毒、暴力、汚染、人種差別、性差別、同性愛嫌悪、健康管理の欠如、成績の良くない学校、都市の荒廃など、コミュニティに直面する複数の問題を認識している。企業の不正、不誠実な政治家、偏った司法制度など、私たちは他の困難にも直面している。そのような懸念に照らして、圧倒され、絶望的で、無力感を感じるのは当然のことだ。結局のところ、あなたはそれを変えるために、何をすることができ

るのだろう。私たちはこれらの問題に関心を持っているかもしれないが（おそらく、慈善団体に毎年数ドルを寄付することさえあるのだが）、罪悪感は、私たち自身の無関心によって打ち負かされるかもしれない。結局、私たちは悪いと感じていても、いつも通りの日常を過ごすのだ。私たちはケネディ大統領の挑戦にどのように対応するかわかっていないのだ。問題は大きすぎる。

　しかし、私たちの多くは地域社会で「良い」ことをしているのも確かだ。私たちは保護施設で感謝祭の夕食を提供するかもしれない。危機管理センターで電話に応答し、公園内の新しい遊具を調達するのを助け、教会、シナゴーグ、モスクで子どもたちに宗教教育をし、住民投票のために有権者を登録し署名を集め、献血をし、浜辺でごみ拾いをし、読み書きを誰かに教えるかもしれない。これらの取り組みはすべて、より力強い地域社会をつくることの一環である。

　それでも問題は残る。なぜ私はサービス・ラーニングに参加する「必要がある」のだろうか。もし私が私の住む地域で肯定的な変化を生じさせたいのであれば、いつ、どこでボランティアしたいのか、私は自分で決めるべきではないのだろうか。なぜ私は教育の一環として、地域社会に奉仕することを「強いられ」なければならないのだろう。これが私の選択の自由を否定しているのではないだろうか。そして、私が組織や他の政治的、宗教的、または倫理的意見を持っている人と一緒に仕事をしなければならない場合、これはさらに問題になるのではないだろうか。

★ **演習問題 1.2　市民権とは何か**

　一人で作業する場合は、市民性、民主主義、自由、地域社会、サービス、ボランティアという言葉を、大きなシートの上部に記入しよう。これらのキーワードの下に、頭に浮かぶ単語やフレーズを思いつくままに追加しよう。現在のあなたの理解に合うように、ホームレス、難民、高齢者、識字率といった自分のCBLプロジェクトに直接関連する単語を追加してみても構わない。

　ブレーンストーミングを完了したら、作成した単語の一覧を眺めてほしい。少なくとも10分ぐらいかけて、以下の質問に答えてみよう。

・この一覧にはどのようなパターンを見出すことができるか。
・どのようなつながりがあるか。
・どのような分断があるか。
・あなたが選んだ単語やフレーズは、その意味において「肯定的」か「否定的」か。あるいはその両方か。あなたが見出した洞察にどのように影響を与えているか。
・これらの一覧は、あなたにとって個人的にどんな意味を持っているか。
・コミュニティパートナーとの活動では、これらの単語やフレーズは何を示唆しているだろうか。

もし他の人と一緒に作業する場合は、新聞紙やレポート用紙などの大きな紙を用意して、マーカーをその横に置いておこう。黙って部屋の中を歩き回り、紙に単語やフレーズを追加しよう。全員が書き終えたら、書いたものを順番に読んで、前出の質問をグループで話し合ってみよう。

民主主義における教育の役割

アメリカの**民主主義**は偉大な実験だと言われることがある。また、進行中の芸術作品であると示唆されることもある。しかし、研究室での実験や壁にかけられた絵画とは異なり、民主主義は人間の相互作用の機能である。民主主義とは、個々の価値観、信念、経験の違いを、正義、平等、安全という集合的な理念の中で調和をとる試みである。民主主義の市民であるということは、**自由**の権利とともに、公平のような民主主義の理念を支える**責任**の両方を持つことを意味している。ある意味、それは一種の二重の精神であり、私たちは自分自身と他者の福祉に対しての責任がある。

> **私たちはどのようにそれらを処理するかというかすかなアイディアさえ持たずに矛盾という混乱に立ち向かっている。それは、法律/自由、豊かさ/貧困、右/左、愛/憎悪など、挙げるときりがない。逆説はこの領域で活発だ。つまり、互いに打ち消し合うのではなく、極点で光の輝きを捉えるようなやり方で、両者のバランスを取っている。それは、どちらにとっても絶望的なものに思われるが、実はどちらとも実在するのだということを伝えている。つまり、人生とは、そんな考え方のどれよりも大きくて、わたしたちが許しさえすれば、そうした矛盾を受け入れることができるものなのだ。(Morrison 1983)**

米国民主主義の教育機関は、**個人主義**と社会、自由と責任、といった、補完関係にも競合関係にもある力に橋渡ししようとしてきた。大学は私たちが「アメリカンドリーム」を成し遂げられるように熱心に活動し、私たちの知的能力を高めようとする。そこで望まれるのは、よい仕事を得て、善き隣人であるために、新しい洞察を利用することだ。

これは単純な命題ではない。私たちの社会とその世界は、信じられないほど複雑な問題に悩まされている。道端の清掃活動だけでは汚染が止まることはなく、より大きなフードバンクを建設しても飢えを減らすことはできず、街灯を増やすだけでは女性が安全に歩けることはない。

教育指導者たちは、わが国が直面している重大な問題は、教育された市民の創造によってのみ解決できることを理解しつつある。確かに、John Dewey (1916) は

Democracy and Education（民主主義と教育）[4] の中で、学生は思考だけでなく行動においても関与しなければならず、この教育方法は責任ある市民の形成にとって不可欠であると主張した。知識とスキルという 2 つの重要な要素は、市民参画する学生や卒業生を育成するための触媒なのだ。

　市民意識があることは、単にあなたが知っているというだけにとどまらない。それは、知っているからこそ行動するということである。高等教育機関は、ただ知っているだけで何もしない卒業生を輩出するリスクを抱えている。だから、サービス・ラーニングを導入する高等教育機関が増えてきて、この懸念に対応するようになったのだ。同様に、私たちの地域社会にとって有害なのは、何も知らないのに行動する人の存在だ。私たちの国が必要としているのは、単に抽象的なビジョンや「盲目的な」行動にとどまらない。自分たちの国のために「良いことをする」ことを選択できる慎重な人が必要なのだ。本質的に、CBL の教育経験は、私たちの知識と技能を市民の課題に適用する能力を向上させる。これは**市民の能力を強化する**ものとして知られている。

> 　私は恵まれない子どもが読むことを学ぶように手助けすることは、困難も多いけれど楽しいものであると知っていました。しかし、たった一度の授業だけで、私たちが地域社会全体に影響を及ぼすことができたとは思っていませんでした。私たちが始めた放課後プログラムによって、親の関与が増加し、過去 6 か月間には少年犯罪が減少しました。私はこの傾向が続くことを願っています。

市民能力の開発：慈善 vs 連帯

　地域社会の課題に私たちの知識と技能を適用する方法を知っているという意味で、市民能力の開発は、最初に奉仕を行うという態度にも依存している。もちろん、科目の中で貢献活動をする場合は、科目に合格することが貢献活動を行うための唯一の動機となるだろう。さらに、宗教上の価値や国家の市民としての義務のせいで、貢献活動を提供することは単に「義務」の一部であると感じられるかもしれない。しかしながら、この考え方から貢献活動が行われる時、それは「慈善」活動として実行されるだろう。慈善活動では自分自身のことを、援助対象の人やグループよりも上に位置づけて考える。慈善活動家は、自分たちのボランティア活動は自分たちを「善人」にするものだと確信している。活動家は、例えば、私が彼らのためにやっていること、といった具合に、自分たちの援助を一面的に見ているのだ。慈善活動家は、自分たちが援助している人々から得られる学びといった、交換に得られる利益がわかっていない（Heldman 2011）。

　対照的に、「連帯」活動は、ボランティアから地域社会に焦点を移し、長期的に個人や

4　John Dewey, *Democracy and Education.* 初版は 1916 年の刊行。邦訳はジョン・デューイ（1975）『民主主義と教育』岩波文庫。

グループを高め、それを維持することができるように、強みと資産、材料を見極めるものだ。連帯活動としての貢献活動では、ボランティアは、自分が奉仕している人々と同等であり、一緒に活動している人に自分自身を重ね合わせ、皆にとっての改善のために活動していることを認識している（McClure 2006）。

したがって、市民の能力を高めることは、単に認知啓発を意味するのではなく、状況、人、場所を新しい視点から考えることを意味している。私たちは手を差し伸べると同時に、彼らが何を考え、どう感じているか、彼らの置かれた状況を想像している。私たちが連帯して奉仕するという考え方は、私たちの教養教育的および専門教育的な内容を適切に適用するうえで非常に重要だ。私たちは地域社会の課題に対し真の理解を広げ、それによって問題解決力を高めていく。

サービス・ラーニング科目ではどのように市民能力が開発されるのか

市民能力の開発は、私たちが学問的知識と経験から導き出された洞察を結び付けて、社会的および政治的問題の幅広さと深さについて探究した時に生じる。例えば、森林破壊について表面的に理解するだけでは、関連するすべての環境的な問題や経済的な問題について対処するには十分ではない。私たちの学校に追加投資が必要だとわかっていても、子どもが数学を学ぶことを保証するためには十分ではない。私たちは、もはや私たちの世界を一つの見方やミクロな見方でとらえることができなくなっている。その代わりに、サービス・ラーニング科目における読書、討論、調査、講義、コミュニティの経験を通して、歴史学、生物学、心理学、建築学、コンピュータ科学、英語、政治学または都市研究などの専門分野の視点を通して考えれば、新しいランニングシューズや朝のコーヒーを購入することは地球規模の地域社会との相互依存関係にあることが理解できるだろう。個人の生活がどのように全体の一部となっているのかがわからないなら、私たちには、創造的な変化のための急所を見極める能力が欠如しているということになる。言い換えれば、参画する市民であることは、「世界的に考えることとローカルで行動すること」にとどまらない。自分自身、他者、そして組織を積極的に変革するために、自分の学問的知識とスキルを意図的に適用することを意味しているのだ。

ホームレスの家族に出会ったことで、私は統計の背後にある人々の表情を知ることができました。社会的な問題や政治的な問題がどのように結びついているかを知るのにも役立ちました。サービス・ラーニング科目を履修している間に、私の地元では市長選挙がありました。候補者の１人は、子どもが学校に通うことができなかった場合、親に微罪を科す施策を作りたがっていました。私が会ったホームレスの家族の多くは、彼らがあまりにも住まいを転々としているので、学校に子どもたちを入学させることができずに苦労していました。地方選挙での私の一票がどれほど多くの意味を持っているのか、以前はまったくわかっていませんで

22

した。これらの人々を傷つけるようなことに、**私は投票することができるでしょうか。**

　問題を理解し、改善の機会を認識することは素晴らしい出発点だ。そこから、サービス・ラーニングの科目があなたのスキルを適用する能力を養うのに役立つだろう。地域社会の実際の課題に触れ、あなたの才能と能力を試す機会はいくらでもある。例えば、公立学校を支援する手段の立法化を訴える集会のボランティアをどのように組織するのが最適だろうか。無保険の人々の医療サービスを、どうやって見極め、提供するのか。人種によって分断された地域社会において寛容さをどうやって育てていけばよいのか。難民にネットサーフィンをどうやって教えるのか。

　労働力や近隣住民は日々多様化している。一緒に働き暮らす方法を学ぶために、私たちは数学者、人類学者、化学者、作家、エンジニア、ミュージシャン、社会学者、その他の学問分野の知識と技能が必要だ。同様に重要なのは、相互理解のためには忍耐と寛容を実践する必要があるということだ。結局、**共感**は、コミュニティの成長の源泉に私たちの知識と技術を効果的に結びつける接着剤となる。

📈 **演習問題 1.3　変化をもたらす**

　自分で作業している場合は、1 枚の用紙を 4 つの列に分割して、各列の一番上に場所、行動、スキル、知識という語を書こう。

　次に、あなたが地域社会で手助けした場所のリストを作成し、「場所」と書いた列に置こう。正式なボランティア活動でなくて構わない。おそらく、ガールスカウト部隊の一員として公園に木を植えたり、若年性糖尿病のための募金集めの街頭活動をしたりしたことがあるだろう。そういったものをすべて数え上げてみよう。

　それぞれの場所の横に、あなたがしたことを簡単に説明しよう。どんな行動をしたか。

　あなたがしたことを思い出す時には、行動を達成するために使用したスキル（具体的な能力）と知識（情報の基盤）に注目しよう。

　書けたものを読んでみてほしい。あなたの地域社会に一石を投じることになった活動は何だろうか。自分自身の市民としての能力について言及していることは何だろうか。新しいこの経験の中で、あなたがサービス・ラーニングの学習者として意味づけられることは何だろうか。新しいこの経験の中で、とりわけ伸ばしたいと思っている知識とスキルは何だろうか。

サービス・ラーニング科目から得られることは他にあるか

　多くの研究では、CBL 科目に参加している学生が、そうでない学生よりも大きな教育と学習の利益を得ていることを示している（Cress 2012）。彼らの学問的および社会的自己概念はより高く、意思決定においてより道徳的で倫理的であり、他人に対する寛容と感情は改善され、社会的および地域的問題の理解が広がり、認知能力および問題解決能力が向上し、より進歩し、社会的、政治的な変化に影響を与えることへの関心が高まっている。

　サービス・ラーニング科目に参加した学生たちは次のように述べた。

　　エンパワーメントされたことで、責任感と参画意識が身につきました。

　　省察的な活動日報によって、私の思考と経験が整理されました。

　学生たちは、コミュニケーションと批判的思考の技能についても意見を述べた。

　　その経験は私にとって、コミュニケーションスキルやリーダーシップ能力の向上に役立ったのです。また、私の利害調整スキルの向上にも役立ちました。最も重要なことは、実際の環境でそれを経験する機会を得たことです。

　　私は他人と効果的に話す方法と、腹を立てずに専門性の違いを解決する方法を学びました。

　学生はさらに、サービス・ラーニング科目が自分のステレオタイプな考え方、偏見や先入観に新しい洞察と理解をどのようにもたらし、多様なものに対する彼らの理解力を広げたかを指摘した。

　　私がこの経験で学んだ最も重要な側面は、他では一緒に活動することがなかったようなコミュニティのセクターに対応したことであり、若年者司法制度と東南アジアの移民コミュニティのニーズについての洞察を得たことでした。

　　自分自身を理解し、貧困層に対して持っていた多くの偏見を克服することを学びました。

　サービス・ラーニング科目は、教育のユートピアとして見なされるべきではない。人格の葛藤が起こり、学生が自分たちと違う人々に対処する能力が不足し、コミュニティパートナーが約束を守れず、グループメンバーが責任を果たさない恐れがある。さらに、多くの地域社会への奉仕プロジェクトでは、学生に不慣れな地域やコミュニティがある場合も

ある。恐怖、罪悪感、怒りなど、貢献活動を行っている間に、様々な感情や反応を経験する可能性が高い。サービス・ラーニングでの経験は、学生と地域社会、学生同士、学生と教員、そして自分自身の思考や気持ちを含めた関係性に基づいている。そのため、時には非常に激しいものになるかもしれない。後の章で取り上げるが、私たちは、感情や反応の理解、管理、処理の問題について取り組むことになるのだ。

　また、あなた自身、あなたの人生、またはあなたのクラスメイトにとって、サービス・ラーニングがとくに困難に感じられることがあるかもしれない。それは悪いものでも間違っているものでもなく、単に私たちの多様な個性から来るものなのだ。例えば、情報科学グループの学生は、低所得層の小学３年生との仕事に抵抗を示した。なぜならば、彼らは自分たちの技術的な専門知識が３年生たちにとってあまりにも高度だと感じたからだ。実際には、大半の子どもたちは既にパワーポイントによるプレゼンテーションの方法を知っていて、大学生にゲームソフトの作り方に関する興味深い質問をしていた。

　同様に、社会学専攻の男子学生の一部は、家庭内暴力から逃れている女性とその子どものための保護施設での貢献活動の妥当性について、教員に相談するようになった。彼らの存在が、女性たちに不快感を与えたり、辛い思い出や記憶を呼び覚ましたりするのではないかと。教員は彼らの感性を高く評価し、コミュニティパートナーと相談した。実際には、女性たちは子どもたちのために男性の積極的な参画を歓迎した。彼らは協力して子どものプレイルームの壁に動物園の動物をデザインし、色を塗った。

　明らかなことは、サービス・ラーニングは、認知能力と短期的な利益と長期的な解決に対する共感とを組み合わせる、独特な機会であるということだ。サービス・ラーニングやCBL科目の根底にある基本的な原則は、学生が社会を改善できる知識と技能を持っているということだ。それを練習する機会が必要だ。コミュニティパートナーと協力することで、社会的および政治的問題に関する私たちの抽象的な考え方を見直すことができるだろう。その結果、地域社会は単に「ニーズ」のある場所ではないことがわかるはずだ。地域社会との協力を通して、コミュニティパートナーの知識、技術、専門知識を学ぶのだ。私たちは、「奉仕する相手」からも学ぶ。最終的には、CBLの経験は、教育のコミュニティ（学生、教職員、管理職）とコミュニティパートナー（組織や個人）との互恵的な学習過程なのである。

私たちが得たものは何か

　大学は自分の地域社会とのつながり方を学生たちに教えていないと、教育的に失敗してしまうだろう。アメリカ合衆国憲法の中心的前提である、地域社会でのより完全な団結を形成するために、私たちは正義を確立し、自由を確保するために積極的に働きかけなければならない。サービス・ラーニング科目は、積極的な共感、敬意、配慮を受けて調整された、地域社会での生活と仕事への情報による、合理的なアプローチを取る方法を学習するための重要なツールである。

私は中国の成都から米国に来る前に、ここの誰もが同じように扱われると思っていました。生まれながらに平等だと思っていましたが、そうとは限らないのでしょう。人種、年齢、性的指向、身体状況、性別のために悪い扱いを受ける人もいます。私はこの差別を予想していませんでした。私たちは、社会問題を学び、社会問題を解決するために知識を使い、他者を助け、社会的責任を強化しなければなりません。

個人は様々な理由でボランティアを選ぶことができ、その経験から学ぶことが自然に行われる。サービス・ラーニングは、肯定的なものを生み出す方法について、より積極的に個人を創造し、より深く個人と協調的な反映を可能にする。私たちは人種、性別、年齢、階級、性的指向、社会的経済的背景、身体障がい、宗教、または政治的理由により、免責された人々を含むようにコミュニティを変革する。そのため、サービス・ラーニング科目は、現在や近い将来の問題に対処する方法を教えてくれる。

最初は、サービス・ラーニングと幅広い地域社会の関わりとのつながりを明確にするために、市民の責任と市民の関わりの概念を定義するのには難しいことがあるかもしれない。時には、教員でさえ、サービスと「善行」を区別する方法については不確かなものだが、地域団体、地域社会の問題、地域社会の人々との出会いを通じて、彼ら自身の市民としての能力を豊かにする。辛抱強く、プロセス全体を通して省察を実践することで、あなたは「奉仕を通じて学ぶ」ことができる。Benjamin Barber は次のように述べている。

民主主義における教育の基本的な使命は、自由の習得である。市民社会に生きるために必要な識字力、民主的なコミュニティへの参加能力、多元的な世界で意図的に行動する能力、私たちが他者の意見を聞くことを可能にする共感といったものすべてが、獲得すべき技術を伴う。(Barber 1992: 4)

次章以降は、サービス・ラーニングの体験に参加し、その意味を理解した人が、地域社会の一員として市民参画する手助けとなるように書かれている。

重要な概念	
市民	市民性
市民能力	コミュニティ・ベースド・ラーニング (CBL)
コミュニティ・サービス	民主主義
共感	自由
世界市民	個人主義
教育学	省察
責任	サービス・ラーニング

重要な問い

・CBL は伝統的な学習方法とどのように異なるのか。
・なぜ大学ではコミュニティ・サービスとサービス・ラーニングを必要とするのか。
・民主主義における自由と責任とは何か。
・市民能力の開発にはどのような知識と技能が必要か。
・学生の関与の結果、コミュニティは何を得るのだろうか。

追加演習問題

＋　演習問題 1.4　省察のための質問

・学生が市民になる準備をするために、教育はどのような役割を果たすのか。
・効果的な市民はどんなことをしているだろうか。あなたは「良い」市民だと考えられる行動や活動を特定できるだろうか。
・地球市民（Global Citizen）とは何だろうか。
・CBL 科目の必要性に対する賛成意見と反対意見は何だと思うか。
・あなたが学んだ特定分野の知識や技能のうち、サービス・ラーニングの活動現場に適用できることは何か。
・あなたの学問的な専攻と関連知識を使い、地域の問題にどう対処することができるだろうか。
・「アメリカンドリーム」は実現可能だろうか。もしそうなら、どのように、誰にとって可能なのだろうか。
・社会問題と個人の責任の間にはどのような関係があると考えるか。
・差別や偏見の問題は、社会の変化をどのように阻害するのだろうか。
・あなたが最も関心のある地域社会の問題は何か。

第 2 章 コミュニティパートナーを開拓し維持する

ヴィッキー・L・ライタナワ、エイミー・スプリング、ケビン・ケスカス、
シアナ・M・ケリガン、クリスティーン・M・クレス、ピーター・J・コリアル（翻訳 鶴田 佳子）

　7月上旬のある美しい火曜日の朝、サービス・ラーニング科目で助成金申請書作成を行う学生たちとその指導者が彼らの授業の時間に市の工業地帯にある巨大な倉庫に集まった。彼らが見学しようとしていたその場所は、以前は地元のスポーツウェア会社の事務所および生産部門の本部として使用されていた場所だが、今はコミュニティパートナーに提供されていた。コミュニティパートナーのビジョンは商業的なギャラリーと伝統的な博物館が競合するのではなく、活動中の芸術家や新鋭の芸術家のための包括的な場所を設けることであった。この将来の芸術的コミュニティセンターは展覧会や公演のスペースを含み、活動する芸術家にとってのリソースセンターとなる予定であった。今、彼らの前には巨大で頑丈な（そして鍵のかかった）玄関扉がある。集合した人たちは待ち続けた。5分、10分、15分…さらに数人の学生が現れた。彼ら全員はさらに待った。実はその時、コミュニティパートナーとクラスの半数ほどの学生が遅刻していたのだ。

　おそらく、それは一見、まれなことに思えるかもしれないが、明らかなコミュニケーション不足は、コミュニティパートナーとの協力関係において、取るに足らない問題ではなく、共通の最重要課題と認識すべきであろう。この章では、私たちが成功する協力関係を構築するためのプロセス（コミュニティだけではなくコミュニティに変化をもたらすために取り組んでいる学生にとっても役立つ）や、このように構築された協力関係によってもたらされる効果について検証する。私たちは、学生たちが大学のキャンパスの外の世界との効果的な協働を通して、学生自身の知識やスキルを向上させるために、どのようにして積極的にこの機会に取り組むかを明らかにするために、過去の出来事を振り返り、事例考察を行う。

貢献活動と学びに対する自己の方向付け

　成功する協力関係の特徴について述べる前に、「貢献活動」自体について考えてみよう。第1章では、大学等がなぜ地域に関わることに一層重点を置くようになっているのかを学んだ。こうした活動は、地域社会教育をより水準の高いものにしようとする人々（学生、教員とスタッフ）の専門知識が、社会的および政治的な課題に挑み、個人にとっても、システムとしてもポジティブな変化をもたらすために、積極的に周囲の地域社会に影響を与えることができる。

　しかし、それは大学等と地域がパートナーになる唯一の理由ではない。この協力関係から起こりうる社会変化に加えて、学生は伝統的な講義形式の科目を通しては得ることができなかった特筆すべき利益を享受するであろう。CBLの学習環境が科目の活動内容を活性化させ、高めるだけなく、実際にその科目のカリキュラムを作るため、学生は、多様な

方法で多様な聞き手と意思を通じ合うための能力を著しく成長させ、指導力や企画管理力を高め、自分自身と同類か否かに関わらず、他人との関わりの中で相手を理解するためのスキルを高めることができたと報告している。また、サービス・ラーニング科目に参加することは、学生の就職の目標を明確にする手助けとなり、人脈拡大にもつながる可能性がある（そして、場合によっては、就業の機会にさえなるだろう）。あなたの目の前にいる学生のように、あなたもまた、自身のコミュニティや世界に活力を与え、関係する一員として、あなた自身の重要な変化を経験するかもしれない。

　これらの成果は偶然の結果ではない。関与するすべての部分において、よく考えて準備することは、CBLの成功可能性を劇的に高める。私たちは皆、クラスメイトや教員や地域社会に提供できる才能と技能を持っている。この経験を踏まえて、私たちは、これらの技能を、互いの尊重と契約のもと、豊かで有意義、かつ、わくわくするような経験を生み出すために使用することに暗黙のうちに了解している。

　第1章で述べたように、あなたは学問的な技能を身につけ、地域社会が直面している問題についての知識を深め、自己認識のための技量を高めることも期待できる。実際に、CBLに携わるすべての関係者が相互に作用し合って、すべての人がその努力から恩恵を受けるのは間違いない。言い換えれば、あなたの適切な活動を通じて、地域社会はその成果や目標を達成することができる。そして、あなたは、理論を実践することを通して、自分の知識や技能を広げる。これが「協力関係」を意味するもので、自分たちも他の人たちも利益を得ているとなれば、すべての関係者が真に関係性を獲得したと言えるだろう。

　第3章では、CBL体験のための個々の目的を特定するための活動を完了し、特定の地域社会の文脈の中で特定した個別の目標を達成するための計画を策定する。今から、私たちは、サービス・ラーニング体験のための地域社会との協力関係を開始し、創造していくための最善の方法を探究していこう。まずは「貢献活動」を探究することから始めよう。

★ **演習問題 2.1 　「貢献活動」とは何か**

　辞書で、地域社会、貢献活動、コミュニティパートナー、相互関係について調べよう。そして、その定義を書き留めてみよう。これらの用語とその定義は、互いに、またこの科目にどのように関係しているのだろうか。

　次の質問への回答を書く際に、これらの用語とその意味の範囲内で自分自身について見つめ直してみる。次のことを考える際には、可能な限り具体的にし、例を示すこと。

・あなたは今回以外の状況で、地域社会の考え方を体験したことがあるか。
・あなたは他人に対して貢献活動を行ったことがあるか。それはいつ、どんな方法で

行ったのか。
- あなたは他人からの貢献活動を受けたことがあるか？それはいつ、どんな方法だったのか。
- 貢献活動をしていた時、あなたは他人に何を与えたのだろうか。あなたは貢献活動の体験から何を得たのか。
- 貢献活動の対象となるものについて、あなたはどのような印象を持っているのか。
- 協働して努力した結果、あなたに利益がもたらされたことがあるか。
- 成功した協力関係には、どのような重要な要素があったのか。あなたは彼らと関わった結果として、彼らについて何を考え、感じたか。
- 結果としてあなたが身につけたコミュニケーションスキル、批判的思考能力、もしくは他の新たなスキルは何か。
- 現在行っている CBL に対して、あなたの経験はどのように寄与するか。
- あなたの経験はこの現在の CBL の機会にどのように役立つのだろうか。

地域社会との協力関係

　コミュニティパートナーとは、地域社会の要求を満たすために、学生たち（一人またはグループ）と共に活動することに賛同する、ビジネス、行政機関および社会福祉団体に所属する地域社会のメンバーである。協力関係は学生のための教育の機会に位置づけられると同時に、地域社会への貢献活動を生み出すように計画される。それぞれの地域社会との協力関係が同一のものになることはない。個々の協力関係は、議論に挙げられる様々なニーズや資産によってもたらされ、多くの構成要素を持った異なる地域社会の状況に起因する。CBL 科目では、あなたがどんな人であるか、クラスメイトとどのように相互交流しているかを考慮して、あなた独自の協力関係を構築するためにコミュニティパートナーとのマッチングを行う。なぜなら、協働とはまさに絶えず変化し、関係性に基づくものとして特徴づけられるからである。従って、共有作業の成功を保証する一連の標準化された手順を提供することは不可能である。

　しかし、現在のサービス・ラーニングの機会を導入する方法として、成功した協力関係の鍵となる要因を考察することは可能である。この章では、二つとない個々のコミュニティ環境での効果的な活動に役立つ一連の準備ツールを提供したい。学生たちが、いくつかの可能性の中から設定できる地域社会を選択できるように、異なる種類の CBL の学習環境を述べることから始めよう。

CBL の学習環境

　サービス・ラーニング科目は学問的知識と地域社会の課題を結びつける機会である。概して、CBL の学習環境は、**直接的な貢献活動**と**プロジェクトに基づく活動**（間接的な貢

献活動)の2つの基本タイプに分類される。直接的な貢献活動の学習体験では、学生はパートナーとなる地域社会組織がサービスを提供する人たちと一緒に活動する。例えば、学生は最近渡米してきた非母国語話者に教えることに一週間のうちの数時間を費やすかもしれないし、高齢者たちの人生経験についての口述記録編集のために老人ホームに住む高齢者たちをインタビューするかもしれない。

プロジェクトに基づく活動の学習体験では、学生は最終成果物に着目し、目標達成へ導くために必要なプロセスを開発するという傾向になりやすい。コミュニティパートナーの計画を実施するための資金獲得のための助成金提案書作成や、組織のための広報キャンペーンの開発は、プロジェクトに基づく活動の例である。

あなたが依頼される活動の本質は、——それはあなたに課せられた課題を達成するための方法でもあるが——あなたがコミュニティパートナーと最も効果的にやりとりする方法を構築する助けとなるであろう。もし、あなたがホームレスや低所得者個人と一対一で住宅のための資金提供に取り組もうとする(直接的な貢献活動)クラスの一員ならば、例えば、あなた自身が実体験するために必要となる、方針や規則の内容を理解するために関係する組織からの訓練を受けることが求められる。あなたは一連の書類(おそらく予備知識の確認と秘密保持契約を含む)に記入する必要があるだろう。あなたが従事する活動のための準備をすることは、あなたの教員とコミュニティパートナーの責任であるが、そうして提供された準備の成果を自分自身のものにするのはあなた自身の責任である。

あなたがあるプロジェクトに基づく協力関係の中で活動している場合は、引き続き、パートナー組織、パートナー組織の使命、使命を果たすために使用する方法、サービスを提供する人々、およびあなた自身が依頼される特定の課題に関心を持っている必要がある。場合によっては、あなたの教員があなたの地域社会組織に関する全般的な紹介をしてくれるかもしれないが、通常、組織の**連絡担当者**と一緒に費やす時間もまた重要である。

いくつかの例では、CBL は正式なコミュニティパートナーが存在しない場合がある。地域文化を理解する上での科目演習を補うために、変貌する近隣地区についてのフォトエッセイを作成する学生グループがそうだ。あなたが責任を持つ地域社会組織が特定できなくても、あなた、クラスメイト、教員がプロジェクトの目標を理解し、地域社会での成功体験を有する方々の役割と責任を認識することは重要である。結局のところ、前例では、組織からサービスを受ける人たちの特定の課題に対して直接的な貢献活動を提供してはいなくても的確さと誠実さを示すことで、あなたは地域社会に貢献している。

> 多くの場合、あなたが教室に足を踏み入れる以前に、あなたが直接的な貢献活動あるいはプロジェクトに基づく活動に参加するかどうかは決まっている。教員が事前にこれを決定して、コミュニティパートナーを選んでいるだろう。あるいは、あなたのサービス・ラーニング科目で最初に課せられる課題の一つが、地域社会への貢献活動とコミュニティパートナーのタイプを決定するための協働作業であるかもしれない。もしあなたが独力で試みたCBLに着手していて、あなた自身がこの選

択をすることができるなら、**演習問題2.8　私にとって適切なCBLのタイプはどれ
か**を参照してほしい。あなたはまた、可能なコミュニティパートナーについて尋ね
たり、提供されているサービス・ラーニング科目のリストを受け取ったりするために、
大学の地域貢献活動を担当する事務室と連絡を取りたくなるだろう。

私はこのチャレンジのための準備ができているのか。私のコミュニティ パートナーは私を受け入れる準備ができているのか

　地域社会に携わる学生は、労働者と学習者という独特な立場の責任を負うことになる。
一人のサービス・ラーニング学習者として、あなたは大学を代表し、あなたの個々の行動
があなたの関わる組織を表現するということを考える必要がある。コミュニティ大使とし
て、あなたは、コミュニティパートナーと将来関わるであろう後輩学生との取り組みに、
あなたの言動がどのように影響するかを考え、注意を払う必要がある。

　コミュニティパートナーも多くの危機に直面している。たびたび、社会的ニーズの捉え
方の変化に対する「乏しい予算」問題の影響を受けるために、多くの組織が自分らの使命
を果たすための支援として、学生や教職員の情報提供と専門知識に頼っている。学生や教
員の貢献活動は地域社会組織の活動を促進する費用対効果の高い手段であるだけでなく、
それらの組織に多様な視点や、組織の構成員を支援援助するためのより大きな技量を持っ
た存在となる。

　「The organization Community-Campus Partnerships for Health（健康のため
の地域社会と大学の協力体）」（CCPH）は、効果的な協力関係のための良い実践の原則、
大学等（とCBLプロジェクトで大学を代表する学生）と地域社会によって共有される責
任を明確に示した**原則**を概説している。CCPHの見解から、効果的なCBL学習場面にお
けるパートナーには次のような特徴が見られる。

- ・目標達成のための進め方に関する合意された目標と評価
- ・相互信頼、敬意、確実性、および責任
- ・認識されている強みを計画的に活用し、改善を必要とする地域を取り上げる
- ・力のバランスと資源の共有
- ・オープンでアクセス可能なコミュニケーション
- ・すべて人々の対話によって確立される協働のプロセス
- ・改善のためのフィードバック
- ・達成のための信用の共有
- ・これらの要素の発展にかかる時間を費やすことに対する責任

　学生としては、サービス・ラーニング体験への参加によって、**責任**と**権利**の両方を身に
つける。このような地域それぞれについてよく考え、それが地域社会との協力関係とあな
た自身の学習にどのように影響するかを考えてみよう。

　一人の学生として、あなたは、あなたの協力関係に関連するすべての人が過度なリスク

や潜在的な害を被ることなく最大限の利益を得ることを確実にするために、法的に要求されることも含めて責任を負うことになる。あなたの指導者とコミュニティパートナーは、あなたの活動範囲の限界について非常に明確な考え方を持っており、例えば、ほとんどの（すべてではないが）協力関係は、学生が地域社会組織からサービスを受ける人たちを自家用車で送迎することや、組織からサービスを受ける人と一緒に個人宅を訪問することを許可しない。あなたは、協力関係に関して果たしている役割とその役割においてあなたが行うパフォーマンスに対して期待されていることを理解する責任がある。また、CBLの学習者として、一貫した、適切な倫理的および法的な決定をし、サービス・ラーニング活動の共有ビジョンを推進する必要がある。

　あなたはまた、時間の調整と時間管理の問題に対する責任がある。私たちが一緒に活動をしてきたコミュニティパートナーの多くは、彼らが遭遇した最大の課題について質問された時、それは協力関係の中で、学生が自分の時間をうまく管理できないこと（そしてこのことが原因で発生する難事）だと認識している。

> ➕ 地域社会との契約のための時間を設定する中で、あなたを手助けするために、あなたの週の契約時間を視覚的に検討するのに役立つ演習問題として、**演習問題2.9 時間が経つと共に…**を参照しよう。

> ➕ CBL学習者としてのあなたの責任を精査するために、**演習問題2.10　学生の責任に関する事前支援チェックリスト**を参照しよう。

　さらに、地域社会と関わり、他者と対話し、あなたの活動があなたの科目の内容やより大きな社会的、政治的問題、自分自身の思慮にどのようにつながるについてよく考えて、この非伝統的な学習環境（**図1.1　貢献活動を通した学習モデル**）で学ぶことはあなたの責任である。

　では、地域社会の場面におけるあなたの権利はどうだろうか。コミュニティパートナーは、貢献活動を通じて学ぶことができる環境と、自分自身や他の人の利益のためにあなたが持っている知識を使うことができる環境を作る責任がある。この環境は、貢献活動を通じた学習を妨げる各種の脅威、特に性差別やその他のハラスメントを受けないものでなければならない。可能であれば、職員、ボランティア、その組織からサービスを受ける人たちの権利を明記しているコミュニティパートナーの人事マニュアルの関連する項を見直してほしい。これらの権利は、コミュニティパートナーの代理として活動している時、あなたにも同様に適用されるものである。

　これまでは、CBLの学習者としてのあなたの権利と責任および、学習者としてのあなたの活動を支援する環境を作るためのコミュニティパートナーの責任との関係性を見てきた。さらに、活動している学生から信頼を得ることが期待される、協働している組織であ

るコミュニティパートナーの権利について取り上げなければならない。以下のアクティビティ（**演習問題 2.2**）は、書くだけで完了してもよいし、他者と議論してもよいし、あるいはその両方でもよいが、コミュニティパートナーの理にかなった期待に対するあなたの理解をより深めることを意図している。

＋ **演習問題 2.11　学生の権利に関する事前支援チェックリスト**は、貢献活動の前にこれらの権利を再確認し、コミュニティパートナーとの活動前や活動中に取り上げる必要のある権利の範囲を見極めることを目的としている。

📈 **演習問題 2.2　コミュニティパートナーが期待できることは何か**

　あなたは、市の難民コミュニティに貢献している組織のプログラムディレクターで、就業支援プログラムを提供したり、英語で個人指導したりしていると想像してみよう。あなたはサービス・ラーニング授業に参加している地元の大学の学生グループを迎え入れる準備をしている。彼らの役割は、英語のスキルを使って小規模の難民グループを個別指導し、そして、個別指導者のボランティアのためのガイドとしてあなたの組織が使用する以前に使われていた個別指導者マニュアルを改訂するという、直接的な貢献活動とプロジェクトに基づく活動（間接的な貢献活動）の両方を含んだものだ。

　あなたの組織はインターン学生と一緒に活動をしてきたので、学生に対する責任をかなり感じている。あなたは、学生への仕事の説明の準備、トレーニングの時間帯を予定に組み込み、そして、フィードバックの機会を得たり、彼らの努力を評価したりすることが、彼らのためのプロセスであると考えてきた。

　しかし、過去には、こうした関係性の中で、あなたの組織にとってうまく機能していないものもあった。例えば、学生がしばしば約束の時間に遅刻したり、時には全く現れなかったりした。その結果、いくつか個人指導の時間を重複させたり、中止させたりしなければならなかった。このような事態が再び起こらないようにするため、監督者は、最初の個人指導の時間の前に学生と共有するために、このサービス・ラーニング科目に関連する組織の権利のリストを作成することをあなたに求めた。

　あなたに課せられた仕事はリストを作ることである。基本的に、あなたの組織は、あなたと関わるようになる学生から何を得ることを期待できるのだろうか。

　この節は、あなたが今後経験する際に存在する限界範囲について記述し、CBL の活動に内在する基本的な権利と責任を明らかにしてきた。次節では、特定の地域社会との協力関係の状況の中で、どうやってあなたがこれらの基本的な権利と責任を具現化するかを具体的に見ていこう。

この場所は何か。私の場所は何か

　地域社会組織について、より正式に学ぶことができる具体的な方法や、あなた個人の学問的枠組みやスキルがどのようにサポートされるかを議論する前に、あなたが達成しようとしていること、あなたの懸念事項、成功するために必要なこと、他人から期待されることを確認するための演習問題から始めよう。

　あなたの貢献活動の体験は、彼らの希望、心配事、ニーズ、期待についてコミュニティパートナーの代表者と話し合い、それを自分自身になぞらえることができれば、大幅にその価値を高められるだろう。可能ならば、関係するすべての人々の成功の可能性を高めるために、あなたの協力関係の目標について、コミュニティパートナーの代表者と、1対1またはグループディスカッションの機会を持つために、翌週の打ち合わせの時間を決めておこう。

★ **演習問題 2.3　希望、心配事、ニーズ、期待**

　一枚のシートを4つの列に区切り、それぞれに希望、心配事、ニーズ、期待という見出しをつける。あなたが始めているサービス・ラーニング体験に関連するもので、それぞれのカテゴリーの下に思い浮かぶものを記入しよう。その次に、1問あたり7〜10分の「自由記述」で質問に答えよう。
・あなたの希望を実現するために、あなたが次に起こす行動は何か。
・あなたの心配事の原因は何か。あなたはこれらの心配事を最小限に抑えるために何ができるか。
・あなたの希望を達成するために、あなたは何を必要としているか。それをどのようにして得るのか。
・あなたの期待していることの源は何か？　それらはあなた自身のものか、もしくは他の誰かのものか。
・指針の一つとしてこの情報を用いて、あなたが希望するサービス・ラーニング体験を創造するために、翌週においてあなたが次に実行できる3つの活動を列挙しよう。

資産、関心、およびニーズ

　コミュニティ参加の効果を高めるためには、私たちが一緒に活動する準備をしている組織の使命と目標を理解することが求められる。さらに、サービス・ラーニング科目の利害関係者（学生、教員、コミュニティパートナー、およびその組織によって奉仕を受ける人たち）すべての資産、利益、ニーズを考慮する必要がある。こうした理解がなければ、私たちはその組織内の個々の課題や技量に気づかないだろう。すなわち、私たちは組織にとって、実際にはほとんど役に立たないサービスを提供したり、組織、それを代表する地域社会、

そして、さらにより大きな地域社会全体に私たちが与えてきた影響を把握し損ねたりする
であろう。

　資産は、有形または無形の資産、質、および / または、それぞれの団体が議論に挙げ
る実質的な項目である。**関心**はそれぞれの団体にとっての関心事であり、各団体が、共に
協働に活動する行為を通して達成することを望んでいるものである。そして、**ニーズ**は、
基本的には、資産におけるずれの部分であり、あるパートナーの資産が、他者との有意な
差別化を産むことができる部分である。サービス・ラーニングに取り組むすべての参加者
は、彼らのお互いの活動に資産、関心、ニーズを持ち寄る。

　さらに、私たちのコミュニティパートナーとサービスを受ける人々は、私たちが扱おう
としているニーズを持っている一方で、単なる「困窮者」ではない。実際に、学生たちが
自身の技量とスキルを使って学習者としての要望を携えてくるのと同じように、サービス
を提供される人々も、彼らが自覚している要望と併せて、彼ら自身の技量を持ち合わせて
いることを、学生が理解しておくことが、真の協働のためには不可欠である。

　このことは大学教員にも当てはまる。最初は、学生やコミュニティパートナーにとって、
大学教員がニーズを持っていると考えることさえ難しいことがある。学生として私たちが
想像する大学教員は、多くの専門知識を持ち、議論に挙げるようなニーズはない人ではな
いだろうか。もちろん、あなたの教員は、あなたやクラスメイトに提供するために多くの
知識を持っているし、またそれと同じくらい、サービス・ラーニング環境におけるファシ
リテーターとして十分な技能と技量を備えている。しかし、あなたの教員は、この体験か
ら何か価値のあるものを得ることもまた望んでいるのだ。おそらく、学生が学習している
地域社会において直面している実世界の課題のために、学生たちが授業の中で学習してい
る理論を試し適用する、有意義で魅力的な CBL の場所やパートナーを深く望んでいる。
おそらくあなたの指導者は、あなたの地域社会で起こっているポジティブな変化を調べる
ことに強く関心を持っていて、学生たちがその中で変化をもたらすために相互に関係する
のを見ることに胸躍らせる。おそらくあなたの指導者は、彼らの研究課題の中に地域社会
における彼らの協力関係を含んでおり、それは新たな知識を創造するだけでなく、地域社
会に価値ある何かを提供することも求めている。

　サービス・ラーニングの科目が最も効果的であるためには、すべての利害関係者は、彼
らが議論に持ち寄る資産と、彼らが参加によって享受を望む成果について明快である必
要がある。これは、協力関係に関与しているすべてのメンバーが議論に持ち寄るべき何
か――実際には、多くのもの――を持っていると認識される時、最大限発揮される。これ
は、活動分野を平準化し、異なったタイプの実践教育の開発を容易にする。つまり、関与
するすべての人々が教師と学習者であるというだけでなく、これが正しいかどうか理解し、
振り返る場になることが理想である。

　組織とその組織から援助を受ける人たちに対する私たちの最初の印象は、事実に基づい
ているかもしれないし、あるいは偏見や抜け落ちた情報の影響を受けている可能性がある。
コミュニティパートナーやそこの地域社会体験に関係するその他の人々と共に、自らの認

識をはっきりとさせておかなければ、私たちは、サービス・ラーニング経験を非生産的なものにしてしまう危険性がある。次の演習問題は、コミュニティパートナーの実態と私たちの理解を一致させることを意図している。今期のあなたの地域社会との協力関係を検討するために、**図 2.1** を見てから、**演習問題 2.4** と **2.5** の両方に取り組んでみよう。

　これまでに、あなたは、協力関係のためにあなたが何を提供し、そしてあなたがそこから何を手に入れることを望むかについて考えてきた。また、あなたの権利と責任、あなたのコミュニティパートナーの権利と責任について考えてきた。そして、コミュニティの組織についてより多く学ぶことで、あなたの協力関係（パートナーシップ）を発展させてきた。実際に、物事は確実にスタートの方向へ向かっている。

　協働は人間関係に根ざしているため、現実的に起こりそうなこととして、あなた、クラスメイト、指導者およびコミュニティパートナーが挑むべき何かが生じる可能性がある。次の節では、用意周到な計画であっても、不具合が生じた時に何をすべきかを検討する。

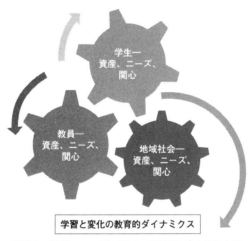

図 2.1　資産、ニーズ、関心：教育的ダイナミクス

★ 演習問題 2.4　資産、関心、ニーズの関連図

　出発点として**図 2.1** を用い、あなたと協力関係にある学生、教員、そしてコミュニティパートナーの関連図を描いてみよう。各利害関係者の資産、関心、ニーズを見極める。これら要素のいくつかは、あなたの協力関係の初期段階であっても、よくわかっていることかもしれない。他の事例では、あなたは、各利害関係者が議論に挙げた事柄への回答と同じくらい多くの質問があるかもしれない。

　実際に、あなたの質問は理解している内容とのギャップを示すので、あなたの回答と同等の価値がある。結局のところ、これらの質問への回答があなたの教員やコ

ミュニティパートナーと一緒に活動する中でどのように与えられるかは、この実践的教育の中からもたらされる成果に影響を与える可能性がある。

　図が大体描けたら、あなたが知っておかねばならないこと、行動できることについて、さらに考えるために次の質問を使ってみよう。

・図を描いた時に、最も単純で簡単だった要素は何か。最も難しかったのは何か。図を完成させる中であなたが最も驚いたことは何か。

・あなたは利害関係者各団体それぞれの資産、関心、ニーズの間に、どのような関係を見出したか。利害関係者それぞれが議論に挙げる要素が、他の利害関係者が挙げてくる要素とどのように影響し合うと考えられるか。

・協力関係とサービス・ラーニングの機会に関係する資産、利益、ニーズについて、あなたが理解している内容とのギャップはどこにあるか。これらのギャップを埋めるために、積極的かつ意図的にあなたはどのような活動をするか。

★ 演習問題 2.5　組織行動研究

　サービス・ラーニング科目における各利害関係者の資産、関心、ニーズを考慮した上で、コミュニティパートナーとの信頼を深めることにしよう。このアクティビティは、組織に関連する様々な人物にインタビューすることで、あなたが活動しているコミュニティ組織の使命、歴史、職員、構成、予算について学ぶことを意図している。組織の主要な連絡担当者から情報を収集することに限定せず、それよりも、組織に関係するできる限り多くの人々と話し合うことで、組織について幅広く包括的な見解を得るようにしよう。以下の質問に回答するのに加えて、組織の使命とサービスを最もよく説明する組織の資料を１つ集めよう。

・組織名
・組織創設の簡単な歴史
・経営理念
・ビジョンの概要：この組織は何を達成したい／どのようになりたいと思っているのか、何を起こそうとしているか
・組織のサービス提供人口
・組織が影響を与える可能性がある公共政策分野の概要
・組織がサービスを提供している地域
・有給スタッフの人数、役割
・ボランティアが果たしている役割

R. Battistoni（2002）、教育課程全般にわたる市民参加：すべての分野におけるサービス・ラーニング教職員のためのリソースブックからの引用。

今、何が起きているか──不具合を回避すること

　この章の冒頭に書いた話を覚えているだろうか。コミュニティパートナーの扉の外で
待っている学生のグループのことだ。その話題に再び戻ろう。学生の一人が自分の携帯電
話を使って組織の事務局長に電話を掛けた。事務局長は一週間前に学生たちの教室を訪れ、
今日の訪問を組織のカレンダーに書き留めてあることを確認していた。事務局長は組織の
事務所に向かい車を走らせていたが、学生たちと会うためこの展示スペースへ向かって方
向転換していることを、学生たちは知った。明らかに誤解があったのだと彼女は語った。
彼女は、今日の訪問の進行役を芸術担当理事が申し出ていたと思っていたのだが、その芸
術担当理事は逆に進行役を担当するのは事務局長であると思っていたようだった。彼女は
このことについて謝罪し、学生に待ってもらうように頼んだ。

　事務局長が謝罪を重ねつつ、扉を開けるための鍵を手にし、学生たちを招き入れようと
したちょうどその時に、クラスの残りの学生が到着した。学生たちは、助成金申請書のた
めのメモをとり、事務局長に質問をしながら、地元の芸術家の巨大な芸術作品で一杯の、
洞窟のような空間を見て回った。週末に開催予定の展覧会のためにさらに追加の作品を搬
入するために到着した芸術家にインタビューすることに関心を持ち、授業後もなお滞在す
る人もいた。

　学生たちが、次の授業の中で、ギャラリーへの訪問について振り返りを求められた際に、
多くの学生が、事務局長の遅刻が彼らに及ぼした悪影響について語った。何人かの学生は
声を出して、彼らの助成金申請作成プロジェクトが、優先的なプロジェクトであったかど
うか以前に、コミュニティパートナーにとって重要なプロジェクトであったのかに疑念を
持ち、他の何人かは、良かれと思って実施した関係性やプロジェクトで自分たちが不愉快
にさせられたと主張した。別の学生は、重要な会合を無視することは、一般的な芸術家の
風変わりな気質を示していたとの意見を述べた。多くの学生が自分の時間は貴重であり、
待たされたことに憤慨の気持ちを露わにした。

　その時、一人の学生が異なる意見を示した。彼は、コミュニティパートナーの組織内部
のコミュニケーション不足は、多くの芸術家すべてを包括した展示を創造するという途方
もない課題を成し遂げるためにわずかな基金で本当に熱心に働いていたこと、助成申請書
作成が組織にとってどれほど重要になるかを、証明してくれたシグナルであると語った。
少人数のスタッフは基本的な仕事で非常に酷使されており、彼らが恩恵を受けるであろう
会合を記憶に留め損なってしまったのではと想像した。彼は、別の誰かが訪問の受け入れ
に関する責任があったと認識していたにもかかわらず、組織が犯した過ちを正すために、
事務局長が訪問の受け入れに対応するために彼女の一日のスケジュールを再調整し、非常
に迅速に対応したことに感銘を受けたと語った。最後に、彼は、学生がコミュニティパー
トナーの遅刻を批判的に捉えたと同様に、コミュニティパートナーも、クラスの半数の学
生の遅刻について、遅刻した人が気にも留めず、訪問を優先せず、時間どおり来ることに
対し「あまりにもあてにならなかった」と仮定すれば、批判的に捉えるであろうと述べた。

この学生たちが、まさに実体験から学ぶ方法で実例を挙げて説明していたことは、コミュニケーションの**意図**と**その成果**との食い違いであった。他人と交流する時は、私たちは皆、コミュニケーションしたいと思っていることに対する明白な目的を持っており、メッセージをやり取りするために、様々なコミュニケーションツール（語彙の選択、声の調子、ボディーランゲージ、振る舞いなど）を使う。いくら試してみても、私たちは、時折、目的とする他者に影響を与えられなかったり、時には軽率にも目的とは正反対のメッセージを伝えてしまったりするという結果を引き起こすことがある。クラスの他の学生たちは、彼らの遅刻が、コミュニティパートナーの風変わりな気質だったり、自分たちが故意に軽視したと見なされたと聞かされた時、その認識に抗議した。一人はバスが遅延していたと、自転車に乗ってきた他の何人かは自分たちが想像した以上に時間がかかったと、もう一人は道に迷ったと説明した。これらすべての正当な遅刻の理由は、——私たちの連絡係の場合のように——目的とその成果の狭間において、私たちが伝達者として歩むべき正しい道筋を示している。

サービス・ラーニングの授業は、様々なニーズと資源を持つ人々（およびそのグループ）間の協働のため、必然的にその過程で不具合が生じる。学生、教職員、コミュニティパートナーは、こうした不具合が協働プロセスにとって致命的であると見なす選択をし、その結果、共有された取り組みのための活動を回避するかもしれない。一方で、学生、教職員、コミュニティパートナーは、そのような失敗が、多くの場合、必要な改善点を明らかにしてくれるものとして、学習と成長の機会となると解釈するという選択をする場合もある（たとえば、組織内のスタッフ間のコミュニケーション強化の必要性、新しい場所で初めて運転する前に正確な道順を知ることの重要性など）。

あなたは、学生、教職員、コミュニティパートナーが協力関係に関する努力の成果をどのように評価したかを示すため、前述の文章の中で「選択」という言葉が使用されたことに気付いたかもしれない。基本的には、CBL に関わる一人の人間がコントロールできることは唯一、自分自身の行動とそれに対してどう対応するかである。教員と学生がコミュニティパートナーの選択を左右しなかったと同様に、コミュニティパートナー、教員、時間どおりに来た学生は、他の学生が遅刻したか、遅刻しなかったかを左右することはなかった。しかしながら、これらの人々のすべてが、他者の選択にどのように対応し、また、それらの結果を、自身の学習を推し進めるために利用するか否かを左右した。

演習問題 2.6　不具合の検討は、コミュニティパートナーと学生間の不具合に関するいくつかの場面を提供している。これらの場面についてあなたの感じたことを、書面で、他人との議論で、あるいはその両方で調べてみてほしい。

既に気づいているかもしれないが、ある場面に存在する一人の人間の認識や見方は、多くの要因によって影響を受け、その中には他人と共通しているものもあれば、人によって異なるものもある。さらに、これらの経験の違いの多くは、人がその世界の中で特権や権限を利用したことがあるか否かといった多様な足跡の結果である。第5章では、私たちは、権限を調べ、特権を理解し、相違を舵取りすることが何を意味するのかを深く検討する。

しかし、あなたが、コミュニティパートナーと一緒に活動を始める際、あなた自身がどのような人物で、現在の協力関係の状況を含めて、あなたが経験したことが、その世界を見る方法にどのように影響を与えるかについて、考え始めるかもしれない。そのいずれにも足を止めることなく、CBL の学習者としてあなたが遭遇する多様な現実に好奇心をもってほしい。真の協働の契約による真の変化によって、すべての人が協力関係に参加する以前よりも、より充実した、より完全な、より効果的に他人との関係を保つことができる方法を、考えてみよう。

貢献活動を行うための行動学習計画（ALPS）の開発

　おそらく、潜在的な問題を回避するための最良の戦略は、Action Learning Plan for Serving（貢献活動を行うための行動学習計画、ALPS）の開発である。ALPS を作成することは、サービス・ラーニング体験の必要性、資源、予定表、達成可能な目標を事前に予測しておくことで、あなたが山のような要望を達成する助けとなる。また、ALPS には、すべての関係者の権利と責任が含まれており、あなたの活動を評価、評定するための基本的な枠組みを提供している。さらに、調整が途中で行われる必要があるか否か知る体験を通して、あなたは前進することができる。**演習問題 2.7** では、あなたがサービス・ラーニングを体験している期間を通して、戻って参照することができる ALPS を紹介する。**次の章に進む前に**、授業や自分自身でそれに答えてみよう。

結論

　Angeles Arrien は著書 *The Four-Fold Way: Walking the Paths of the Warrior, Teacher, Healer, and Visionary*（四つの道：戦う人、教える人、癒す人、夢を追う人の道を歩くこと[5]）の中で、4 つの中心的な人間の役割を明記するために、個々の伝統的叡智を探求している。Arrien は、他人と真に共に生きるためには、私たちは<u>自分をさらけ出し、心遣いをし、真実を伝え、結果を受け入れ</u>なければならないと主張している。おそらくこれらの言葉は、授業の中ではなく、CBL においてより真実のものとして心に響く。学校の扉の外側にある世界との協働的活動に参加した学生は、一つの体験において、時間を約束し最後まで遂行するというやり取りの中で、個人の成長、技能の構築、自分自身や他者の理解において、多大な成果を約束する実践的な体験が彼らを待ちうけていることを知る。

　こうした学生の一人として、活動における行為とその振り返りの体験を通して、あなたができるすべてを学ぶこと、体験があなたにとって持つ意味を明確にすること、そして、真の協働においては、そのやり取りの成果は誰にもコントロールできないことを理解する

5　邦訳は未刊行のため、本書では訳者による抄訳を用いた。

能力を深めること、以上のことをあなたが達成するために必要となる活動に身を投じ、参加するための十分な準備をするために、この章で提示された資料を使用することができる。それが恐怖か、わくわくする提案かどうか、そして、地域社会の絆を通して結ばれた個々人として、それを通して、私たちの道をどのように築くかは、私たち一人ひとりが決めることである。

★ 演習問題 2.6　不具合の検討

場面 1a

あなたは、英語での職業訓練と指導を提供することによって、あなたの住む都市への難民受け入れに熱心に取り組んでいる地域社会組織と共に活動をしている学生である。あなたはサービス・ラーニング授業のために、毎週火曜日の午後、公立図書館で2時間の個人指導のセッションを一人の生徒と行うことを約束している。あなたの生徒は最初に予定されたセッションに現れたが、2回目のセッションは完全に欠席し、3回目のセッションには来たが、1時間しか滞在できないと話した。その際、来週には町から引っ越すかもしれないと話した。

場面 2a

あなたは、地域でホームレス状態にある人に対して無料の保健医療を提供する組織の広報活動を展開している学生チームの一員である。あなたのチームは、この組織からケアを受けた人々が、彼らの生活の中で、ケアがもたらした変化について語った体験談を耳にしてからは、このプロジェクトに参加することにとてもわくわくしている。

プロジェクトを完了するには、コミュニティパートナーの具体的な情報が必要で、先週、チームの連絡担当者に3通の電子メールを送信したが、いずれも回答はなかった。

場面 3a

あなたは、サービス・ラーニングの授業では、うつ病を発症した人生経験についての口述記録編集のために、地元の老人ホームの高齢者にインタビューをしている。インタビューの二日目を終えた時、あなたの連絡係である、老人ホームのレクリエーションプログラムの理事は、高齢者とのあなたの活動を称賛し、お互いをもっとよく知ることができるように、週末に一緒にビールを飲もうと提案した。

場面 1b

あなたは、あなたが住む都市への難民受け入れに熱心に取り組んでいるコミュニティ組織と共に活動をしている学生で、英語での職業訓練と指導を提供している。

サービス・ラーニング授業のために、あなたは毎週火曜日の午後、公立図書館で2時間の個人指導のセッションを一人の生徒と行うことを約束している。最初の2つのセッションはすべて順調であったが、3番目のセッションのために図書館に行く途中で車が故障し、4番目には歯科医の予定があった。あなたは、この時点では、生徒に何が起きているのか知らない。

場面 2b

あなたは、地域でホームレス経験者に対して無料の保健医療を提供する組織の広報活動を展開している学生チームの一員である。あなたのチームは、この組織からのケアを受けた人々が、彼らの生活の中で、ケアがもたらした変化について語った体験談を耳にしてからは、このプロジェクトに参加することにとてもわくわくしている。あなたはチームの連絡担当者となっているが、新しいアパートに引っ越ししたばかりで、まだ電子メールを接続していない。新しい電話番号をチームメイトやコミュニティパートナーに伝えたかどうかは確かではない。

場面 3b

あなたのサービス・ラーニングの授業では、うつ病を発症した人生経験についての口述記録編集のために、地元の老人ホームの高齢者にインタビューをしている。あなたは、自分の専攻を変更することを検討しているので、あなたの連絡係である、老人ホームのレクリエーションプログラムの理事に、お互いをもっとよく知ることができるように、週末に一緒にビールを飲もうと提案した。

過去の出来事について振り返ってみよう。これらそれぞれの場面におけるコミュニケーション不足をあなたはどのように説明するだろうか。あなたは誰に不具合の責任があると考えるだろうか。それぞれの場面の「あなた」はどのように不具合に気づくだろう。関与する他の人々はどのように不具合に気づくだろう。こうしたそれぞれの場面における見解は、その場面の文脈からどのように影響を受けるだろうか。あなたはこれらそれぞれの場面において不具合を立て直し、協力関係を元に戻すためにどのような行動を選択するだろうか。他の人が協力関係から外れる選択をした場合はどうだろう。あなたが本当にこれらの場面の「あなた」だったら、あなたは何をするだろうか。

それでは、33ページに示した原則リストに戻ろう。このリストと前述の過去の出来事をもう一度読んでほしい。これらの原則とそれぞれの場面との狭間にある不具合はどこにあるか見つけられるだろうか。あなたはこれらの場面の中で、これらの最良の好事例に並ぶ選択肢をどのように見出すことができるだろうか。

重要な概念

資産	コミュニティパートナー
連絡担当者	直接的な貢献
成果	目的
関心	ニーズ
プロジェクトに基づく	責任
権利	

重要な問い

・CBL に取り組むことで、学生はどのような利益があるか。

・学生が参加する CBL にはどのような異なる種類があるか。

・成功する CBL の協力関係の特徴は何か。

・地域社会に参画する設定の中で、学生である学習者の基本的な責任と権利は何か。

・コミュニティパートナーの基本的な責任と権利は何か。

・コミュニケーションの目的と成果の間にある差異は何で、そして、これらの要因となる不具合のいくつかの事例は何か。

★ 演習問題 2.7　貢献活動を行うための行動学習計画（ALPS）

　最初の ALPS ワークシートは、関与するすべての人の視点から CBL 体験の目的がどのように形づくられているか考えることを求めている。

　あなた自身が地域社会との協力関係に関心を持ち続けるためには、以下の質問に答えて、それを書き留めておこう。サービス・ラーニング体験の進行に併せて参照するためである。もしいくつかの質問に答えられない場合は、自分の体験の中で気づいた時に、このワークシートに戻ってくること。

1. 科目のシラバスを見直し、教員がこのサービス・ラーニング体験をどのように構成していたかを思い出してみよう。指導者の視点から、この協働の目的が何なのか考えてみよう。

　　・
　　・
　　・

2. コミュニティパートナーの視点から、この協働の目的は何なのか考えてみよう。

　　・

・

・

3. この協働に対するあなたの個人的な学習目標は何か。この体験の時間の終わりに、あなたは何を学んでいると思うか。

・

・

・

4. この協働の個々の貢献活動の目標は何か。この体験が終わる時、あなたは何を得ていると思うか。

・

・

・

5. この協働の最終成果がある場合、それは何か。最終成果はどのように評価されるか。

6. この協働の最終成果の主要な構成要素は何か。

・

・

・

7. あなたが現時点で理解している範囲で、プロジェクトの締切りはいつか。求められている成果は何か。

+ **演習問題 2.8　私にとって適切な CBL のタイプはどれか**

　選択する CBL のタイプを明確にする助けとするために、次の質問について振り返ってみよう。

・私が引き受けることになる直接的な貢献活動の特徴は何か。私が完了することになるかもしれないプロジェクトはどのようなものか。あらかじめ用意された選択肢がない場合に、CBL のために自分に見合った選択をする手助けをしてくれる事務所が大学内にあるか。大学は CBL のオリエンテーションを提供しているか。それとも科目として履修することができるか。私は現地を訪問することが可能か。

・選択肢を考えるにあたり、どのような訓練、指導、およびフィードバックが利用可

能か。この種の支援は、私が必要と考える支援の種類と合致するだろうか。

・私がそれぞれの選択肢を検討する時、私は完了することが期待されている活動の範囲を理解しているか。私はこれらの活動を進んで行っているか。自分の活動に対する支援をどこで受け取れるかを知っているか。

・私の選択それぞれに対する、活動の始めから終わりまでを合理的に組み立て管理する上での考慮事項は何か。パートナーの現場に行ったり、別の場所で活動したりするか。私は一人で、あるいは、他の学生やパートナー組織の従業員と一緒に活動するか。

・コミュニティパートナー、教員、自分自身を満足させるために、このプロジェクトにどれだけの時間を費やす必要があるか。私はこの総時間に身を捧げ、必要に応じてスケジュールを再調整する準備をしたか。

・私は貢献活動を行い、学ぶために、この環境下で身体的かつ精神的に十分安全だと感じることができるか。身体的、精神的に安全と感じるためには何が必要か。安全だと感じる要因は、私が検討している環境内に存在しているか。

・私の過去の活動経験のうち、直接的な貢献活動の中で何が役立つか。プロジェクトに基づく活動（間接的な貢献活動）ではどうか。他人と直接一緒に働く際の、私の最大限あるいは最小限の強みは何か。プロジェクトをマネジメントし、完了する際の、私の最大限あるいは最小限の強みは何か。

・この経験に対する私の個人的／学問的／専門的な目標は何か。私はこの経験を終えた時、何を成し遂げたいのか。

+ 演習問題 2.9　時間が経つと共に…

　最初に大きな1枚の紙（少なくともB4判より大きい紙）に7つの列を作成し、それぞれの列の最上段に曜日を記入しよう。シートの左側上端から下端までに24の行を作成し、1時間ごとに分けよう。睡眠、食事、授業、仕事、宿題、旅行、自由時間等のあなたの生活の中で、ある特定な時点での典型的な1週間におけるあなたの活動時間を確保することを始めよう。毎日毎時にいくつかの活動が占めることを確認しよう。

　週のすべての時間を分類し終えたら、色鉛筆を使って各ブロックを軽く色づけしよう。別の時間帯に絶対に移動できない週の活動（例えば授業）には特定の色を使用し、かなり困難ではあるが絶対に必要な場合には移動可能な活動（おそらく活動スケジュール）には別の色を使い、週の中で最も拘束されていない活動（おそらく自由時間や食事）にはまた別の色を使う。あなたの週のすべての時間帯が色づけされたことを確認する。

　それでは、あなたの時間が視覚的に表現された週予定を見て、あなたがこのプロ

ジェクトにどのように関わるかを決めるための手助けとしよう。この期間にプロジェクトにもっと深く参入しようとする時、スケジュール変更を反映するために、この演習問題を繰り返すことにしよう。

注意：この活動は、時間交渉の責任についてチームを指導したり、コミュニティパートナーとのスケジューリングのためのテンプレートとして使用したりすることができる。

+ 演習問題2.10　学生の責任に関する事前支援チェックリスト

　コミュニティパートナーとの活動の中で果たすべき役割と責任を実践的に考えるための手段として、実際に活動を始める前に以下のチェックリストを埋めてみよう。次の文章を読み、そして、各項目について理解し、十分な情報を得たことを示すために、各項目の先頭に署名する。十分な情報が得られていない場合は、各項目の先頭にアスタリスク（＊）を記入し、あなたの教員または適切な大学の管理者に知らせよう。

1. 学生はコミュニティプロジェクトの要求を明確に理解するべきである。
　＿＿＿私は教員とコミュニティパートナーが私に期待していることを明確に理解している。
　＿＿＿私は自分の限界範囲を理解している（私は合意した責任範囲を超えて活動を実施した結果を考えた）。
　＿＿＿私はこのプロジェクトを実行するために必要なスキルを理解しており、これらのスキルに不安を感じていない。
　＿＿＿私はこのプロジェクトを実行するために必要なスキルを理解しており、自分にとって不安であったり、不慣れなスキルを強化するための具体的な計画を工夫してきた。
　＿＿＿私は組織からサービスを受ける人々について理解しており、彼らの視点から彼らのニーズを理解しようと、可能な限りの試みを行っている。
　＿＿＿私は緊急時に何をすべきかを知っている。

2. 学生は必要な法的文書を整えておかねばならない。
　＿＿＿私が運転する場合は、有効な免許証と損害賠償保険を保持しておかねばならない。

3. CBLプロジェクト全体を通じて、学生は自身の行動に責任を負うべきである。

＿＿私は私自身の健康と安全に対して責任があることを理解している。

＿＿私は保険に加入する（代理店がボランティアのための特定の補償を要求する場合）。

＿＿私は署名した損害賠償請求権利放棄書を理解している。

＿＿私はこのCBLプロジェクトに含まれるリスクを考えている。例えば、

・組織からサービスを受ける人たちの特別な要求は何か。

・事故の場合、安全でないことは何か。

・自分自身の行動、服装、準備によって起こり得るリスクを減らすために何ができるか。

・私の業務説明書外で見落としている行動はあるか（例：組織からサービスを受ける人たちを送迎することは問題ないか）。

4. 学生はこれらの法的問題を理解しなくてはならない。

＿＿**過失**は、過ち、注意不足、無謀な行動、あるいは他人への配慮義務への無関心を意味する。思慮分別のある人は、怪我の可能性を予見することができるはずである（例えば、床の上の濡れた場所、テーブルの上に登る子ども）。

＿＿**故意、または犯罪的な不正行為**は、ボランティアによって引き起こされる潜在的な損害を意味する。ボランティアは、ボランティア側の故意のまたは犯罪的な違法行為による損害の場合、組織または個人に生じたいかなる損害に対しても責任を負う。

＿＿**プライバシーの侵害**には、守秘義務が伴う。私は、私のパートナー組織の守秘義務が何であるかを知り、理解している（たとえば、組織からサービスを受ける人たちの履歴や個人の記録は守秘情報である）。

➕ 演習問題 2.11　学生の権利に関する事前支援チェックリスト

　あなたのコミュニティパートナーとの活動の中で果たす役割と責任を実践的に考えることを導く手段として、実際に活動を始める前に以下のチェックリストを埋めてみよう。次の文章を読み、そして、各項目について理解し、十分な情報を得たことを示すために、各項目の先頭に署名する。十分な情報が得られていない場合は、各項目の先頭にアスタリスク（＊）を記入し、あなたの教員または適切な大学の管理者に知らせる。

＿＿私は実行することが期待されている活動の説明を受け、その活動をすることを約束する。

＿＿私は現在、私が行うことを契約した活動のために適切な訓練を受けたか、また

は現在受けている。または、私の訓練が実地で行われ、私がそこに出向いた時に指導されることを理解している。

＿＿＿私は自分がする活動に関する指導とフィードバックをどのように受け取るかを理解している。

＿＿＿私は、私が行う活動、私の扱い、あるいは私の貢献活動計画またはその他の契約の違反についての懸念を表明するためのコミュニケーションの手段を理解している。

＿＿＿私は、合理的に安全で、性的およびその他のハラスメントのない環境で活動することを望んでいることを理解している。

＿＿＿私は、人種、民族、ジェンダー、年齢、宗教、能力、性的指向、および／または大学やコミュニティパートナーによって提供されるその他の保護に基づいて差別されることはないことを理解している。

第3章　地域社会への移行：私から私たちへ

ヴィッキー・L・ライタナワ（翻訳　木原　一郎）

その低い道

彼らは何ができる
私に？彼らが望むことすべて。
彼らはあなたを元気づけることができる、彼らはできる
あなたを破裂させることを、彼らは壊すことができる
あなたの指を、彼らはできる
電気であなたの脳を焼くことを、
ドラッグであなたを曇らせることができる、あなたが
歩けなくなるまで、思い出せなくなるまで、彼らはできる
あなたの子どもを取り上げてしまう、閉じ込めてしまうことができる
あなたの恋人と。彼らは何でもすることができる
あなたは止めることはできない
彼らがすることを。どのように止めることができるのか
彼らを？ひとりで、あなたは戦える、
あなたは拒否することができる、あなたはできる
あなたのできる復讐をすることが
しかし彼らはあなたを倒す。

しかし戦っているふたりの人間は
次から次と、切り開くことができる
野次馬を、蛇踊りの列は
非常線を壊す、軍人は
軍人に会うことができる。

ふたりいればお互いに保つことができる
正気を、援助することを、信念を
愛を、マッサージを、希望を、セックスを。
3人いれば代表団になれる
委員会であり、くさびである。4人いれば
ブリッジで遊ぶことができ、始めることができる
組織を。6人では
一軒家を借りることができる、

夕食にパイを食べることができる

数秒もかからずにパーティーを開くお金を貯めることができる。

12 人ならばデモンストレーションができる。

100 人ならば大きな会場を満員にできる。

1000 人ならば結束でき、あなたたち自身の会報を持つ、

1 万人ならば、力とあなたたち自身の新聞を、

10 万人ならば、あなたたち自身のメディアを、

1000 万人ならば、あなたの国を。

それは一つずつ続いていく

あなたが気にかければそれは始まる

行動しはじめるのは、あなたがもう一度動く時

彼らが「否」と言った後に

それが始まるのは、あなたが「私たち」と言う時

そしてあなたがその意味を知る時、

そして毎日あなたの持つ意味はひとつずつ増えていく

Marge Piercy, from The Moon Is Always Female

　サービス・ラーニングは、あなたが誰であるか、あなたが何を知っているか、地域社会の変化を生み出すために教室の中や外の世界で（壁のない教室で）あなたにできることを、考えさせられる機会になるだろう。その過程で、「あなた」と「あなた以外」の交点であなたが発見することは、あなた自身の理解と世界の中のあなたの場所を形作り、あなたがその気にさえなれば、一変させることができるだろう。あなたが誰であるかということと、あなたが何を知っているかということを実践の中に適用することで変化が生じ、自分自身の理解と、あなたとは異なったり似ていたりする他者の理解を拡大することができるだろう。他者（他の学生、教員、あなたのコミュニティパートナーとなる個人）と共に地域社会を形作る中で、部分を積み上げた結果よりも全体が意味するものの方が深いのだと経験すると、変化を生み出す可能性が高くなる。地域社会が向き合う現実世界の課題を学習する経験は、個人の学習の積み上げだけでは経験できないことだ。「それが始まるのは、あなたが「私たち」と言う時　そしてあなたがその意味を知る時、そして毎日あなたの持つ意味はひとつずつ増えていく」という詩のように。

★ 演習問題 3.1　地域社会を定義する

　あなたはどのように地域社会を定義するだろうか。あなたは地域社会の一員として何かに参加したことがあるだろうか。どのような方法で参加したのだろうか。あなたは参加することができたけれども、参加しないと選択したものはあるか。もしそうであれば、なぜあなたはそうしたのだろうか。

CBL 科目の中に地域社会を巻き込むこと：ケーススタディー

　4月のある朝、町の西側に位置するポートランド州立大学のサテライトキャンパスで、学生たちのグループは大きな部屋へと向かう道を見出した。私はそのコースの教員で、交通渋滞がひどいと聞いていたものだから早めに到着していた。複雑な構造の建物の中で迷ったとしても、時間に余裕を持てるようにと考えたからだ。実際には交通量も少なく、教室を見つけるのも容易だった。私は学生たちも同じようにすぐに到着するだろうと考えていた。そこは技術が駆使された大きな部屋だったが、設定には手間もかからず、学生も教員も参加や交流に十分に時間を使える場所だった。

　私は全員が座ることのできる大きさの円になるように移動可能な机を動かしながら、数分間を過ごしていた。学生たちはひとり、またひとりと現れた。全員で10名の、学位修了プログラム（フルタイムで働きながら大学に通う学生たちが、修了にむけて集中的に受講できるプログラム）参加者だ。多くの学生はすでにお互い仲良くなっていた。プログラム全体を通して、彼らの多くは同じクラスを受講しているか、少なくともこのクラスに登録している誰かが以前受講していたクラスをいま受講しているのだった。挨拶やハグをしたり、すべきことの確認をしたり（例えば、受講している社会のクラスで前回は何をしたのか）、ヒントを見つけようとしたり（例えば、自分が前学期に断念したクラスにいたのかと尋ねる）、互いを結びつける手がかりを見つけようとしていた。つまり、私たちの何人かはすでに知り合いであったし、他の何人かについては知っているという程度だが、来週には皆が互いにもっとよく知り合っているだろうということだ。

　最初の授業にやって来た時に、学生たちが確実に知っていた唯一のことは、彼らがそこにいなければならないということ（または、少なくともこれに似ているもう一つの科目では、PSU は学部の3年生か4年生の時にサービス・ラーニング科目を履修し終えるように求めている）と、彼らがそこにいるということは、地域社会でなんらかの作業をするために教室の外に一歩を踏み出すことに巻き込まれるだろうということだった。彼らは作業に伴うことも、それがどのようなものかも知らなかったし、私も同じだった。「公共善の変革（Change for the Common Good）」という科目では、この文脈の言葉が何を意味するのかを考えることが重要だと、私は信じている。言い換えれば、私たち、つまり学生と教員はどのように「公共」を定義するか、どのように「善」を明確に表現するか、その共通理解の中で、自分たちは良い方向に変化させるための代理人であると捉えることができるかということだ。本来、私は協働する集団を作る過程を学ぶ実習として、そのコースを教えていた。シラバスには目的と、意思決定者としての能力を深めるための課題を含めていた。また、単一の学科専攻よりもむしろ、科学、社会科学、アート、人文学の学問的分野の学生に参加してほしいと考えていた。この科目は本当に学際的だった。私たちは公共善を変革する影響を及ぼすために、各人が持つスキルの最適な用い方を集合的に考えなければならなかった。

　そこで、私たちが始めたのは、活動、実習、購読、理解しあうための複数の対話だった。

これらにより結束を強め、全員を「私」から「私たち」へ移行させようとしたのだ。個人としての経験からそれを理解することで、CBLにおいては、どの学生の成功であっても、他の学生や教員やコミュニティパートナーの成功と結び付けられる。私たちは投資と学習の責任が共有された場所からどのように経験し、行動したら良いだろうか。初期の活動は、私たちのそれぞれが好ましいと考える学習環境を掘り下げることを助け、それによって、私たちは私たち全員を含むクラスを意図的に共創することができたのではないだろうか。

📈 **演習問題 3.2　私の理想的な学習環境**

「私の理想的な学習環境は…」のテーマについての自由記述を、7分から10分で完成させよう。あなたが快適に過ごせ、迎え入れられたと感じられる学習環境はどのようなものだろうか。

あなたが一般的なサービス・ラーニングと、特定の現在の経験について今ここで考える時、あなたはどのような点で理想的な学習環境であると感じることができるだろうか。どのような経験があなたの好みに合いそうか。また、このような科目の中で、課題になるのは何だろうか。

公共善のためのグループ活動を明確にする

学生たちが共に活動するコミュニティパートナーを特定して接触することを求められるようになって以来、私たちの関心は教室を離れて地域社会へと向かい、そのニーズを考えるようになった。私たちの貢献活動のための提案を作るのに時間はかからなかった。ある学生は活動拠点の塗装と掃除を必要としている少年少女クラブと連絡を取った。別の学生はあるラテン系家族支援提携団体を知っていた。その団体はヒルズボロ市とヒルズボロ警察からこの国のラテン人口が増加していることを祝う壁画を作るために若い芸術家を引き込む話を持ちかけられていたからだ。コミュニティパートナーになる可能性のある両者はゲストとして私たちの教室に来て、活動する地域社会に私たちが変化をもたらす方法と、公共善のための変化を生み出す方法について議論した。

ゲストが教室に来て議論した後、壁画プロジェクトには明らかな熱意が見られるようになった。個人的見解を公共の光景に変換しようとする芸術家集団に助言することは、力強く、充実したものになるだろうと私たちは想像した。私たちは毎日ポートランド市に通勤電車でやってくる人々のことを考えた。その電車からは地元の警察署の壁に書かれた壁画が見えるだろう。私たちが頑張った活動が地域社会でどのような結果をもたらすかを考えてみた。私たちはこのプロジェクトが芸術やデザインからマーケティングや広報活動に至るまで、広範な技術をどのように必要としているかを考えた。そして私たちは教室の中で示された技術をどのように信用するかについて考えた。このプロジェクトは、検討中の他のプロジェクトよりも優れているように見えたが、その方向に進むべきだという即時の合

意は決してなかった。ある学生たちはこのプロジェクトは範囲が巨大で、私たちが活動できる数週間で完成することは不可能だと心配していた。他の学生は、若い芸術家との熱心な関係になりそうな活動に参加することに気が進まないと感じていた。他にも、あらゆる面で、特に文化や言語が異なる人々と効果的に仕事をすることができないと心配するものもいた。

　私たちはそのプロジェクトについて話し合った。情熱的に、しかし丁寧に、全員に必要なことについての初期の議論を思い出すように、「アクティブ・リスニングの実践」、「『私は思う』と『私は感じる』という表明方法を使って意見の不一致を認めること」、「他人の意見を求める」、「彼らがもてなされたいようにもてなすプラチナルールの実践」について話し合い、対話を重ねた。多くの学生はみんながプロジェクトに関わるまでは先に進めたくないと言った。私たちは賛成意見と反対意見を書き出し、進行計画とすべきことのリストを作成した（プロジェクト管理に精通している二人の学生が先導した）。私たちはプロジェクトについての自分の考えや思いについて、「ゴー・アラウンド（自分の番が来れば、中断されることなく話す活動）」を行った。

　最終的には明確な道が現れた。すべての学生がこの壁画プロジェクトに関して同様の熱意を持っているわけではないが、全員が作業に同意したのだ。そして全員の合意を得た決定がなされた。学生たちは「ラテンヒーロー」というテーマの壁画の完成を通して、実際に若手芸術家を先導し、彼らに助言をすることだろう。明確なゴール——15 フィート×40 フィートの壁画の完成——を共有し、私たちは知識、経験、能力、仕事を終わらせる才能をどう使うかを明らかにした。私たちはまた、学生がどのようにこのプロジェクトに関わることを選択したのかについても議論した。この授業で彼らの学問的な技術と知識を育て、成長させるためだ。学生たちは自分自身のための Action Learning Plan for Serving（貢献活動を行うための行動学習計画、ALPS）を作成し、私たちは一体となってクラスを ALPS のある状態にしたのだ。プロジェクトを進めながら ALPS が修正される間、この方法は私たちが共通のゴール、時間進行、責任を明確にするのに役立った。

「私」から「私たち」への移行

　次に私たちがしたのは、主に男性から成るラテン系の芸術家と活動することは、非ラテン系の女性を主とするクラスにとってどのような意味を持つかというテーマについて話し合うことだった。私たちのクラスは 10 名だが、そのうち 2 名はラテン系でスペイン語を話し、8 名は流暢なスペイン語を話す非ラテン系であった。8 名は女性で 2 名が男性、指導者はラテン系ではない女性だった。9 名の芸術家のうち 8 名はラテン系で、6 名は男性だった。男性の中には非ラテンの芸術家も含まれていた。学校や社会奉仕団体から「リスクのある若者」とみなされることがよくある芸術家は、私たちのコミュニティパートナーからは「約束された若者」と、もっと好意的に呼ばれた。コミュニティパートナーは、用語やレッテルづけは、個人に人工的で社会的な制限を与えるものと考えていたからだ。

貢献する対象である人々に対して押しつけがましくなく応援するにはどうすればよいか
を私たちが考える前に、まず、私たちのそれぞれが学習する地域社会に対して何をもたら
すことができるかを考えなければならなかった。私たちは「私たち」について考える前に、
十二分に「私」を探索する必要があった。私たちは現在に至るまで、それぞれどのように
影響を受けてきたのか。私たちの互いの共通点や相違点は何か。そのことはラテン系家族
支援提携団体との作業において、特に作業に関わる若手芸術家との作業において、どのよ
うに影響するだろうか。私たちは、自分自身の歴史、好み、偏見、才能、生き方について、
他者への貢献活動や個人としての学び、集合体としての学びによりよく生かせるように、
自分自身の歴史をどのようにより深く理解すればよいのか。これらについて、私たちは知
る必要があったのだ。

　省察の演習問題（**演習問題3.3**）は、自分自身の考えや他の人との関係に最も強い影響
を与える項目や方法について、より意図的に理解するのに役立つものだ。

　学生たちはまず課題の問いかけに応えるために、振り返りシートに記入した。そして、
それぞれの学生の歴史の一部について聞くための「ゴー・アラウンド」の活動を行い、教
室でのアクティブ・リスニングを実践した。それぞれの学生は中断されることなく自分の
歴史の一部を自由に共有し、聞き手側の役割は、応答することなく、話し手を理解するた
めに聞くことだった。

★ **演習問題3.3　私は誰で、何を持ってきたのか**

　最初にあなたの背景やアイデンティティについて説明してみよう。

・人種、民族性

・性別

・精神的なことに関する関心

・能力（物理的、精神的、感情的）

・社会経済階級

・年齢

・身体的外見

・性的指向

・その他識別子

　次に、あなたの背景やアイデンティティに関する質問について答えてみよう。

・あなたの成長にとっての強みの源は何か

・あなたの成長にとっての困難は何か

・あなたの背景やアイデンティティは、あなたがこの大学に適応するにあたり、どの
　ような影響を与えたか。そして、このクラスや私たちが行う貢献活動への適応にど
　のような影響があると思うか

出所：Jamie Washington が 2001 年に開発した「Who Am I, What do I Bring?」に基づき Laura C. Engelken により改。

貢献活動プロジェクトを通した学び

　これらの活動を通じて得られた洞察と、コミュニティパートナーの面接によって選ばれた芸術家に会う計画によって、学生たちは前に進むことができた。ニコは学生チームを率いて、芸術家たちに直接関わり、彼らのビジョンを壁画に表す手助けをした。その間、デイビッドは強固な移動式の壁画の構造体をデザインして建設した。スーザンとサンドラは最初に構造体を組み立てるのを手伝い、木の下塗りをし、郡が所有する倉庫に芸術家のためのスタジオを作り、皆のための飲食物が安定して供給されるようにした。カルメンとリディアはプロジェクト管理のスキルを活かして、仕事の進捗状況を管理する様式を提供した後、広報や追加予算を得ることを考えた。トレイシーは芸術家たちと話したり、絵を動かす必要がある場合には絵筆を手にとったりして、芸術家たちを元気づけた。メルセデスとリンダとジュリアは、若い芸術家たちにインタビューをし、紹介文を書き、参加者全員にとって体験記となる本を作った。

　私たちは暑い夏の間、長い時間作業した。その壁画はアイディアからデザインになり、板や金属の積み重ねになり、絵の具と汗が塗り込まれた巨大なキャンバスへと展開した。数週間に渡る私たちの科目の間、私たちは全員で、鮮やかな色と勇ましい形に表現された芸術家集団が共有するビジョンを見ていた。幾つかの新聞とテレビの記者が倉庫にやって来て、芸術家と学生たちにインタビューを行った。その結果、このプロジェクトが私たちにもたらす重要性は飛躍的に増し、そのことは学生たちの毎週の振り返りのレポートに現れた。多くの学生はこの芸術家とプロジェクトに再び関わることを熱望し、壁画の完成だけでなく、芸術家たちに積極的に関わりたいという要望を示したのだ。

> **私はラテンアメリカの歴史に焦点を当てた歴史専攻の学生ですが、ミゲルはメキシコの歴史の中の有名な民俗的英雄について多くのことを教えてくれました。私は彼とそのような素晴らしいつながりを持つことになるとはまったく想像していませんでした。私たちが一緒に描いている間、私は彼に、将来は美術学校に進学することについて考えることを勧めることができました。彼はどのような選択肢があるかを相談するために、すぐにそこのカウンセラーに連絡を取りました。**

　芸術家たちもまた、欠席した学生について尋ね、もし誰かが遅刻したら確認をし、絵画や家族や高校を卒業することや大学についての夢など、話題を探し出した。実行していることが重要だった。またグループに参加している人々が一緒に行っていることが重要だっ

た。いろいろな面において、完成途中の壁画は、すでに性別、年齢、言語、民族、文化を超えて私たちをつなぐという公共善を生みだしていた。

　ある夜、カルメンとリディアが計画と宣伝を手伝った式典の中で壁画の除幕が予定されている日のちょうど一週間前、もともとラテン系家族支援提携団体から壁画の依頼を受けた組織であるヒルズボロ警察署の代理人（警察の副署長である非ラテン系の男性）が、数人の学生と芸術家たちが一緒に作業をしている時に倉庫を訪れた。彼は壁画にグアダルーペの聖母、キリスト、神父ミゲル・イダルゴ、マザー・テレサなど、様々な宗教上の姿があったのを見て、芸術家たちにそれらを塗りつぶすように要求した。学生と芸術家たちはすぐには彼の意味することを理解できなかった。描写にギャングのイメージを使わない限り、芸術家たちが選んだヒーローの理想像を自由に描いていいというのがもともとの案ではなかったのか。しかしここでは、学生と芸術家たちの選択が間違っていたことを告げた役人がいた。彼らのビジョンは変更されなければならなかった。

地域社会での衝突

　その集められたグループは副署長のアドバイスに礼を述べ、芸術家たちが作業に戻ることを許可してほしいと頼み、作業を続けた。彼らは抵抗したのだ。誰も文化と歴史と関わったすべての人々の人間的可能性の傑作になるであろう絵画の制作を止めたくなかった。

　地域社会全体にこの出来事について多くの動揺の感情があった。芸術家たちは誤った方向に誘導されたと感じたし、学生たちは怒っていた。指導者は心配し、コミュニティパートナーは裏切られたと感じ、警察の人間は市民の反応について心配した。このプロジェクトの作業に関わるすべての人を含んだ議論により、コミュニティパートナーとラテン系家族支援提携団体は壁画についての懸念を警察と話し合うことにした。提携団体は警察と壁画制作のグループを直接結び付けた地域団体であった。

　学生たちと芸術家たちは怒りと憤りを共有しながら作業に戻った。もしもっと前から壁画が強い印象を与えていたら、それはあと数日で壮観なものになっただろう。芸術家たちはキャンバスに彼らのヒーローを描いていた。それはアステカ蛇と鷲、芸術家のフリーダ・カーロとディエゴ・リベラ、地域の学校のカウンセラーであり教員であるルス・マシエル・ベラリアル、俳優のカンティンフラス、エミリアーノ・ザパタ、シザー・チャベス。彼らは、世界における社会正義の制定のため、私たちが何者で何を知っているかを他の人に代わって実践し、その実践によって私たちの知識を高めて変化させながら、彼ら自身の人生を生きてきた人々だ。

　壁画は作成者たちの芸術的なビジョンを妥協することなく完成した。副署長が異を唱えたイメージはそのまま８月中旬の美しい日に行われた地域の除幕式でお披露目されるためにそこにあった。芸術家たちと学生たちは、集まった群衆の祝賀を見るために出席した。報道陣もそこにいて、壁画が好感の持てる物語から「争点」に変化した過程に関心を持っていた。副署長も出席し、全員の努力に感謝する一方で、壁画を最終的に設置する場所が

未定であることを説明した。スピーチと祝福の盛り上がりの後、掛けられていた布は取り払われ、壁画が現れた。それは個人が力を合わせた結果は個々の力の合計よりも大きいことの証左であり、不可能であると信じられていたものを可能にするだけでなく、必要かつ人間的・現実的なものにすることができることの証左でもあった。

★ **演習問題 3.4　状況分析**

次の質問への回答を考えよう。可能であれば、クラスメイトとも話し合ってみよう。

・あなたから見て、なぜ警察の副署長は壁画の中の宗教上のイメージを塗りつぶすように主張したのか。どの要素が彼にその要求をさせたのか。影響を受けた人々——芸術家、学生、コミュニティパートナー、指導者——は理想的にはどのようにこの要求に返答すればよいか。

・広い視野を持って、地域社会の「私たち」と横断する個人としての「私」をどのように理解するか。「私」と「私たち」はどのように切り離せるか、あるいは切り離し可能か。「私」と「私たち」の複数のレベルと層を、この出来事を例としてどのように理解するか。

・この状況を考えた時、科目を構成するALPSから何か見失われてはいなかっただろうか。この状況が起こった結果として、ALPSは今後どのように修正されるだろうか。

「私たち」になっていく

壁画の件は、論議をしながら変化を創造する最中に、「私」を「私たち」へと変える複合的な動力を例示している。このサービス・ラーニング科目は確かに、学生たちの知識と技術を、新しく、まったく予期しなかった方法で試したのだ。学生たちは地域社会のリーダーになることは本を読むことや試験を受けることとは違うのだと学んだ。

私たちの経験を振り返るのに役立ち、あなたにとっても役に立つであろう枠組みは *The Social Change Model of Leadership Development*（リーダーシップ開発の社会変化モデル）[6]（Astin & Astin 1996）である。著者たちは個人をリーダーに変容させる要因がある場合にそれを考察し、リーダーとは協働の相互作用を通して世界を良い方向へと変化させることのできる人材であるとした。この定義によって、CBLのクラスで学ぶすべての学生は、サービス・ラーニングは他者への良い影響を学ぶ機会だとして、**リーダーシップ**を学び、実践するようになったのだ。

Astin & Astin によると、リーダーとは次のような人である。

6　訳者による抄訳

他者や地域社会やより広い社会の改善のために良い影響を与えることのできる
　　人。言い換えれば、すべての人は潜在的にリーダーである。そのうえ、リーダーシッ
　　プを獲得する過程は個人の行動であるため、記述するのは容易ではない。むしろ、
　　リーダーシップは、良い変化をもたらそうとする人々が共有する価値観に根差し
　　た集団行動を導く協働の関係性を巻き込むことだ。(Astin & Astin 1996: 16)

　リーダーとは、他者と行動的で協働的な過程で作業をする**チェンジ・エージェント**（変
革をもたらすもの）である。おそらくあなたは３つのレベルで CBL 経験に関わる時に、
あなた自身がチェンジ・エージェントであることに気づくだろう。それは、個人、集団、
そして地域社会である。もしあなたがクラスについて示された通りに考えるならば、私た
ちは全員、個人としてクラスに来たということだ。私たちが科目目標を作り出し、集団と
しての才能を発揮し始めた時、私たちは目標と戦略を共有する学習環境を共創するメン
バーとなった。最終的に私たちは、大学の外にあり、前向きな変化を作ろうと素早く行動
するために私たちの才能、技術、能力の提供を求める地域社会と共に、クラスコミュニティ
として関わった。
　それぞれのレベルのリーダーシップは他者にも影響する。つまり、一人の学生は集団の
力学とプロセスに影響を与え、力学とプロセスは一人ひとりに作用する。協力して行う集
団作業は地域社会に良い変化をもたらし、翻って集団にも影響を与える。個人は地域社会
の貢献活動とつながり、直接的な経験により磨かれる。**(図 3.1)**

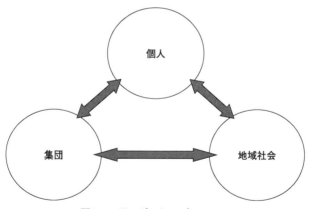

図3.1　リーダーシップのレベル

　さらに、サービス・ラーニングの過程における振り返りの手法として、このモデルを考
えてみよう。それぞれの分野において、参加者に理解されて実践された特定の価値は、個
人の可能性を高め、良い変化をもたらす。これらの要素は、いずれの語も C で始まるこ
とから、リーダーシップ開発の「7つの C」と言われる。

- **自意識**（Consciousness of self）とは、個人は自分の信念、価値、態度、行動するために個人を鼓舞する感情に気づくこと
- **一致**（Congruence）とは、考えること、感じること、また他者への一貫性、確実性、誠実性を伴った振る舞い
- **深い関与**（Commitment）とは、貢献活動をする個人を鼓舞し、また集合的な努力へ移行させる心理的なエネルギー
- **協働**（Collaboration）とは、他者と協力して一緒に作業すること
- **共通の目的**（Common purpose）とは、共有された目的と価値観を持って協働作業に関わること
- **礼節を伴った論争**（Controversy with civility）とは、どんな創造的な集団にも起こる2つの基本的な現実を理解すること。視点の違いは避けられないことと、課題を解決するためには、そのような違いはグループに属する個人を尊重しながら市民性をもって共有されるべきであること。
- **市民性**（Citizenship）、または個人（サービス・ラーニングでいうところの**市民学習者**）や協働する集団が貢献活動を通じて地域社会と責任を持って連携する過程

7つの価値のそれぞれは、それを操作する分野に配置することができる。（**図3.2**）

それぞれの分野に影響を与えながら実践される7つの価値は、他の分野の価値観が実践されることにより、それ自身も高まると同時に、高められもすることに気づいてほしい。言い換えれば、個人と集団と地域社会は直接結ばれている。サービス・ラーニング科目の参加者は、複数の支え合うレベルで貢献活動をすることを通して学ぶことを求められる。その活動が他者との本質的な協働によって行われれば、個人の能力は拡大され、変化のための集団的行動を生み出すことが約束される。

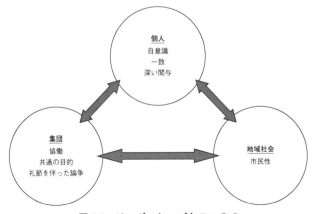

図3.2　リーダーシップと7つのC

手伝うこと、復旧すること、貢献すること

　もし私たちが7つのCによって説明される相互関係の中で地域社会と真の協力関係を築こうとするならば、私たちは貢献活動を行うことの動機と良い変化のために選択するであろう多様な方法について、よく考えなければならない。慈善活動と連帯作業の違いについて書かれた第1章では、Rachel Naomi Remen は貢献活動の3つの形を明確に表現した。それは、手伝うこと、復旧すること、貢献することの3つである。

　「手伝うこと、復旧すること、貢献することは、人生に対する3つの異なった見方を示している。あなたが手伝う時、あなたは人生を弱いものとして見ている。あなたが復旧する時、あなたは人生を壊れたものとして見ている。あなたが貢献活動をする時、あなたは人生を全体として見ている…。貢献活動をすることは手伝うこととは違う。手伝うことは対等な関係性ではない。手伝う者は他者を彼らより弱い者、より必要としている者だと考えていて、人々はいつもこれを不平等だと感じている。助けることの危険性は、私たちが人々に与えることができる以上に不注意に人々から奪うことだ。私たちは彼らの自尊心、価値観、尊厳、あるいはそれ以上のものを損なってしまうかも知れない。…貢献すること（もまた）復旧することとは異なる。復旧する時は、私たちは他者を壊れたものとして見ており、そしてこの認識に自分たちの専門性で応じる。復旧する者は彼ら自身の専門的技術を信じるが、別の人の全体は見ていなかったり、彼らの人生の尊厳を信じていなかったりする。私たちが貢献活動をする時、私たちは全体を見て、信じる。私たちはそれに応じ、それに協力する。そして私たちが他の人の全体を見る時、それを強くするのだ。彼らはその時初めて彼ら自身を見ることができるようになるだろう。」（Remen 1999: para.1）

★ **演習問題3.5　7つのCを見分ける**

　この章のケーススタディーをもう一度読んでみよう。その中で7つのC（自意識、調和、責任、協働、共通の目的、市民性をもった論争、市民性）はどのように語られているだろうか。

・ケーススタディーの行動のどこに、その証左を見つけたのか書いてみよう。どの特定の行動がその価値の開発を補助したのか。また、どんな方法で補助したのだろうか。

・逆に、開発された価値は、プロジェクトに関わる地域社会の人々の作業継続や意思決定において、何を提供したのか。このケーススタディーと、7つのCに関するあなたの理解から、市民学習者としてのあなた自身の作業にすぐに適用できると思われる情報は何だろうか。

演習問題 3.6　手伝うこと、復旧すること、貢献すること

　Remen の論文を読んでみよう。全文はオンラインで入手できる、Rachel Naomi Remen（1999）Helping, fixing or serving? *Shambhala Sun*　である。

　それから、あなたが経験した「貢献したこと」ではなく、「手伝ったこと」または「整えたこと」について考えてみよう。あなたの動機への影響と潜在的な影響を調査するために、それらの違いについて振り返ってみよう。振り返りシートに自分の考えを記入し、クラスメイトと共有しよう。

・誰かがあなたを「手伝う」か「整える」（Remen が記述した用語として）かによって、何かしらあなたを支援しようとした時のことを思い出してみよう。それらの努力の結果としてあなたが最後に受け取ったのはどのようなことだったか。支援される前にはどのように感じていたのか。支援されている最中はどうか。支援された後はどうか。その関わりから長期的な効果がもしあるとすれば、それは何か。
・（Remen の定義を再度用いて）あなたが誰かから「貢献された」と純粋に感じた時を思い出してみよう。それらの努力の結果としてあなたが最後に受け取ったのはどのようなことだったか。支援される前にはどのように感じていたのか。支援されている最中はどうか。支援された後はどうか。その関わりから長期的な効果がもしあるとすれば、それは何か。
・あなたが手伝ってもらったり、整えてもらったり、貢献されたりした経験と、現在の貢献機会との関連は何だと思うか。あなたは現在の文脈でサービスラーナーとして仕事を続けるにあたり、どのような洞察を得ているか。

　サービス・ラーニングの文脈では、私たちは地域社会を「復旧する」ために来た「専門家」だと自覚して行動すると、他者から学ばなければならない機会を失うだけでなく、自身の才能を持ってやって来た人たちの自尊心を傷つけてしまう（第 2 章で読んだ、資産と関心のことだ）。サービス・ラーニングという語の「ラーニング」の部分は、私たちは学んで成長するための素晴らしい機会を持っていることを示している。もしそうでなければ、あなたの教育機関のカリキュラムに組み込まれることはないだろう。私たちが自分たちと同様に、彼ら自身の資源を持ってきた人であると認識し、その信念を持って行動する時、自分たちの相互作用によって真の**相互関係**が生まれるのだ。これはサービス・ラーニングの環境における構成要素のすべて（学生、教員、コミュニティパートナー）は、交流から共通の利益を受け取ることを意味している。

個人と集団が変わる振り返り

　公共善のための変化という社会貢献活動のすべてのメンバー、つまり学生、指導者、コ

ミュニティパートナーと個人参加者がビジョンを共有し、創造し、地域社会の強さを説得力のある物理的表現で表すことが必要だ。絵画に文字通り表現される形に加え、そのクラスがプロジェクトを決定した過程には、見えない表現もあった。彼らの理想像を共有するために選ばれた芸術家の特定のグループがあり、彼らが最初にした作業は、彼らのビジョンの焦点を絞り、どっしりした板にそれらを表現することだった。警察の副署長と彼が代表する部署は、彼の公共善の解釈を実践している。美しい日曜日に、壁画のお披露目を眺める家族、友人たち、近所の人々がいる。私たちが着手した時、誰も私たちが導かれる世界を知らなかった。しかし私たちは一歩、もう一歩と踏み出し、私たち自身や互いを知り、新しくワクワクする領域に行き着き、私たちそれぞれが変わり、私たちそれぞれが変化に影響を与えた。協働の方法を選択する人々なしでは、ゴールに到達することはできなかった。この成果は、努力と同時に起こる変化をそこにいるすべての人々が見ているから生まれたのだ。

このプロジェクトの開始時に、地域社会の貢献活動プロジェクトに取り組むことがどのように私の大学のキャリアに関わるかわからなかったことは疑いがない。それなので、私はなにか腹立たしく思いながらこのプロジェクトに参加した。そしてカルメンと私はプロジェクト計画のプレゼンテーションをすることを申し出ることによって、集団を手伝おうと決心した。これは私にとって本当の変化だった。私は私のビジネス専攻とこのコースの間の関係を理解できた。しかしもっとたくさんの変化が起きたのは、最終的に若い芸術家たちに会った時だった。私の心がこのプロジェクトとつながったと感じた。私はその時、地域社会の変化を創り出すために自分がどのように手伝えるかを理解した。

私の振り返りを読み返した時、このプロジェクトが展開するのに伴って私は自分自身の変化を見ることができた。最初は私自身も子どもたちもチームも、よくわからなかった。コンピューターサイエンス科目では、私たちはプログラミングの課題に取り組むためにチームとして作業をする。しかし技術はまったく異なった環境だ。そして私の専攻を部分的に選んでいるのは、多くをひとりで作業しなければならないからだ。私は自分とは全く違う子どもたちの相談役にならなければならなかった。でも私は自分自身がもっと彼らと彼らの家族や文化について知りたいと思っていることがわかった。私は彼らの話を聞き、彼らに助言し、作業と学校のために連絡を取ることができる人の電話番号を教えた。私はライモのコンピューターをインターネットに接続するために、土曜日を彼の家で過ごしさえしたのだ。彼は私に、グラフィックデザインの道に進むことを考え始めたのは私のおかげだと言った。

あとから考えると、私たちがもっと良くできたことは確実にある。おそらく最

も重要なことは、最初の議論に警察署を巻き込むべきだったということだ。そして彼らには関わり続けてもらうべきだった。私は地域社会の代理人がこれをするだろうと思い込んでいた。しかし、これは私たちの権利と議論の一部であるべきだと私は思う。そして、ALPS の一部であるべきだとも思っている。もし私たちがもっと早い段階で彼らと対話していたら、彼らは反対する代わりに、イメージの文化的重要性を理解してくれただろうと思う。コミュニケーション専攻の学生として、この学びはずっと私の中に残るだろう。リーダーでいることは、地域社会のビジョンに関わる時であっても、十分に協力することを意味するのだ。

　上記の引用文の意味するところを表している、もうひとりの学生の振り返りと共にこの章を終えようと思う。下記は、典型的な大学の教室が、大学が地域社会と出会う「壁のない教室」に変化する出発点となることを適切に表現している。大学が地域社会と出会う場所、真っ白なキャンバスに色と形が乗せられていく場所、「私」から「私たち」になる場所である教室に向かうのだ。あなた自身の学びと貢献活動も、同じように豊かであることを願っている。

　　思い出してほしい、これはあなたがこれまで成し遂げた中で最も偉大なプロジェクトだ。
　　思い出してほしい、あなたの情熱を。
　　思い出してほしい、毎日一緒に作業した学生たちの表情を。
　　思い出してほしい、握手だったものがプロジェクトの終わりには抱擁に変わったことを。
　　思い出してほしい、あなたが感じたストレスと、完成の喜びを。
　　思い出してほしい、壁画に示された愛と精神性を。
　　思い出してほしい、あなた自身や他人の口から出てきた言葉によって傷ついた感情を。
　　思い出してほしい、人生の様々な場所からやってきた、とても多くの人々との結びつきを。
　　思い出してほしい、最後に倉庫から立ち去った時の高揚感と憂鬱な気持ちを。
　　思い出してほしい、このプロジェクトへの誇りと地域社会への誇りを。

重要な概念	
チェンジ・エージェント	市民学習者
市民性	協働
深い関与	共通の目的
地域社会	一致
自意識	礼節を伴った論争
リーダーシップ	相互関係

重要な問い

・どんな特別な点において、サービス・ラーニングの「教室」はこれまでの一般的な
　科目の教室とは異なるのか。
・CBL 環境において学生が「7 つの C」を開発することがなぜ重要なのか。
・サービス・ラーニングの経験が「全体は部分の合計より大きい」という句で表され
　るのはなぜか。
・個々の学生が、学びと貢献活動の経験から得る可能性のあるものは何か。
・地域社会が受け取る可能性のあるものは何か。

第2部

状況と言葉の理解

　社会貢献による学習体験に参加していくについて、自分自身について、また、他者について、新しい見方をするようになるだろう。第2部（第4章、第5章）では、あなたが学習者または社会貢献する者としての効果や共感を最大化できるよう、多様な文化グループに関する情報や演習問題を提供する。

演習問題等の記号：

 必修問題。個人ワークでもグループワークでも必ず取り組んでほしい。

 選択問題。より深く理解するための一助となるので、できるだけ活用してほしい。

 選択問題。地域社会の課題解決し変革を進めるうえで有益な資源や情報を得るために活用してほしい。

第4章　グループは楽しい、グループは楽しくない： 公共善のためのチームワーク

ピーター・J・コリアル、ジャネル・デカリコ・ボウガリ（翻訳　渡邉　暁子、前川　浩一）

　多くのサービス・ラーニング科目は、何らかの度合いのグループ活動を伴う。本章では、グループの力学のいくつかの側面、特にサービス・ラーニング学習の経験で「活動をやり遂げる」ことに関連するものを検討する。また、本章では、コミュニティパートナーとの協働に必要なチームワークの課題を浮き彫りにしたものとして、「活動の焦点」セクションで2つの項目を挙げており、協働上でこれらの課題に取り組むための戦略を提案している。ボランティア組織や雇用情勢において、ほぼすべての作業は他者との協働が必要とされるため、読者がサービス活動事業にしか参画していない場合でも、本章から何らかの有益な情報が得られるであろう。ここで概説したアイディアは、あなたが極力成功し、効果的になるために役に立つだろう。

「良いグループ」 / 「悪いグループ」

教授（授業初日にシラバスを概説し）：「…この授業の成績の50%はグループ研究に基づきます…」
学生（一斉に）：「ええ！　弱ったな、またグループ研究なのか！」
教授（微笑んで）：「まだ今日が学期の初日だというのに、グループがすでに合意に至ったことは素晴らしいですね」

　学生のこうした反応は、「グループ研究を信頼しないこと」と理解する必要がある。たとえ大多数の学生はグループ研究を「嫌い」だと発言していなくても、幅広い経験——とりわけ「悪い」経験は「良い」経験よりも記憶に残りやすいため——をしており、このような課題に不信感を抱いているのである。

　本章では、サービス・ラーニングに関連したグループ作業の価値について検討する。なぜ教授はグループ作業を指定するのか。どうしたら生産的なグループ経験となるのか。何がグループ研究を「つまらなくする」のか。こうした問題に取り組むための準備として、**演習問題 4.1** を使って、しばし自身の過去の経験を省察してみよう。

　大学生の適応問題を検討するサービス・ラーニング事業の一環として（Collier & Morgan 2003）、ポートランド州立大学の学生は、大学におけるグループ体験に関する一連のフォーカス・グループに参加した。下記は彼らの回答である。あなたの返答との類似性があるか考えてみよう。

個人的に、グループ作業は嫌ではない。時によって好きなこともあるけれど、すべてはクラスの性質による。

グループリーダーが多すぎる時、グループ作業は好きではない。というのも、職務指向で自発的に行う人もいれば、やる気のない人もいる。

グループのほかの学生が皆グループに貢献して各自の役割を全うし、互いを尊重することを期待するが、それが常にみられるとは限らない。多くの場合、ひとりやふたりがグループの全体の負担を担う羽目になる。

全学期中、同じグループで活動することもある。そうすると、私の成績は他の誰か次第で、あるいはその人が何をしたかによって決まってしまう。それが嫌だ。

★ 演習問題 4.1　グループにおけるあなたの立ち位置

　一枚の紙の一方に、グループで何かの問題解決に取り組んだ、あるいは課題を成し遂げた時の良かった経験を書きなさい。次に、同じ紙のもう一方に、同じようなグループで行った時の良くない経験について書きなさい。理想的には、これら2つは大学を基盤とするグループであることが望ましいが、それがなければ、関連したグループ経験でもよい。もし回答する余白がもっと欲しい場合は、別の紙を使ってもよい。それぞれの経験について、以下の質問に答えなさい。

・そのグループの性質はどのようなものだったのか。
・グループの規模はどれくらいで、誰がそこにいたか。
・グループが取り組もうとする問題あるいは課題はどのようなものだったか。
・最終結果はどのようなものだったか。
・結果に満足したか。他のグループメンバーも満足したと思うか。

　最後に——そして、これが「100万ドルの価値のある質問」だが——**あなたは、**最終結果に導くためにどのような役割を担ったか。

　この演習問題を終えた後、自身の答えを読み、この回答について少し考えてみよう。自身が参加した多くの大学を基盤とするグループにおいても、同じように行動する傾向があるだろうか。どうしてそのような行動を取ったと思うのか。

+ 演習問題 4.2　自身の経験をつなげる

　上記のように回答したフォーカス・グループの学生たちは、グループ体験で時々起こる3点の問題を明らかにした。

1. グループ内の管理的役割（…グループリーダーが多すぎる…）
2. 平等や公正の問題（…ひとりやふたりがグループの全体の負担を担う羽目になる…）
3. グループ成果に基づく個人評価（…私の成績は他の別の人によって決まってしまう…）

演習問題 4.1　グループにおけるあなたの立ち位置による先の回答を思い出そう。これらの懸案事項は、そこに省察されているだろうか。さらなるグループ問題を特定できただろうか。下記の余白にそれらを書きなさい。

1. _____
2. _____
3. _____

　これまで、研究者は困難にもかかわらず、グループで活動することの便益、たとえば、生産性の向上（Eby & Dobbing 1997）、幅広い情報へのアクセス（Liang, Moreland, & Argote 1995）、より良い意思決定（Stasser, 1992）などを明らかにしてきた。古い格言には「二つの頭脳は一つに勝る」と主張するものもある。あなたは、過去のグループ体験についての省察の中で、問題解決という主題において複数の視点を結合させることができる、という便益を認識することができたであろうか。

　近年の研究では、教員と学生はしばしば異なる学習目標——すなわち、学生が価値を置く結果と、教員が重要だと信じる結果が異なること——を持つ学習環境に立ち入ることを示唆している。学生の学習に関して、２つの異なる型の目標がある。**内容目標**とは、特定の課題（例えば、学期末レポートやエッセイ試験）を仕上げ、科目で成績を取得しながら、当該授業で扱う特定の科目内容に関する知識を育成することと関連する。**過程目標**とは、即時科目を越えた様々な文脈で学生が適用できる高次の技能（たとえば、批判的思考や人間関係の技能）を獲得することと関係している。

　Collier and Morgan（2003）によると、学生は一般的にもっぱら内容目標に焦点を当て、その結果、グループ研究を、授業で良い成績を得るといった個人的目標を実現する際の障壁とみなす。一方、教員は、学習目標の２つの水準がグループ研究を通して達成されると信じている。彼らはしばしばグループ内でうまく作業する能力を、学生が単一の授業を超えて様々な状況（や多様な仕事環境の中）に適用することができる包括的な技能として見ている。また教員は、問題解決能力の強化、問題に関する複数の視点への認識の向上、グループ研究への参加による学生の恩恵として積極的な学習者になる可能性の高さを確認する。

　このサービス・ラーニング経験を進めていく中で、他の人と取り組んでいる協働だからこそ自身の技能がどのように発展しているかについて考えてほしい。どのようにあなたのコミュニケーション技能は改善しているのか。教員ではない仲間から得られる科目内容の

見識はどのようなものだろうか。地域社会のニーズに合わせるため、あなたの才能と知識をいかに集合的にまとめていくと良いのか。

　これまで、（過去のグループ経験の省察から）あなたは良いグループ経験と悪いグループ経験とを分かつ特質について明らかにしており、教員が学生にグループ研究を指定する時何を達成させようとしていたのかという点について洞察を得てきた。次のいくつかの節では、どのようにしてグループ開発するかという点や、それらのグループが成功するために取り組むべき事柄について検討する。主要事項を解説するため、サービス・ラーニング科目から、**中傷者**と**洞察力のある懐疑論者**という2つの仮想グループの開発についてみていこう。

★ **演習問題 4.3　マシュマロとスパゲッティ**

　もしあなたが授業の一部としてグループで活動しているのなら、教員に次のような楽しい活動を許可してほしいと依頼しよう。もし独りで活動しているのなら、友好的な競争のためグループ数人をつかまえよう。

（1グループは5人以下で）学生同士チームをつくろう。各グループにはスパゲッティとマシュマロが1袋ずつ配られている。（床は新聞紙などで覆っておくのが良いだろう。）目標は、持っているスパゲッティとマシュマロでできるだけ高い塔を建てることだ。この演習問題に与えられた時間は15〜20分である。

　その後、下記の設問について皆で検討しよう。

・チームワークはどれだけうまくいったか。
・グループが目標を遂行するのに何が役に立ったか。
・塔を建てるなかでグループメンバーにはどういった役割があったと気づいたか。
・もしまた行えるのであれば、何を変えていくか。

グループ開発：開始とその後

　サービス・ラーニングの経験の一部として形成されるグループの種類は、通常、メンバーが互いに見知らぬ人として相互作用を開始し、一連の識別可能な段階を経て活動グループを形成する、職務指向のグループである。Tuckman（1965）やFisher（1970）などの研究者は、当初、こうした段階を特定し、いわゆる**グループ開発の段階モデル**を開発した。

　サービス・ラーニング授業の初日における2つのグループから、このモデルについて検討しよう。

第1段階：グループの形成
　グループ開発の最初の段階は**形成**であり、グループ過程の開始を示すもので、その主たる目的は、他のグループメンバーを知り、グループの課題を明確にすることである。「形成」

グループのメンバーは、次のいくつかの大きな決定をしなければならない。

・このグループは何のグループなのか。達成すべき課題は何か。

・各人はこのグループのメンバーになりたいか。

・グループはどのようなメンバーから構成されているか。

・このグループにおける各人の位置づけは何か。

　この段階では、各人は他のグループメンバーのことを調べ、それらの人たちのことを頼ることができるか、彼らと活動することとはどういうことかを判断しようとする。形成段階において、新しく形成されたグループのメンバーたちは、構築すべき共通の歴史をさほど持たないため、メンバー間の会話は礼儀正しく、あまり本心を表してはいない。グループの目標を首尾よく実現するため、グループ形成時にとって必要な親密さと信頼関係を築く一つの方法は何らかの活動を一緒にすることであり、それらは、授業後に一緒にコーヒーを飲んだり、映画を見に行ったり、または単に個人的な関心について互いに話をすることでも良いだろう。

中傷者

　授業の初日、教員が学生にチーム研究で一緒に活動をするように指定した時、このグループの学生のうちのふたりが個別に活動したいと許可を得ようとした。教員が彼らの要求を拒否した時、ジュリアンは自分の本を手に、教室を出て行った。マンディはグループと一緒に座ったが、彼女は前の授業の宿題に取り組んだ。ナターシャ、アンジェロ、ジョージといった他のグループメンバーには、グループが次にやるべきことについての考えがなかった。授業が終わった時、グループが次にいつ会うのかといった計画も立てず、誰もがその場を後にした。

洞察力のある懐疑論者

　授業の初日、教員が学生にチーム研究で一緒に活動をするように指定した時、このグループの学生のうち、ビルとアニータのふたりがグループ研究は嫌だと文句を言った。デウェイン、マリア、ティファニーのグループのほかの学生が、「私たちは一蓮托生だ」とふたりをからかうと、ビルとアニータも笑って同意した。というのも、個人研究の要望に教員は屈服しそうもなく、このチーム研究に取り掛かったほうが良さそうだったからだ。

　マリアは、互いを知るために、楽しみとしてやっている「めずらしい」ことをお互い話そうと提案した。デウェインがショッピングモールにペットの大きなヘビを連れて行くのが好きだと話した時、皆が大爆笑した。ビルは、次回のグループの打合せに、この研究をまとめるには何が最適かというアイディアを各自で持ち寄ろうと提案した。

	グループは次の授業の 1 時間前に集まることに合意した。授業後、彼らはコーヒーを飲みに行き、デウェインのヘビについてさらに話した。

第 2 段階：混乱

　混乱段階は、様々な意味でグループ開発において最も複雑な段階である。最初の形成段階においてはっきりと見えなかった対立がこの段階で表出する。メンバーが人間関係の微細や間近に迫った課題に関心を当てるなかで、グループ内での力の問題が生じたり、性格の不一致が起きたりする。この段階で対立が生じ始める原因のひとつは、グループメンバー同士の親しみが増してきているからである。こうした快適さの向上により、礼儀正しく、相対的に無抵抗のコミュニケーションがなされた形成段階と比して、個人は自身の本当の気持ちや本心を表しやすくなる。混乱段階では、グループメンバーは次の一連の設問に応答することが求められる。

・グループに与えられた課題を完了するために最適な取り組みとは何か。

・グループの課題を達成するために必要な個別の任務は何か。

・グループのなかで、誰が何をするのか。

・作業負荷が公平に分割されていると確認するにはどうすればよいか。

　混乱段階において発生する最初の対立を成功裏に解決するグループの能力は、その後の結束と協力というグループ感情を形成するために不可欠であると認識されている (Whelan & McKeage 1993)。とあるグループでは、この段階において必然的に発生すると思われる対立を避けることによって、メンバーがグループ開発の手助けをしていると感じることもあろう。実際のところ、これは深刻な間違いである。成功するグループ——つまり、共通目標を実現するために協力して活動するグループ——とは、こうした「混乱」を乗り切り、この段階のもう一方の側面である結束と協力に導く側面に無傷で脱出できるものである。

第 3 段階：規範形成

　規範形成段階では、先で強調したような混乱段階における競争と多様な視点の提示から、グループの運営方法を統制するためのルールの合意形成を目指す点に重点を置くことへの転換を表す。(グループの成果とは反対に) 団結過程に、より焦点が当てられる。規範形成段階では、グループの自律性、議論の進め方や意思決定の具体的なガイドラインを確立することに対する意欲について向き合っていく。グループが規範形成段階に進んだとしても、混乱段階で生じた対立や問題がすべて解決したわけではない。しかしながら、規範形成段階におけるグループを特徴づけるものとして、グループの目標を達成させるための協働や妥協意欲に関するレベルが顕著に増大していることが挙げられよう。

第4段階：実行

　実行段階とは、グループの実際の活動が始まる時である。グループの運営方法に関する活動ガイドラインが整っており、与えられた課題を達成することに注目が移っている。当然のことながら、グループが課題完了に向けてよりコミットを強めるにつれ、困難も立ちはだかってくる。Harris and Sherblum（1999: 60-61）は、グループが効果的に目標を達成させるため、その開発に役立つものとして、4段階の問題解決過程を特定した。

1．問題を明らかにすること
　　すべきこと：
　　・グループメンバー内で関連する情報が共有されているか確認すること
　　・完了すべき課題の性質を全員が分かっているか確認すること
　　してはいけないこと：
　　・発生した問題について誰かのせいにしたり、誰に過失があるか究明しようと試みたりすること
　　・現時点での解決法を話し合うこと
2．可能な解決法を作り出すこと
　　すべきこと：
　　・解決法について、どれだけ「突拍子のない」ものでも意見を出し合うこと
　　・グループメンバー全員の参加を働きかけること
　　・時間制限を設け、それを守ること
　　・時間の許す限り、なるべく多くの解決法を生み出すこと
　　してはいけないこと：
　　・どの解決法をも加工したり、評価したり、批判すること
　　・最初に出てきた良いアイディアに決めること
　　・ひとりや一つの良いアイディアに時間をかけすぎること
3．解決法を評価する
　　すべきこと：
　　・解決法の候補のリストを再検討し、グループから全く支持のない解決法を削除すること
　　・それぞれの解決法の候補の結末を予想すること
　　・メンバーに解決法の組み合わせを勧めること
　　してはいけないこと：
　　・ひとつの解決法について賛成か反対かのディベートに議論が脱線すること
　　・あまりにも早く価値をアセスメントすること
　　・しっかりとした合意に至る前に止めること
4．活動計画をつくる
　　すべきこと：

・活動計画を選択する前に、別の「すべきこと」のシナリオを作っておくこと
・グループ内で具体的な課題が各自に与えられているか確認すること
・時間枠が設定されているか確認すること
してはいけないこと：
・大まかで、かつ測定不能な表現で役割や課題を述べること
・課題が実際に完了するために経過観察する方法を組み込まないでおくこと

　あなた自身のグループ体験においてこうしたことを生じやすくするためには、第2章の各自のALPS開発を続けていくことである。もしそれに取り組んでいないのであれば、あなた個人のALPS（**演習問題2.7　貢献活動を行うための行動学習計画**）とグループの他のメンバーのALPSとを比べればよい。個々の学習目標と活動目標がそれぞれ異なることが予想される場合でも、この事業におけるコミュニティパートナーの目標を理解していることを、全員が同意しておく必要がある。

　課題の内容と事業で得られ得る結果についてグループのなかで明確にしたあと、作業を公平に分ける際には、**演習問題4.4　任務リスト**を、割り当てられた時間枠のなかで事業の完了を確保するために、**演習問題4.5　予定表**を活用しよう。第11章では、もう一度これらのワークシートに立ち返り、それらを踏まえて自身の活動事業の効果を評価していくことになる。

　これらの演習問題を直接コミュニティパートナーや利用者と使用してもよい。たとえば、新しい地域リサイクルプログラムを作るため高校生を支援するようなサービス・ラーニング科目において、同じようなワークシート群を用いることもできる。サービス・ラーニング体験の期間、異なるレベルや異なる場所にグループを形成するということを覚えておきたい。どんな活動計画戦略が自分たちにとって最適かを、教員に確認してもらったり、自分たちのグループで決めたりしよう。必ず計画を立てよう！

　加えて、**演習問題4.9　グループの発展を促す**は、あなたのグループがモデルの4段階を進化していくのを促進させるツールとして使うことができる。あなたが活動事業に従事する準備をしている時、まさに最初の会合からこれらのチェックリストを使用し、この授業のあなたのグループが取るべき手順について特定しよう。

　本章で上述した2つのグループがどのようにグループ形成を発展させているか、再度見てみよう。

中傷者	洞察力のある懐疑論者
次の授業が始まった時、グループのメンバーは自分たちの進行が遅れているのにすぐに気がついた。このグループ以外、皆、前回の授業の後に一度は	授業の前にグループが集まった時、大規模な住宅事業の建設によって劇的に変わることになった市の周辺地区の口述史というグループ研究のまとめ方

打合せを設けていた。教員が授業時間の後半を研究活動のためにグループに与えた時、研究を開始していなかったことについて、ジュリアンは真っ先にジョージ、ナターシャ、アンジェロを責めた。ナターシャは、前回の授業時に参加もせず教室を後にしたのは彼の方だと反論した。マンディは、もしふたりが争いを止めるのであれば、大学周辺地区の口述史という授業研究を終わらせるのに最適な方法をグループに伝えると言った。

ジョージは、なぜマンディが自分自身をリーダーにしたのか知りたかった。というのも、ジョージもこの研究を仕上げるためのアイディアを持っていたからだ。マンディは笑い、ここに5年もいて最上級生のマンディを差し置いて、最近この大学に編入したばかりの2年生のジョージになぜ耳を傾けなければならないのかとグループに問うた。ジュリアンは、ふたりとも時代遅れだと思い、グループに参加したくないと告げた。アンジェロはジュリアンに対し、泣き言を止めないのなら、外に連れ出して正気に返らせるぞと脅した。ここで授業時間が終了した。荷物を持って立ち去ろうとした皆に、マンディは次の授業までに準備しておくようにと言った。ジョージは、他の人たちに向かい、居残って次の授業の前に打合せの予定を立てようとしたが、皆は「メールを送ってくれたら、調整できるかもしれない」と言って教室を去った。ジョージはカバンを持ち、小声でブツブツと文句を言いながら教室を後

について、メンバーはそれぞれアイディアを用意していた。デウェインがカバンからノートを取り出そうとした時、ティファニーとビルは本と一緒に大学にヘビを持ってきてはいないよねと冗談を言った。デウェインをはじめ、皆大笑いした。アニータは、打合せを始める役として誰かひとりを指名することについてグループがどう思うかを訊ねた。マリアはどのグループでも打合せ進行係、記録係、タイムキーパーの3つの任務があるということを本で読んだことを思い出した。デウェインは、アニータがグループにはそうした任務があるという点を挙げたため、彼女が打合せを進行すべきだと提案した。他の皆も同意した。

ビルは自分がいつもノートパソコンを持ち歩いているので記録係を申し出た。ティファニーは数学サークルの資金調達事業で予定通りに終えた際、マリアが大活躍したことをグループに言った。皆マリアのほうを向き、待った。少し間を置いてから、マリアはこのグループでもタイムキーパーを担うことを承諾した。デウェインはティファニーと自分たちは何も係をやらずに済んだと冗談を言い合った。その時、アニータは打合せでグループが予定したよりも多くの話題に時間を費やさないよう時間を把握してほしいと彼に頼んだ。彼は同意し、ティファニーも彼を助けると言った。教員が授業時間の後半を研究活動のためにグループに与えた時、アニータは研究をまとめるためのアイディアをメンバーから出してもらい、彼らは互

にした。	いの意見を聞き、アイディアを共有し て残りの時間を過ごした。

誰が何をするのか：グループの規範とグループ内の役割

　この時点で、あなたはいくつかのグループ演習を終えているはずである。それらから、互いに妨害しない、多数決で判断をする、グループ全員が参加することを働きかけるなど、あなたのグループが共に活動するための基本的なガイドラインを作り上げていたことに気づいただろう。これらは、グループでの相互作用のための**規範**、もしくはガイドラインの一例であり、グループメンバーがどのように振る舞うべきかを示すものとなっている。グループの規範は、ひとりの人間が物事をある方向に向かわせたいからといって作られるものではない。グループ規範は、グループ内の合意に基づいて作り上げられ、グループ全体として維持され執行されるものである。

　規範がグループ内での望ましい振る舞いを示すものであるとすれば、**役割**とは、グループ内での特定のメンバーが担う役目を意味する。Robert Bales（1950）は、グループ内で人が担う異なる役割について、また、一定の役割の組み合わせがいかにグループ機能を成功させるために不可欠であるかについて、最初に体系的に検証したひとりである。Bales はグループ内役割を、グループが課題を達成するのに役立つ役割と、グループの社会的・精神的安定に貢献する役割の２つの範疇に大別した。**課題役割**とは、もっぱらグループが活動を完了させるためのものである。**保守（維持管理）役割**とは、グループ内の結束と活動上での良好な関係を維持することを促進するものである。（課題役割や保守（維持管理）役割の具体的な詳細については、**付録 4.1** を参照。）

★ **演習問題 4.4　任務リスト**

　この事業の主要な構成要素は何だろうか。この事業を完了させるために必要なすべての任務を書き出しなさい。できるだけ具体的にすること。大きな任務はより小さな構成要素に分けよう。**演習問題 2.7　貢献活動を行うための行動学習計画（ALPS）**を使い、個別の具体的な任務を、提携先の目標、学習目標、活動目標と関連させよう。事業を進める中で、このリストに立ち戻ったり再考したりすることも計画しよう。

　また達成したものをアセスメントする必要があるということを忘れてはならない。ここで、活動努力の成功を決定付けるアイディアや手順について決めておこう。

★ 演習問題 4.5　予定表

　どの事業にも締切がある。サービス・ラーニング事業が成功するためには、時間内に事業の各手順を終わらせることが重要である。物事を時間通りに進めることが確実となる方法の一つは、事業の予定表をつくることである。

注意：活動するのがグループか個人かに関係なく、この活動を自由に個別の事業に適応させてほしい。

ステップ１：大きな紙を一枚用意し、その紙に一本の横線を引き、それを事業を完成させるまでの時間と同じ日数や週数で割る。その紙の一番左に、事業のなかで取り組まなければならないすべての下位課題を順に列挙する。

ステップ２：次に、それら各自の下位課題について、その下位課題の開始時、実行時間、終了時を示すための線を横に引く。

助言：事業全体の締切をまず示してから、遡って活動するのもよい。うまくいく事業予定表が作成されるまでに、何回かそれらを修正する必要が生じるだろう。どの下位課題も同じではない。時には一度に複数の下位課題に取り組むことができるとわかる。前の下位課題が終わって初めて取り掛かることのできる下位課題もある。

　課題管理や保守（維持管理）役割のほかに、どのグループにも**組織的役割**がある。サービス・ラーニング事業を成功裏に収めるには、実行しなければならない重要な機能がいくつかある。個人がこれらの異なる組織的役割を首尾よく全うする時、いくつかの課題役割や保守（維持管理）役割を利用する傾向にあることに気づくだろう。以下はそれらの組織的役割である。

・**リーダー**：（中傷者や洞察力のある懐疑論者のようなサービス・ラーニング経験の）課題グループを開始する前に、過程を進めるためには、会合を取り仕切る責任を負うリーダーが必要である。リーダーの任務とは、グループの全員がその会合の目的を明確に理解していること、グループが取り組む予定の各トピックを紹介することや、議題や決定事項をまとめることなどである。これは難しい任務でもある。グループに自分がしたいことをさせることがリーダーの任務ではない。

・**記録係（ノートテーカー）**：グループには、何が行われているか、会合でどんなことが議論されているのか、誰がどの課題を行うべきなのか、次の会合の時間と場所などの記録を残す人が必要である。記録係は、議事録を作成し、他のグループ成員に提供しなければならない。グループ活動に関する文書による記録を残すことは重要である。もし記録係が欠席した場合、誰か他の人が立ち上がり、その会合のメモを取らなければならない。

・**進捗管理係**：グループ研究の各部分がどのように進行しているのかを把握する人が誰か必要である。この係は、各グループメンバーが、研究における各自の分担箇所について同意済みの予定表の通りに進めているかを確認する。またこの係は、研究全体の進行経過も

追う。

・**タイムキーパー**：授業に関連したグループ研究において、ほぼすべてのものに時間的制約が設けられている。グループの成功のためには、誰かが時間の記録を取っておくことが重要である。グループが新しい課題や議題に取り掛かる前に、計時係は「これにどれくらいの時間を割けるか」と質問する。リーダーもしくはグループ全体がどれくらいの時間が適切かを決める。すると、計時係はその時間が過ぎた時、それをグループに伝える。計時係が終了まであとどれくらい時間があるのかを指摘することも有益である。(「これについて議論するための 15 分のうち 10 分を使ったので、議論をまとめるまであと 5 分しかありません。」)

・**オブザーバー**：この係は、何が議論されているか（中身）に対して、何が起きているか（過程）に重点を置く。もしグループが尊敬や礼節といった同意済みの規範から逸れようとしているのであれば、過程観察係はグループの関心をそこに持っていき、作業方法を変えることができる。この係が、みせかけの批判や一方的な判断をするのを避け、観察した内容を説明したり、変化に向けて肯定的で建設的な提案をするのに専心したりすることが非常に重要である（Gibbs 1994: 21-22）。

これらの組織的役割は、グループ研究の全工程で全く同じである必要はない。初期には、その係を希望する個人にそれぞれの役割を割り当てるということも可能である。次のやり方としては、個別のグループメンバーの過去の経験を基に、誰がその適任者かを割り当てる方法である。また、性格や学習方法の違いによって、程度の差こそあれ、それらの役割に親近感を覚えるかもしれない。

どの組織的役割も引き受けていない場合、グループには課題役割や保守（維持管理）役割といったものがあることを忘れてはならない。グループがうまくいくために、各メンバーが一つかそれ以上の役割を担って団結過程と研究に貢献することが大切である。

演習問題 4.6　グループの役割で自身の役割について探索するのであれば、**演習問題 4.10　なぜ私はこのグループにいるのか**についても参照しよう。

ここまで、グループが効果的に機能するために、いかにメンバーが幅広い役割を担うことが必要かを見てきた。円滑に機能するグループの肯定的結果の一つは、メンバーが互いの長所を認め、親近感を覚えることである。この親密さを**グループ結束**と呼び、本章の次節で焦点を当てていく。

グループの結束

多くのグループ研究で、私は何か問題があった時に、状況を鎮める役割を担った。でも、実際に私たちのグループのほとんどが、グループで完遂すべきことに対して自分たちが何をしているかわかっているので、私たちはこの授業で結構運が良かった。自分たちのような小さなグループで作業することもできないのなら、地域社会に赴いて、最後までやり通すといった作業を子どもたちと一緒に行うことはできないという考え方を私たちは持っていた。

★ **演習問題 4.6　グループの役割**

授業に関連したサービス・ラーニング事業への取り組み方には何が最適かを話し合わなければならない。そのために、次の4つの手順に取り組みなさい。

1. 様々な組織的役割、課題役割、保守（維持管理）役割の詳細を各自が読んできたことを確認する。あなたのグループのなかで、誰が各組織的役割を担うのか、決めなさい。
2. サービス・ラーニング事業の議論を始めなさい。組織的役割を任された人は、会合を中断させることなく、その役割を全うするよう努めなさい。
3. 各グループメンバーは、各自がいかに良く役割を実行しているのかに注意しなさい。自分自身や他のグループメンバーが別の課題役割や保守（維持管理）役割をやってみせたとわかった時、それらについて手早くメモしなさい。
4. グループメンバーが求められる組織的役割を実行したことで会合がどのように進んだのかについて、終了後に議論する場を設けなさい。次の会合において今以上にこれらの機能が効果的になるにはどういったことが必要なのか、グループとして3つの提案を出しなさい。

・_____

・_____

・_____

貢献活動の着眼点：地域とつながる

地域社会の成員があなたのグループと作業開始した時、誰がどの役割を実行するかについて、さらなる課題が生じることがある。

状況その1：地域社会の成員が、グループの規範やグループメンバーの貢献に関す

る期待について、あまり理解していない時。

助言： あなたが終了したワークシートや活動を手引きとして使いながら、あなたのグループの発展と作業様式に関する概説を地域社会の成員に提供しよう。また、毎回、会合の最後にグループ効果に関する各自の視点について（学生と地域社会の成員の）グループメンバー全員から意見を言ってもらうようにしよう。今後の会合に向けての提案も求めたい。

状況その２： すでに構築された役割や作業力学が一時的に中断された時。たとえば、課題リーダーと、職務指向の地域社会成員との役割が被っているとわかった時。

助言：演習問題 4.6　グループの役割 の結果を再検討しまとめよう。地域社会の成員に、グループで引き受けている通常の役割に対し、かれらの視点を付加したいかどうかを尋ねよう。（たとえば、複合的課題リーダーが、時によって他の役割を担うなど）グループに柔軟性を取り入れるべきかを検討しよう。適切な場合、会合ごとに（順番に課題リーダー、計時係、記録係、過程観察係などを入れ替えて）役割を交代してみよう。

　グループの結束を強めるために、個々人はまずグループへの帰属心を経験しなければならない。グループの結束とは、メンバーがグループの目標に向けて団結し努力を投じるよう働きかける諸要因を意味する。Luft（1984）は、個人の寄せ集めとグループとの違いには次のような特徴があると説く。
・グループメンバーが共通の目標あるいは目標群を持っていること
・グループメンバーの間で定期的に意思の疎通があること
・グループのメンバーであることに対して、個人が高く評価していること
・時間と共に課題の差異が発生すること
　グループの固い結束を醸成するのに最も重要な要素の一つは、信頼である。通常のグループ作業や問題解決における浮き沈みにおいて対立や意見の相違があったとしても（そうした時には特に、と主張する人もいる）、グループにとっての得策を仲間たちが模索しているということに、メンバーたちは信頼を置かなければならない。下記の振る舞いにより、グループ内での信頼が高まる。
・たとえ当初は共感しなくとも、他者の考えに寛容であること
・急速に変化する状況や異なる作業様式について柔軟性を持つこと
・グループの目標と課題について進んで責任を負うこと
・グループに対する曖昧さや不満がある時にも持ち堪える能力があること
・グループに対する誠実さを持ちながら、異議を唱える能力を持つこと
　これらの点から、作業とはグループ結束を構築し、それを維持しながら行われるものだ

と理解した場合、あなたは正しい。グループの結束とは偶然にできるものではない。グループの結束について、こうした作業は努力に見合うものであるという研究結果が出ている。例として、グループの結束に伴う肯定的結果として、グループメンバーの満足度、意欲の向上、グループの目標達成に向けての粘り強さの高まり、協働、心を開いた交流、より効果のある傾聴などが挙げられている（Donelson 1999）。さらに、自身と他者について知れば知るほど、異なる作業様式や学習様式、経験的文化的観点を高く評価するようになり、地域社会に参画する準備を整えられるようになる。

📈 **演習問題 4.7　7つのCを再検討する**

　第3章で、自意識、一致、深い関与、協働、共通の目的、礼節を伴った論争、市民性といったリーダーシップ開発に関する7つのCを紹介した。この7つのCを開発すべき機会についてすでに省察しただろう。次は、前述のように、信頼を向上させる一つ以上の振る舞いについて重点的に取り組もう。過去の経験をひもといて、これらの振る舞いがグループ内で表れなかった時のことを思い出そう。それらの発展を妨げた団結過程とは何だったのだろうか。信頼を高める行動や振る舞いが7つのCという価値によってどのように支えられるだろうか。とりわけ、どのようにグループ経験のなかで7つのCを個々人が遂行できるだろうか。グループ内ですべての7つのCが一貫して実践された時、信頼とグループの結束に対し、どのようなことが予期されるだろうか。

　他方で、グループの結束は否定的な結果につながることもある。Irving Janis は**集団思考**という用語を生み出し、それを「仲間内の圧力による精神的能率、実在性、道徳的判断の低下」と定義した（Janis 1983: 322）。Janis は、当初この用語をグループでの意思決定過程における大きな失敗を説明するために使用した。アメリカ史において主な政策的意思決定が行われたいくつかの事例を分析した時、彼は結束した集団内での同意を求める振る舞いにより、メンバーが行動の代替案を適切に考慮することができなかったということを明らかにした。グループ内の相互作用が、次第に曖昧な考えや意思決定のまずさ、不注意などの特性を持つようになるためである。集団思考の症状には下記のようなものが挙げられる。

・集団的合理化：警告や否定的意見が無視されること
・集団道徳の知覚：その集団が行うことが正しく、良く、道徳的であるという絶対的前提があること
・他集団のステレオタイプ化：「敵対者」に対する不正確で否定的な見解がつくられること
・同調圧力：集団成員が集団の意見に従うよう圧力をかけられ、異端的見解が妨げられること
・心の警備：集団の意見や見解を否定する外部の見解から、集団成員が積極的に集団を守

ろうとすること

・表面的同意：同意という錯覚が起きているが、個々人の疑惑は他の集団成員に表明されていないこと

　結束力のあるグループを作ることは、グループの遂行に関して大きな配当を支払っているといえる。より重要なことは、結束力のあるグループとは、他のグループがバラバラになるような問題に対し、よりうまく処理することができる点にある。グループが困難に向き合っているのなら、その背景には何らかの意思疎通の問題があることも多い。サービス・ラーニングの学生から成る2つのグループが、こうした問題にどのように対処しているのかを見てみよう。

貢献活動の着眼点：前提を暴露する

状況：サービス・ラーニングの授業において、問題に関する地域社会の見解と学生の見解が対立した時、コミュニティ事業の締切に間に合わせるような圧力がどうしようもなく大きくなった時、あるいは地域連携先の期待に対して学生たちが分からなくなったり隔たりを感じたりした時、グループは集団思考に陥るような圧力を経験することもある。

助言：あなたのグループメンバー役割のなかに、前提追跡者を加えなさい。このグループメンバーは、定期的に「あなたの前提は何ですか」「最終決定をする前に私たちは十分に代替案を検討しましたか」といった質問を投げかける。公平で、あなたのサービス経験の主題領域に関する経歴を持つ、（大学内外の）経験豊かな外部者に相談しよう。最後に、会合の場において、前回のグループ会合の作業記録を、特に決定事項に注意しながら、手短に見直す時間を定期的に確保しよう。

グループ内の意思疎通

　本章の冒頭（**演習問題4.1　グループにおけるあなたの立ち位置**）で、読者は課題グループや問題解決グループの肯定的・否定的経験を省察した。それらの活動に対する読者の応答を検討しよう。どれくらいがグループ内の意思疎通に関わるものだったか。例えば、それらの問題は、対立する見解を折衝するものではなかったか、メンバーのグループに対する振る舞いに関するものではなかったか、他者の意図に関する思い込みについてではなかったか、それとも、様々な意思疎通様式にまたがって作業することではなかったか。

　十中八九、それらの演習問題のなかで読者が明らかにした多くの問題の中枢には、意思疎通が関係していたであろう。団結過程が機能停止する時、しばしば「意思疎通の不足」に責めが負わされる。私たちは、もし意思疎通が以前のように起きているのであれば、団

結過程に伴う問題が避けられたであろうと想定することがある。だが、実際のところ、たくさんの意思疎通が行われているが、それはグループの結束に貢献するような作法ではないことが多い。別の文脈でうまくいった意思疎通の習慣であっても、問題解決グループにおいては再考される必要があるかもしれない。サービス・ラーニング科目において、私たちはグループの意思疎通技能を伸ばし、授業の他のグループからの進行中の貢献や、学内外の複数の支援者の観点を取り入れる必要があるかもしれない。サービス・ラーニングの文脈において、意思疎通の力学（と、その結果として生じる団結過程への影響）に対して自覚を持つということは、グループ自体だけでなく、事業に対する学生の深い関与を当てにしている地域連携先の候補に対しても示唆するものがあるということを考慮に入れることが重要である。それゆえ、誰もが意思疎通の間違いを犯すという考えを採用しよう。つまり、技能が向上しそれを試してみる時に起こり得るものであるということだ。「間違いを犯した時に何をするかが資源となる（Smith 1995）」ということを、グループに念押ししよう。

中傷者

　最終研究草案を発表する締切が急速に近づいており、グループメンバーの5人は過去3週間で初めてグループ会合を開くことができた。「さあ、前回ナターシャが作業を分けたらいいと言ったので、それをしてみたよ」とアンジェロが言った。

　「私が言ったことと違うわ」とナターシャが割り込んだ。

　「いや、君はここにいなかった人は残りの作業をするしかないと言ったんだ」とアンジェロは言った。

　ナターシャは顔を赤くしながら、「いいえ、これについて議論できるかどうかに関わらず、みんな研究をどんどん進めるしかないという意味だった」と答えた。

　「ほら、君はこの研究をいつも自分の思うとおりにしようとしてきた。認めたらどうだ？」とアンジェロは言い返した。

洞察力のある懐疑論者

　最終研究草案を発表する締切が急速に近づいており、グループはストレスを感じ始めていた。最近、研究内容の一部について意見の不一致が表面化しており、ここ1週間ほど、メンバーのうちふたりが風邪で欠席していた。5人全員がようやく会えた時、ティファニーはデウェインとマリアに調子はどうかとまず尋ねた。

　「完全に良くなってはいないわ」とマリアは答えた。「でも、これを再び軌道に乗せなくちゃいけないから」

　デウェインも同意した。「前回のところまで戻ってみてはどうかな」と提案した。「メールで情報を更新してくれたのは助かったけれど、それを根拠にして判断を下すことはできない。グループとして前回会った時に出された他のアイディアについて、誰かがメモを読み上げて、この3人が、僕たちがいなかった間にしたことを教えてくれたら

マンディ、ジュリアン、ジョージは黙ったままそこに座っていた。マンディは窓の外を眺め、この会話に興味なさそうだった。

ようやく、ジュリアンが気まずい沈黙を破った。「みんな。たぶんアンジェロだったと思うけれど、君が送ったメールを読んだ？僕はもらってない。だから、何をしたらよいか全く分からなかったよ」

ナターシャはパッと言い返した。「私は分かってたわ。でも、グループの打合せの間、それを進めようとしていたの」

「ちょっと待って」とジュリアンが遮った。「過去を蒸し返すのはやめて、今何をすべきなのかを理解してそれを進めよう。早く終わらせよう」

マンディはその間ずっと窓の外を見ていた。

どうだろうか」

「ということは、デウェイン」とアニータは言った。「それぞれのアイディアとその人が考えた理由を私たちが理解しているか確認したいと言っているの？では、ティファニーとマリア、私は先週手に入れたインターネット資料を見せることができる。そのあとで、何とか判断を下していかなければならないと思うの」

マリアが、デウェインのヘビにどの方向性に進むかを決めてもらったらと提案した時、皆が笑った。しかし、最終的に、グループは中身の領域を元の研究目標と比較して、一部のアイディアがその他のアイディアよりも優れているかどうかを確認することに決めた。

「効果的な意思疎通」という言葉を聞くと話す技能を想像するかもしれないが、最も重要なグループ意思疎通技能の一つは、しゃべらないという行為であろう。相手に敬意を持って積極的に傾聴すること自体が、グループが効果的に機能するために大きく寄与するが、継続してそれを行うことはとても難しい。その理由の一つは、アクティブ・リスニング（積極的傾聴）は難しいからである。なぜ難しいのか、アクティブ・リスニングとそのほかの傾聴との違いは、下記の枠を参照してほしい。

どんな状況においても、私たちは自覚せずに、アクティブ・リスニングから最小傾聴、低効率傾聴の間を行ったり来たりする。成功する団結過程とは、グループメンバーが深く関与（７つのＣを思い出して！）し、開示的積極的傾聴を維持するよう、集中して努力することを期待する。これには、グループ会合全体を通して、どのような傾聴が行われているかを高く自覚することが求められる。

Timmons（1991）は、傾聴を改善するものとして、下記のようにさらなるアイディアを出している。

・**注意散漫を減らすこと**：私たちは自分たちが知っている以上に、注意散漫を抑制することができる。気が逸れそうになった時、グループ議論に意識を戻そう。次の５分間は、

そこにきちんといるよう全力を傾けよう（そして、５分が経ったのであれば、次の５分間再び全力を傾けよう。その後も繰り返そう）。話者が話していることは、グループの成功に絶対的に必要であると自身に言い聞かせよう。（いつも起こることではないが、全体の話を聞かないと分からない。）

・聴きながら質問を書き留めること：相手が話し終わる前に中断するよりも、分からないことを手早くメモしておこう。例として「彼女が言うコミュニティの自覚とは何だろうか。」

アクティブ・リスニング	最小傾聴	効果のない傾聴
主たるアイディアおよびそれを支えるアイディアを聴くこと、それに対する適切なフィードバックを伝えること、自身の持つ推論や前提の正確性を確認すること、中身や目的、感情について聴くこと、他者の視点から理解しようとすること	言葉や音を聴くが、表面的な意味を越えて積極的に理解しようとしないこと、主なアイディアを把握するために聞き、その後は「耳を貸さない」こと、自分自身の観点で、あるいは自身のニーズに合わせるために理解しようとすること	ときどき聴くこと、他の人が話している時に心の中で応答を考えていること、会話の主導権をとろうと待ち構えていること、進行中の会話からはずれて別のことを考えていること、ほとんどあるいは全くフィードバックをしないこと、他者の真意・感情・目的についての先入観を支持しようとすること

・**グループのなかで、聴くことそれ自体を最終目標とする時間を確保すること**：これは、グループメンバーが批判や中断をされることなく話すことができる特別な時間である。これは、アイディアについて賛成か反対かを議論するのが目的ではなく、特定のアイディアや事柄のメリットについて討論したり相手を説得したりするためのものでもない。むしろ、主たる目的は、（それに賛成するか反対するかは関係なく）他者の経験やアイディア、視点を理解するために楽しんで聴くことである。理解が進みグループの気づきが増せば、行動に向けた様々な提案を評価する目的で聴くといった、他の傾聴形態にグループが関心を寄せた時、その意思決定は改善に向かっていくことが多い。

・**定期的にグループ会合のなかで、聞いたことや学んだことについて議論すること**：ほかの人と一緒に聞いたことを確認すると、それについての記憶が増す。他者と協働して情報を要約することで、それらの情報をより効率よく整理し処理することができる。

・**グループに対して自身が何を寄与したか記録をつけておくこと**：２、３回コメントした後、適切なコメントがあったとしても、しばらく聴くことに徹しよう（忘れそうであれ

ばそれらを書きとめよう）。誰か他の人も適切なコメントを持っており、入り込む「空間」がほしいことがあるかもしれない。コメントしなければいけないのなら、「…について、グループの他の人がどのように考えているか知りたい」と自身のコメントを疑問形にし、他者の貢献を引き入れるようにしよう。

これらの技術を、あの2つのグループはいかにうまく使ったのだろうか。

中傷者

教員がグループの最終研究草案を書き直ししなければ認めないと告げたため、アンジェロはグループの全員に対し、月曜日に作業部会を開く旨の緊急メールを送った。ナターシャが手伝いのために現れたため、ふたりで草案の書き直しを行った。授業のある水曜日、教員は最終研究草案を受け取った。ナターシャは（その日の授業をサボったジュリアンを除いた）グループの全員に対し、地域社会の口述史を集めることができるのは、今週末が本当に最後の機会だと言い聞かせた。彼らは、土曜日の午前に地域のコミュニティセンターで会うことを同意した。アンジェロはグループの待ち合わせ場所と時間についてジュリアンにも伝えるつもりだと言った。

土曜日の朝、コミュニティセンターに現れたのはアンジェロとナターシャ、ジョージであり、マンディとジュリアンは影も形もなかった。アンジェロとナターシャは、アンジェロが水曜日の夜に残した伝言を、ジュリアンが本当に受け取ったかどうかについて言い争いを始めた。結局、住民たちが彼らを待っていたため、3人の学生は聞き取りを始めた。とうとうマンディもジュリアンも来なかった。聞き取りを終え

洞察力のある懐疑論者

最終研究草案が認められて、皆地域の口述史の様々な部分を収集するのに忙しくなった。グループの全員が地域のコミュニティセンターに落ち合い、古くから住む住民と会って、地域の「昔」についての彼らの物語を集めることとなった。アニータ、ビル、マリアがコミュニティセンターに着いた時、ティファニーとデュエインがそこにいなかった。住民全員が待っているため、3人が聞き取りを始める準備をした。アニータの携帯電話が鳴った。デュエインがかけてきたもので、彼の風邪が悪化し、「ひどく気分が悪い」とのことだった。

彼はアニータに言った。「今日、僕はそこに行くべきじゃないと思う。行っても、他の人たちの体調を悪くさせるだけだ。グループのみんなに、今日、僕は手伝うことができないから、最終レポートに入れる画像や図面については僕が担当すると伝えてくれないか」

アニータがグループの他のメンバーにデュエインのアイディアを伝えた時、皆に風邪をうつすよりも欠席するほうが賢いと彼らは考えた。実際、彼らはその案を喜んだ。デュエインのイラストはいつもよくできているからだ。ちょうどその時、15分遅れでティファニーが現れた。彼女はそのまま聞き取りを

開始した。誰も彼女の遅刻について何も言わなかったが、ティファニーは、ほかのグループが終わったあと、ひとり残って、最後の数人の聞き取りを自分が行うと申し出た。その日の夜、アニータはグループの全員に注意喚起のメールを送り、それぞれが次の打合せまでに最終レポートの各自の担当部分をやっておくことを皆が同意しているという旨を伝えた。

た後、ジョージ、ナターシャ、アンジェロは彼らだけで打合せを行った。

「最終レポートについてはどうしようか」とジョージは言った。

「マンディとジュリアンがレポート全部を書けばいいと思う。研究の他の手順で全く手伝ってくれなかったのだから」とアンジェロは不満を漏らした。

「彼らに頼るなんてまっぴらよ」とナターシャは言った。「授業の成績がこの研究の修了にかかっているのよ。我慢して私たちだけでやってしまいましょう」

他の人たちも賛成したけれど、誰もジュリアンとマンディに「押し付けられた」ことはうれしくなかった。

ただ乗りする人とそのほかの公平さに関わる問題

　本章の前半で紹介したように、学生たちがグループ研究において生じうる問題として意見したもののなかに、任務の公平さと他の公正性に関連する事項について力説したものがいくつかあった。ある学生は「ひとりやふたりがグループ全体を負担する羽目になる」と文章中に直接的に表現している。もしかしたら読者も、これまでのグループ研究でこのような経験をしたかもしれない。ひとりやふたりが自分たちはグループ全体を負担していると感じたのであれば、それはグループ内での人間関係の悪化を招き、グループの結束が著しく減少するという結果になるだろう。あるいは、仕事量の多すぎたメンバーから積極的参加がなくなり、当然欠席したグループメンバーの視点もないため、本来予想されたレベルの水準に満たない研究で終わるという結末を迎えるかもしれない。というのも、仕事量の多すぎた学生は、もはや「自らが任された負担」すら担わない他のグループメンバーの分（あるいは質の低い仕事）まで埋め合わせをしようとは思わなくなるだろう。欠席した学生は、働きすぎのメンバーから排斥され軽んじられたと感じるため、ますます研究から身を引くだろう。サービス・ラーニング研究を成功裏に収めるために、グループのなかに公正に相応量の作業をしない（あるいは作業しているとみなされない）メンバーがいるという力学を意味する**ただ乗り**に対処する戦略が必要である。

　演習問題4.11　グループメンバーの仕事記録は、チームに対する個人の貢献を明らかにするのに役立つツールである。**演習問題4.4　任務リスト**を使って、仕事記録のマスを

埋めることができる。記録紙で「当初に下位課題の担当を任された人」と「実際にその課題を担った人」が分かれているのは、知っての通り、長期の研究の間にしばしば計画が変わるからだと気づくだろう。グループメンバー間で課題同士を交換することは一般的に問題はないが、記録紙を使うことで、どの研究課題を実際に誰が行ったのかという事実をグループ全員が把握することができる。「任務リスト」と「グループメンバー仕事記録」などのツールを使うことで、下位課題の完成を成功裏に収めるための具体的な手順を定めることができるようになるだけでなく、全研究に対し各メンバーがどのように貢献したのかというより正確な情報をグループが得ることができるようになる。目標を達成するためにはグループが共に公正に作業しなければならないという考えにメンバー全員が投資することを請け負うためには、作業の公正さに関する問題に取り組むことが不可欠である。「ただ乗り」を阻止するには、グループメンバーの個々人の貢献について議論し認識すること、また研究の**業績基準**に関する共通理解をつくることを、進行している団結過程の一部に組み込んでいこう。

なぜ彼はそれをしたのか：帰属と意思疎通

　前々節でアクティブ・リスニングと効果のない傾聴の違いを述べたが、効果のない傾聴のひとつの特徴は「他者の真意・感情・目的についての先入観を支持しようとすること」であった。それとは逆に、アクティブ・リスニングは「自身の持つ推論や前提の正確性を確認すること」という特徴があった。

　この２つの傾聴の型——否定的意思疎通の型と肯定的意思疎通の型——には、**帰属**という過程が内在する。帰属とは、他者の言動について、なぜそう言い行動するのか、その原因や動機を説明しようとするものである。属性過程はいつでも起こり得るが、直接的な質問や予期せぬ出来事に応答する時（例「ここで何をしているの」）、仕事を適切に実行しそこねた時（例「太陽が目に入ったので、ボールを落とした」）、重要な結果が他人によって決まる時（例「先生が創造性を高く評価しないから、成績にＣがついた」）、特に起こりやすい。

　Heider（1958）は、当初、すべての振る舞いには２つの帰属の型があると明らかにした。**属性**もしくは**内部**帰属は、個人内部の観点（例えば、能力、人格的特徴、心的状態）から振る舞いの原因を説明しようとし、**状況的**もしくは**外的**帰属は、個人外部の観点（例えば、環境的状況、運、神の摂理）から振る舞いの原因を説明しようとする。行為が目的指向で自由に選択される時、あるいは行為を実行するに多大な努力を必要とする時、観察者は、その行為が意図的であると結論付け、たいていの場合、状況よりも個人の属性に帰属させようとする。

　近年の研究では、Weiner が、もともとの属性・状況的側面と相互作用をし、帰属の差異を広げるものとして、さらに２つの側面——安定性（例えば「これは一時的もしくは再発する状況なのか？」）と可制御性（例えば「個人の制御の知覚レベル」）——を明らか

にした。また、個人は特定の結果を説明する時に帰するものによって異なる感情を経験するということも明らかにされた（Weiner 1985）。

　例として、試験の成績を「努力」や「知能」といった内的性質に帰するような人は、試験でＡを取った時に誇らしいと思うが、同じ成績を取っても実績を運に帰する人は、自分が幸運だったということにほっとするだろう。属性は、同じ課題を完了するため、それに続く取り組みに注ぐ労力の大きさに影響を与える。テストで良い成績を取るためには何に帰するかが異なることによって、個人はより努力してより優れた成果を目指して目標を高く持つかもしれないし、また幸運が訪れるのを当てにするだけかもしれない。同様に、個人が失敗するのであれば、次こそはもっと努力しようと鼓舞する人がいたり、諦めて全く何もしない人もいたりする。

中傷者

　月曜日の授業には、マンディもジュリアンもいなかった。アンジェロ、ジョージ、ナターシャは金曜日の授業での研究発表に最終原稿を間に合わせるため、遅くまで作業をした。水曜日、ジュリアンとマンディが授業にいたが、アンジェロ、ジョージとナターシャはまだ怒っており、地域での聞き取りを手伝わなかったために最初は冷たい態度を取った。教員がすべてのグループに対し、グループのメンバーは全員、最終レポートのある部分を発表するようにと伝えた時、マンディとジュリアンは、あたかも何も間違っていないかのようにナターシャに「レポートのどの部分について発表すればいいの？」と聞いた。

　彼女は、マンディには導入部を、ジュリアンには、地域の歴史の部分を発表するように伝え、アンジェロはひどい怒りを覚えた。授業内の最終発表はひどいものだった。マンディは水曜日にナターシャがあげた折りたたんだ紙を読み上げた。ジュリアンは地域の通り

洞察力のある懐疑論者

　グループはスムーズに作業を進めており、サービス・ラーニング授業で指定されたグループ研究のまとめに取りかかっていた。マリアはグループの進捗が予定通りであることを確認した。彼らは地域社会の口述史を終え、最終レポートにそれらすべての物語を入れ込み、デウェインの図面も添えて仕上げた。授業内の最終研究発表では、ティファニーが研究を紹介し、他のグループメンバー全員がひとつひとつの地域の物語を語った。

　発表の最後に、ビルとアニータは地域連携先に最終レポートを忘れずに渡した。次の土曜日、デウェイン、マリア、ティファニー、ビル、アニータの洞察力のある懐疑論者の全員が再び口述史を集めた地域に落ち合い、研究に参加してもらった住民にレポートを一部ずつ渡した後、地元の喫茶店に入り、自分たちの経験を話し合った。ビルはグループに対し、「ええと、先生がグループ研究を指定した時、僕は乗り気じゃなかったんだ、でも君たちと作業した

の名前を間違って発音し続けた。地域連携先はとても不満そうで、教員は恥をかいたようだった。授業が終わり、皆がその場を後にしようとした時、ナターシャはジョージに言った。「どうか、こんな鈍くさいやつらと二度とグループ研究をしなくてもいいように」

次の月曜日、アンジェロは教員に画像も図もない最終レポートを一部提出した。

ことは本当に良い経験になった」と言った。他の人も同意した。アニータが言い足した。「…特に、デウェインが家にヘビを置いてきた時からね」グループは存分に笑い、この研究で得られた経験について回想を続けた。

帰属バイアス

帰属の過程は、バイアスにとても影響されやすい。一つは、**基本帰属バイアス**という、状況の要因の重要性を見落とすか、軽く見ていて、簡単に気質の帰属を受け入れる傾向である。サービス・ラーニングで起こり得る例で言えば、一般教育修了検定の授業を欠席した人に対して、理由も聞かずに怒ることだろう。家計のために2つの仕事を掛け持ちしていることを想像だにせずに。

これには別の解釈があり、**行為者観察者バイアス**という。あなたとコミュニティパートナーの間での状況のように、彼ら自身や継続する相互作用における他人の振る舞いを説明するために、個人が帰属しなければならない状況で起こる。その人自身の振る舞いは、状況的原因（例えば、赤から青に信号が変わったので、あなたの話をさえぎり、行くように言わなければならない）に帰属すると同時に、両者は同じ否定的な振る舞い（例えば、話を終える前にほかの誰かをさえぎる）に携わる時、その傾向は、性質的原因（例えば、性格の特徴として"その人が無礼である"）に、他人の行動を帰属させることである。これらの両方のバイアスにおいて、内的因果関係に帰属した結果、関係する否定的な行動への責任を否定するために帰属する人が他の人の試みを妨げることを認める。

帰属の影響：サービス・ラーニング・プロジェクトにおける誤帰属

誤帰属とは、他の人の行動によって誤って帰属してしまうことで、サービス・ラーニングの経験においては深刻な結果になることがある。以前に説明したように、一般教育修了検定の授業を欠席してしまった大人について、そうしたいと思っていないか、あるいは熱心でないのだと思ってしまった学生が、その授業に行かなくてよいと考えてしまうようなことだ。

帰属が異なると感情が異なるという帰属理論からの一つの考えは、他人の言葉と行動を

説明することに関しても当てはまる。逆に、大学生がコミュニティメンバーの行動に対して感じる誤帰属は、結果としてコミュニティパートナーの疎外感につながる。サービス・ラーニングのクラスでの誤帰属は、個人の参加とグループの目標への同意を減少させ、グループの結束を低下させ、結果的に生産性を低下させることになる。

帰属と中傷者と洞察力のある懐疑論者

帰属の違いはどのようにグループの結束と生産性に影響を与えるかということを洞察するために、中傷者と洞察力のある懐疑論者に関する最近のエピソードを再考察してみよう。中傷者にとって、ジュリアンとマンディが土曜日の朝にコミュニティセンターでの運営の面談の手伝いに現れなかった時、アンジェロ、ナターシャとジョージは、グループの面談に出席しないジュリアンとマンディのやる気のなさは、共有をすることを避けようとしていたという、「制御できる」ものであるという内的帰属のせいにした。結果として、グループの残りの人は、「軽んじられた」と感じ、欠席したメンバーに対する怒りや恨みを覚えた。

興味深いことに、洞察力のある懐疑論者はまた、グループのメンバーであるデウェインがコミュニティメンバーとの重要な会議に意外にも現れなかったという状況に直面した。グループがネイバーフッドセンターで活動していた時に、デウェインはアニータに電話を掛け、具合が悪くなってグループの活動に参加できないと説明していた。デウェインは「ほかの人々」に風邪をうつすことを心配したのだ。アニータや他のメンバーは、内的帰属のせいだとした。デウェインは具合が悪いのでここにいないのだ。しかしこれはやむを得ないことだったように感じられる。デウェインの具合が悪くなったことは、デウェインが計画したことではない。グループメンバーはデウェインのことを気に掛け、共感し、特にデウェインがレポートの仕上げのために画像や図面を進んでやってくれていたことに感謝していた。デウェインは具合が悪いことをグループやコミュニティパートナーに知らせないという配慮をし、グループの活動を公平に分担していたのだった。

＋ 演習問題 4.8　行動者と観察者

次のエピソードを読んで、その話における人物が、なぜそのように行動したと思うのか、理由を説明してみよう。

エピソード 1

1.　あなたのサービス・ラーニングのグループは、計画立案会議をするために校外のコーヒーハウスに 11 時に集まることを決め、ひとりの学生を除いて全員が会議に間に合った。グループの誰も、彼が遅れた理由を知らなかった。誰も彼から電話を受けていなかった。別の学生が、彼は携帯電話を持っていないと言っていたと言及したのだけれども。約 5 分後、グループは計画立案会議を始めることを

決めた。それは、あなたのサービス・ラーニングのプロジェクトで次のステップを完了するために必要である特別な課題を割り当てるものだ。グループは、午前11時25分に必要なすべての作業を終えた。彼が現れるかもしれないと考え、皆は11時30分ごろまで待った。それから皆は帰った。

　合意していた計画立案会議にその学生が現れなかったことは、どのような帰属のせいだと考えるか。

　これは、内的な性質的属性（例えば、自己への言及や人が制御するものと同様の属人的な変わりやすさ）、あるいは、外的／状況的属性（他の人々への言及；人の選択を制限する特別な状況や運や機会や宿命）だろうか。

エピソード2

2. あなたのサービス・ラーニングのグループは、計画立案会議をするために校外のコーヒーハウスに11時に集まることを決めた。あなたの予測では、会議の場所まで運転するのに20分かかり、駐車場所を見つけるのに10分かかる。あなたは午前10時25分に家を出発しようとしているが、ちょうどその時家の（唯一の）電話が鳴った。それは東海岸にいる兄からの電話で、あなたの助言を得る必要がある、重要な人間関係の問題に関しての内容だった。電話は少なくとも15分は続き、あなたはこの時点で、会議には数分遅れる見込みだ。コーヒーハウスの近くまで来たが、あなたは駐車場所を見つけることができなかった。駐車場を一回りしたものの、駐車可能な場所はやはりなかった。あなたはついに大通りにある駐車場所を見つけたが、この時点で既に30分遅れていた。コーヒーハウスに到着した時には、クラスのグループはそこにはいなかった。あなたは家に帰ったら、グループのひとりに電話を掛けて説明しようと考えていた。

　合意していた計画立案会議にあなたが現れなかったことは、どのような帰属のせいだと考えるか。

　これは、内的な性質的属性（例えば、自己への言及や人が制御するものと同様の属人的な変わりやすさ）、あるいは、外的／状況的属性（他の人々への言及；人の選択を制限する特別な状況や運や機会や宿命）だろうか。

　二つのエピソードに関してあなたが考えた帰属について、振り返ってみよう。それぞれの登場人物がそのような行動をとった理由としてあなたが考えた説明を比較し、違いについて論じてみよう。

帰属における文化間の違い

　アメリカ以外の文化からやって来た人々は帰属の過程で異なる反応を示す。達成の解釈や、達成への個人的な動機付けにおいては特にそうだろう。安定性と統制に関するWeinerの帰属理論モデルでは、達成の概念は、良い成績を得たり、競技会で勝利したり、認知テストで正確に多くの問題に答えたりするような競争的状況において好結果を出した人に関係する。しかし、ナバホとアングロの若者に関するDuda（1986）の研究では、ナバホの若者は良い成績といったような競争に基づく基準よりも、達成の自己言及と熟達の概念（すなわち個人的なレベルアップに相当する成功）を強調する可能性がより高かった。その次の研究では、チリの学生はアメリカの学生と比較すると、外的要因をより外的なものと考え、安定的帰属をより安定的でないと考え、統制的帰属をより統制的でないとする傾向を見せた（Betancourt & Weiner 1982）。

文化的グループの違いが、どのように意図しない誤帰属を増加させるのか

　研究者が**基本帰属バイアス**における多文化的なデータを調査する時、集団主義の文化よりも個人主義の文化において起こる可能性がより高い。考えられる説明の一つは、集団主義の文化では、個人的決定において、状況的要因の影響により敏感なように思われるということだ。Morris & Peng（1994）は、アメリカでの2件の大量殺人についての新聞記事を分析した。一つは中国人の大学院生によるもので、もう一つは白人の郵便局員によるものだ。二つの話はニューヨークタイムズでは英語で掲載され、ワールドジャーナルというアメリカで印刷されている中国語の新聞では中国語で掲載された。研究者たちによると、ニューヨークタイムズの記事では2件の殺人者の行動は内的／性格的要因に帰属しており、ワールドジャーナルの記事では、外的／状況的要因をより強調するものであった。

　もう一つの考えられる説明というのは、自己をどのように捉えているかという点において、個人主義の文化と集団主義の文化では違いがあるということだ。個人主義の文化では、個人の自己認識は自己完結型あるいは自律的であるように見られる。個人の振る舞いは内的帰属（例えば動機、価値、特性）によって主に決定される。一方、集団主義の文化では、個人の自己認識は他人との関係や社会的なグループとの関係により依存しているという、相互依存の見方をより好む。結果として個人主義的な行動は社会的な義務によって影響される可能性がより高い。自己概念のこれらの違いは属性過程に影響する（Markus & Kitayama 1991）。

　例えば、Miller（1990）はインドにおけるオートバイの事故に巻き込まれた個人の行動を説明するように、アメリカ人とインド人に頼んだ。ある弁護士が、オートバイの後部座席に客を乗せて職場へ向かう途中、後部タイヤが破裂し、客がオートバイから投げ出されてしまった。客は落下した際に歩道に頭を打ち付けた。運転者は近くの病院に客を連れて行ったが、事故の重大さについて医師と話すことはなく、職場に行ってしまった。負傷

した客は結局死んでしまった。この調査の被験者たちは、運転者がなぜ医師と話すことなく、負傷した客を病院に残して仕事に行ってしまったかを説明するように求められた。アメリカ人の36%は内的／性格的帰属（例えば、運転手が無責任だった、あるいは仕事を優先した）だと答え、17%は外的／状況的帰属（例えば、彼は法廷に出る義務があった）と答えた。インド人は、わずか15%が内的帰属だと答え、32%が外的／状況的要因に言及した。インド人にとって運転者の社会的な役割はとても重要で、彼は弁護士としての仕事を行い、他人に対して責任を全うする必要があった。集団主義の文化における個人は、責任の成果、あるいは他人への義務として個人の行動を説明する可能性がより高いのだ。

　大学生が、サービス・ラーニングのプロジェクトでコミュニティメンバーと協力しあう時、これらの帰属の文化的な違いは無視できないものだ。サービス・ラーニングのクラスの学生が計画立案会議に現れなかった理由を説明するように求められた、**演習問題4.8 行動者と観察者**を思い返してほしい。もし会議に現れなかった学生が集団主義の文化から来た人（例えば、アジアやアフリカから最近移住してきた人）であったならば、学生たちは「自動的に」コミュニティメンバーの視点からは誤りとされること（例えば、家族に対する責任を果たす必要性が予想外に生じたために欠席した）だけでなく、怠惰や無責任さといった、否定的な性質による内的帰属を反映したのだと考えるだろうし、将来のサービス・ラーニングのプロジェクトにおいても、パートナーとの約束や信頼を得られないと考えるだろう。同様に、サービス・ラーニングのプロジェクトを行う学生は、学習成果に影響を与えるであろう、大学とは異なる地域社会という環境下での要素に気づいておかなければならない。さらに、同じような状況的要素を扱うにしても、これらの要素がそれぞれの文脈に与える影響の相対的な大きさは、おそらく異なったものになるだろう。コミュニティパートナーと何かをする時に役立ちそうな助言は、「帰属を考える前に、その人に、なぜそうしたのかを説明するように頼む」ということだ。

グループ再訪

　この章を終える前に、二つのサービス・ラーニングの学生グループについてもう少し見てみよう。この章全体を通して、CBLでグループ活動をする際の様々な要素について考えてみた。教員はなぜグループプロジェクトを割り当てたか、グループプロジェクトで考えられる肯定的成果や否定的成果は何か、グループはどのように発展するか、グループの役割の重要性、グループの団結、グループの意思疎通、課題の公平性、グループ活動を評価する方法といった要素について、あなたが洞察を得られたことを望んでいる。

　サービス・ラーニング体験を完了することは、他の学生との関係性を形成することだけを意味するわけではない。あなたは、コミュニティメンバーとも相互に作用するだろうし、あるいは既にしているかもしれない。プロジェクトを成功裏に終えるために、すべての学生は、自分たちの視点と地域社会の視点の両方から、地域社会との関係について理解する必要がある。次の章では、多文化主義、異文化間の意思疎通、違いの駆け引き、コミュニ

ティ参画の含意について理解を深めよう。

理解をさらに深めるための推奨図書

Duda, J. L. (1986). A cross-cultural analysis of achievement motivation in sport and the classroom. In L. Vander Velden & J. Humphreys (Eds.), *Current selected research in the psychology and sociology of sport* (pp. 115-132). NY: AMS Press

Harkins, S.G. & Jackson, J. M. (1986). The role of evaluation in eliminating social loafing. *Personality and Social Psychology Bulletin*, 11, 457-465

Miller, J. G., Bersoff, D. M. & Harwood, R. L. (1990). Perceptions of social responsibilities in India and in the United States: Moral imperatives or personal decisions? *Journal of Personality and Social Psychology*, 58, 33-47

Moorhead, G., Ference, R. & Neck, C. (1991). Group decision fiascoes continue: Space shuttle challenger and a revised groupthink framework. *Human Relations* (44), 539-550 (6).

Tuckman, B. W. (1965). Developmental sequences in small groups. *Psychological Bulletin*, 63, 384-399.

重要な概念	
傾聴	行為者観察者バイアス
帰属	コンテンツゴール
形成	ただ乗り
基本帰属バイアス	グループの団結
集団思考	保守の役割
標準	組織的な役割
性能基準	実行
グループ開発の相モデル	プロセスゴール
役割	社会的手抜き
社会的思考	議論
タスクロール	

重要な問い

- なぜ教員はグループプロジェクトを割り当てるのだろうか。グループワークの価値は何か。
- グループはどのように発展するのか。
- グループでの作業はどのように行うのか。
- グループを維持するために必要なことは何か。
- 各メンバーがグループの仕事を公平に分担するためにはどうすればよいか。
- 文化の違いは帰属過程にどのように影響するか。
- グループ編成が失敗する確率を最小化するためには、何が必要か。

追加演習問題

＋ 演習問題 4.9　グループの発展を促す

　あなたのグループの進捗の経過を把握するために、このチェックリストを使おう。

形成：良いスタートをするために。

____ 互いのことを理解し合うために時間をかけている。

____ グループの役割についての期待を明確な言葉で伝え合っている。

____ グループに対する各メンバーの役割を明確に理解している。また、作業を完了するために障害があるならば、それに対処するためのガイドラインを開発している。

____ グループで活動するうえで、各メンバーが好む方法を知っている。

議論：生産的な（破壊的でない）議論を促進するために。

____ 作業を前に進めるための活動を、少なくともいくつかは試してみた。

____ 課題について、皆が全く同じように解釈していないことに気づいているが、意見が合わない時であっても、礼儀と敬意をもって他のグループのメンバーに接し、意見の相違を認め合うことができる。

____ 意見の相違を解決するためには、電子メールではなく、できるだけ対面で話し合うようにしている。

基準づくり：グループとしての活動方法を合意するために。

____ グループ会議の運営と意思決定のために、皆が理解し、効果のあるガイドラインを考案した。

____ 何をする必要があり、誰がそれをするのか詳述した「ジョブリスト」を作った。

_____ 各メンバーは、教員、コミュニティパートナー、他のグループメンバーに対して、下記の質問への答えを明らかにしている。
- このプロジェクトにおける私の担当業務は何か。
- 期限はいつか。
- 私の担当する部分は、プロジェクトが完了した時にどのような状態になっているのか。
- 私の担当部分を完了するためには、いつ、どのような材料が必要か。
- 私の仕事がコミュニティパートナーの期待に沿っているかどうかをどのように確認するのか。

活動：実際に作業を進めるために。
_____ 問題解決のステップに沿って進めることができており、グループに与えられた活動を完了するための行動計画を持っている。
_____ グループプロジェクトの形式と内容について求められていることを、教員と明確に共有している。
_____ このプロジェクトの成績が誰によって（教員、コミュニティパートナー、あるいはその両者）、どのように決定されるかを明確に理解している。

➕ 演習問題 4.10　なぜ私はこのグループにいるのか

　5つの組織的な役割（リーダー、記録係、進捗管理係、タイムキーパー、オブザーバー）のどれかを担当するかどうかに関わらず、グループ討議での自分の行動を振り返ってみよう。必要に応じて**演習問題 4.6　グループの役割**を参照しながら、次の質問に答えてみよう。
- あなたはグループ討議でどんな役割をしたのか。
- あなたはグループ討議を維持するために、どんな役割をしたのか。
- グループ討議の最中にあなたが「誰かが何かをしなくてはならない（特別な仕事や、議論を維持するための役割）」と考えたにも関わらず、自分がすることをためらったことはあっただろうか。その時の様子を説明してみよう。あなたはなぜためらったのだろうか。
- もし同じグループで、関連はするが別のトピックについて議論する場合、あなたはどんな役割をするだろうか。それはなぜか。

＋ 演習問題 4.11　グループメンバーの仕事記録

　演習問題 4.4　任務リストで作成した項目を完了させるために必要なことを書き出してみよう。

タスク / サブタスク	そのタスクに最初に同意した人は誰か。	そのタスクを実際に行った人は誰か。	どのくらい時間がかかったか。

付録 4.1　グループの役割チェックリスト

作業役割	行動の例
作　　成	計画を立てる。新しい考えや目標を提案する。グループの役割を定義する。
検　　討	他のメンバーの案を発展させる。例を示す。議論のポイントを明らかにして発展させる。
統　　合	グループの仕事を系統だて、調整する。複数のメンバーの考えを統合して新たなものを生み出す。
再　　考	グループの仕事を集約し、現在までのグループの議論や仕事を集約する。以前話し合った事項を思い出させる。
評　　価	アイディア、提案、行動計画を批判的に評価する。情報を評価するための基準を提案する。
文　書　化	グループの仕事を記録する。報告書を書く。グループの記録係を務める。
合意検証	グループが意思決定した証拠を探す。明確な意思決定が全員に受け入れられたことを確認する。
情報共有	グループの課題に関係するデータや事実、他の証拠を示す。必要な追加の情報を探す。
意見陳述	個人の意見を表明する。個人的見解から事実を探し出し解釈する。

維持の役割	行動の例
励 ま し	他のメンバーの貢献に対し感謝する。他のメンバーに対し肯定的な感情を共有する。
強 化	他のメンバーの考えや提案を支持する。他のメンバーのリードに合意して従う。
仲 裁	グループ内の協調を奨める。緊張を緩和する。歩み寄りを提案する。
進 行	議論での発話を交代するよう提案する。発言権を持つ。あまり発言しないメンバーに発言を促す。
観 察	グループが一緒に仕事ができているかどうかを指摘する。
緊張緩和	ユーモアでグループ内の緊張を緩和する。形式的でなく励ます。新しいメンバーをリラックスさせる。

第5章　文化的な繋がりを作る：違いを探る、権力を調査する、既得権益を明らかにする

ヴィッキー・L・ライタナワ、クリスティーン・M・クレス、ジャネット・ベネット

（翻訳　山下　美樹、向野　也代）

正直に言うと、サービス・ラーニングの授業で多様化についてそこまで学ぶとは思ってはいなかった。私はビジネスを専攻しており、いつもチームで作業をしている。自分とは異なる人々と働く経験は豊富である。

本当に自分が学んだことに対して驚いている。以前に、チームで完成させる任意の課題を行い、それを何とか終わらせた。このクラスでは、単位取得のために地域でただ何かをするのよりも、地域に何を実際行ったかということが、はるかに重要なことであった。自分とは全く異なる経験や、ものの見方を持つ人々と、いかによりよく働くかについて考えなくてはならなかった。私にとって共同して働くことと、他の人々にとって共同して働くことの違いについてを、考えなければならなかった。地域の問題に取り組むために他の人々に参加する、という実践の中に、たくさんの学びがあった。

最も大きな驚きは、私たちの違いを認識し、尊重することが、実際に協働を手助けする基本であるということだ。私たちは皆この授業で、かなり創造的であったといえる。つまり、この授業を受ける以前は、グループ内で常にお互いを比較していた。しかし、このような状況下では、比較しあうことは意味がないことである。なぜなら、競争というものは、私たちの手腕を活かしたり（使ったり）、その仕事を遂行する際、ものごとを異なる視点から見るうえで妨げとなるからである。

―マイケルより。Meals on Wheels（慈善団体などが体の不自由な人々に対して行う食事の宅配サービス、マーケティング企画を行う団体）で働く地域活動従事者。

　恐らく、あなたはここで引用された学生と同様、他の学生たちとチームで働いた経験を豊富に持ち、サービス・ラーニングの環境に従事してきているだろう。この授業で現在手掛けている仕事が、あなたにとっての唯一の協働経験だったとしても、前回の章を読むことで、グループに存在する、様々な役割や責任について考え始め、他と効率的に働くためのいくつかの作戦を実践し始めただろう。何はともあれ、おそらくあなたは、グループの多様性に影響する多くの事実を考え始めただろう。様々な人々の集まりは、世界の個々人の嗜好や、やり方、あり方においてたくさんの違いをもたらす。

　これらの違いの源はどこにあるのだろうか。一学生個人としての、あなた自身をより知

る手がかりがある人々の間に存在する、違いと類似性についての両方について考えるための、より深く意味ある方法はあるだろうか。これらの洞察は、多様化した世界で働き、チームメンバーや授業のクラスメイトと繋がるための、そして、奉仕先であるより大きな地域に、あなたが積極的な印象を与えるための、知識やスキルを促進するだろうか。

　サービス・ラーニングの経験とは、なる、そして、する、ための多岐に富んだ文化的方法を繋げる機会である。この章は、異なる人々と効率的に働き、領域を広げ、そして、世界の積極的な変化を創造するために共通して持たれている欲求の下で、どのように行動したらよいのかを認識するための経験を形作る方策を提供する。さらに、いかに私たちの異なる知覚が、実際に、いかなる地域の場に存在する革新的な問題解決の容量を最大化するための鍵であるかを探究する。「奉仕」の観念が文化に根ざしていることや、敬意と誠実心をもって奉仕をしたり学んだりするための共通言語を探す方法について考察する。

文化はどう関係しているのか

　　文化は、関わり合う人々の集まりの中で、学習され、共有された価値観、信念、態度によって創造される。私たち一人ひとりが、相互に構築するアイデンティティは、国民性、民族性、人種、年齢、性別、身体的特質、性指向、経済状況、教育、職業、宗教、そして組織的加入といった、私たちに衝撃を与える、多くの文化的影響から成るといえる。

　サービス・ラーニングの経験で、あなたは自分と異なる人々と共に働くことになるだろう。私たちは文化の違いについて語る時、それは単に芸術や音楽の多様性ではなく、それよりも異なる考え方や、異なるコミュニケーションの仕方、私たちの行動に私たちの個別の価値観を適応する異なる方法についてを意味する。私たちの異文化世界では、仮想空間でクラスメイトや地域の共同者と並んで働くことは不可能であり、文化に関する違いに出会うことは不可能である。別の言葉で言うと、地域に根差した学びは異文化的な文脈である。
　そこでは時に、異文化チームや多様性に富んだグループメンバーと協力をすることもあれば、また時には、単独で、自分とは全く異なる背景を持った、考え方も理解できないような人と関わるかもしれない。ある状況では、自分の文化からたった一人でその場に参加することとなったり、この新しい環境に身を置く時に孤立感を体験したりするかもしれない。
　これらのシナリオの一つひとつは、様々な文化の文脈において、有効的に適切にコミュニケーションを取るための**異文化間能力**を要求する。異文化間能力を身につけるためには、**マインドセット**（文化を理解するための分析的枠組み）、**スキルセット**（違いを繋ぐ対人スキル、グループスキル）そして、**感情**（文化の可変を探究する意欲や好奇心）を磨く必要がある。能力のこれら３つの必須要素が、地域の人々との学びを促進する（Bennett & Bennett 2004）。

マインドセットは、態度や行動についての情報を通して、他の文化の知識や学術的理解を与える。スキルセットは、聴く力、問題を解決する力、共感する力を含む、異文化能力である。そして、他への興味や思いやりといった感情は、ものごとが複雑で難しい状況になった時でさえも、努力を続けるための意欲に結びつける。

あなた自身、そして他の人々の文化背景を考える時、学びを導くために必要な主な特徴は、**文化的謙虚さ**であり、それは、他の人々の文化の正当性を、尊敬することである（Guskin 1991）。私たち自身の世界のものの見方、作業を概念化する方法、または、衝突を解決する方法が、完全に明らかに優位であると考えがちだが、それとは反対に、文化的謙虚さを持つためには、多様化の世界観が平等に正当であることを認識する必要がある。それは、私たちが自分たちの価値判断を保留し、私たち自身の志向の優位を問い、そして、異文化の文脈において、何が本当に起きているのかを知ることさえないことに気付く、といったことを示唆する。これは、大きな挑戦になりうる一方、他の文化グループと上手くやっていくうえで必修となる。

異文化間能力を獲得するための第二の段階は、**文化的自己の気付き**の向上であり、それは自分の文化の帰属性や様式に気付くことである。私たち一人ひとりが文化的様式のたくさんの層を持っている。一つのレベルでは、あなたは国家の文化に属している、または、これは「パスポート文化」とも呼ばれているが、それはあなたが市民権を持つ国である。しかし、あなたがもしメキシコで育ち、カナダに移住し、現在アメリカに住んでいる場合、これはより複雑なあなたの文化アイデンティティの側面となる。

あなたの発展する文化的自己の気付きの一部として、あなたの家族が始まった場所の地理、歴史的関係や、どのくらい彼ら（そして、あなたの文化）の文化が共感し続けるかを含む、あなたの民族的世襲に関してより注意深くなるかもしれない。とても多くの国が、独特なアイデンティティを持つ力のあるグループや、主要な文化に同化することを抵抗するだろうグループで成り立っているため、民族的世襲は、しばしば国家的文化よりも重要である。これらのいくつかのグループは、汎国家のグループで、アラブ、クルド、そしてローマなど、国境線を超えて広がる地域の国である。これらのいくつかは合衆国内の集団のような、国の国境内にある、アフリカ系アメリカ人、ラテン系アメリカ人、先住民族のアメリカ人、アジア系アメリカ人、そして、ヨーロッパ系アメリカ人を含む。特に、合衆国内で明らかなことは、頻繁に、民族的なアイデンティティを持っていることを忘れている、ヨーロッパ系アメリカ人という呼称である。

ここで立ち止まって少し考えてみよう：あなたの民族的アイデンティティとは何か。恐らく、とりわけヨーロッパ系アメリカ人を世襲とする人々は、彼らの様式は、当然のこと、だと思うだろう。民族性を意識することで、そのバイアスに気付くことができるようになる。

文化アイデンティティの列のレベルがある。地域文化は私たちのコミュニケーションのやり取りに影響を与える。例えば、合衆国南部の地域文化では、ニューイングランドで育った人々とは違った話し方や動作をする。社会経済の授業や教育は、私たちの価値観や信念にも強い影響を与える。多くの場合において、男性や女性としての役割（そして、そのニ

元の呼称の表記にさえも）に同化させられている、性別の文化は、私たちの文化の信念や個人の選択に影響している。他の文化的影響としては、宗教や精神性を含む、性指向や身体的、心理的、そして学習能力、文化の原型、そして、大学のキャンパスにおいては、学科の文化などがある。

あなた自身の文化アイデンティティのいくつかの側面は、他のものよりも、あなたにとってより重要だろう、例えば、あなたの性別文化、または、あなたの民族的世襲など。あなたは、自分の選択を通して多層で多文化的な自身を作り上げるが、これらの文化が、あなた自身であることに影響する。文化は「もの」ではなく、あなたが暮らし、学び、そして働く文脈に存在するため選択する、文化の在り方の反映に影響する家族や地域と、あなたが関わる活動的な過程である。

あなたにとって、奉仕や学びのために地域で働く際に、これらすべてはどのような意味があるだろうか。あなたは、あなたが文化を跨いでやり取りする前に、自分が文化的に誰なのかを理解しなくてはいけない。他人の行動がおかしい、理解できない、あるいは、受け入れることができないと感じた時に、あなたはあなた自身の文化的世界観からその現状を見ているということと、他の人々の知覚が全くあなたのものと異なるということに気付いたら、この感情は和らぐかもしれない。

★ **演習問題 5.1　奉仕の文化的側面**

ここで、あなた自身の文化の定義を考察することによって、自分にとって「奉仕」とは何かを、どのように定義し理解するようになったかを探究しよう。模造紙の中央に、自分自身を描く（あるいは示す）ことから始めよう。その周りに、奉仕はあなた自身にとってどのような意味があるか、そして、大学内や外で人々に対してどのような種類の奉仕に従事してきたか、を書こう。

次に、あなたが奉仕について学んだ、あなたの人生にとって重要な人々を表す周囲の人々や、関係のある人物を描こう。これらには、両親や、祖父母、兄弟姉妹、他の親戚、友人、メンター、学校の友人、教師、職場の同僚、そして、その他であってもよい。この人々は、どのような種類の奉仕に従事してきたか。「奉仕」の意味は自分、あるいは彼らにとってどのようなものだろうか。

さて、文化のレンズを通して、この人々や関係性についてよく考えてみよう。彼らの中でどのような人々が、一つ、あるいは、多くの文化的アイデンティティの側面を共有しているか。あなたの文化的グループは、どのように「奉仕」について理解しているか。それはあなた自身の描写に、どのように表れているか。

反対に、この人々の中で誰が明らかに異なる文化経験を持つのか。これらの文化

的違いは、どのようにこの人々との関係に影響を与えているか、そして、彼らは「奉仕」をどのように理解しているか。

これを理解することで、あなたとは異なる人々の文化的世界観についてより学び、異文化に対して謙虚になることができる。

演習問題 3.3　私は誰で、何を持ってきたのかを思い出してみよう。この活動で、あなたは、様々な人種的、そして（人種と民族；国民性；性別；言語；精神性と宗教；身体的、精神とまたは、感情能力；社会経済階級；年齢；身体的容姿；そして性指向）といった文化的要因に対する、あなたのアイデンティティの現在の理解を探究した。これらは、あなたがあなたの周りの世界を通して見るレンズであり、この授業では、あなたのチームメイトやクラスメイトや地域活動体を含む。**演習問題 5.2** のテーマについて、自分自身の省察を深めてみよう。

＋　演習問題 5.2　私と私たちとあなたとあなたたちと彼ら

ステップ 1：省察
演習問題 3.3　私は誰で、何を持ってきたのかで行った、あなたの初期の省察を読み返してみよう。この地域との協働の経験に対する、あなたのアイデンティティの立ち位置についての現在の理解について、再度考えよう。あなたが一緒に働いている人々について、考えることに集中するために、次の質問について考えよう。

・あなたのアイデンティティについての多様な表現が、あなたの地域のパートナーを組織や仕事として見る際に、どのような影響を与えるだろうか。
・あなたのアイデンティティは、あなたがチームメイト、クラスメイト、地域パートナーとの関係、そして、あなたのパートナーによって奉仕された人々を含む、他人を見る時、どのように影響を与えているだろうか。
・あなたのアイデンティティが、あなたと他の相互作用をどのように有効的なものにするか、そして、それはどのように、有効的なやりとりを行ううえで挑戦的となるか。
・あなたのチームや、クラスメイト、そして、あなたの地域活動体と効率的に働く関係性を創造することを、さらに探究するために、あなたはどのように自分のものの見方を駆使するか。
・あなたは、他の人々のものの見方から、どのように学ぶのか。

省察をする際、従来の語りの省察の型を破ることを念頭に置いてみよう。物語や詩や対話を書く、油絵を描いたり、スケッチしたり、コラージュを作る、作曲したり、録音したりするなどしてみよう。この省察ではできるだけ自分に正直になってやってみよう。「消極的」な、または、矛盾する考えや、そして「積極的」で明解な感情も同じく記録しておこう。

ステップ２：一歩離れて見る

　省察をした後、それを俯瞰する時間を取り、それがあなたに何を語りかけてくるのかを考えてみよう。それから、次の質問に答えよう。

・それは、あなたにとってどのようなものなのか。アイデンティティを考える過程や、あなたの他に対する考え方の影響とは。

・これらの質問を考える時、どのような考えや感情が出てくるだろうか。

ステップ３：再度、省察する

　野外、または授業での、次の奉仕経験の後に、ステップ１と２の両方の質問に対する、あなたの回答を読み返してみよう。あなたの省察は人として、学生として、地域に根差した学習者としての、あなたについて何を明らかにしているか。これは、あなたの文化的背景とどのように関係しているか。どのように、あなたのチーム、クラスメイト、地域活動体と関連しているか。

　文化的生物として、自分自身の理解の発展と共に、他をステレオタイプで見ることの落とし穴に気付くことは重要である。**ステレオタイプ**は、「範疇の硬化」であり、あたかもこれらの個人が、彼らの文化グループの「規範」の統計的な代表であるかのように、他の文化から来た個人についての考え方に対して厳格な方法を発展させる過程である。私たちは、一つの文化から来た、たった一人の人と会うだけで、または、一つの文化の様式がメディアで放映されることで、頻繁にそのような不当な考え方を基にしてしまう。

　反対に、**一般化**はリサーチに基づいた、他の文化における行動様式についての軽い仮説であり、私たちは、決してそれが、私たちが会った個人に適切であると確認できるまで、決めつけない仮説である。それゆえに、もし私たちが、すべての男性はスポーツが好きである、または、すべてのアジア人が静かである、というような観念に対して普通のことだと考えると、それは、単にステレオタイプ化していることになる。しかし、文化を超えて相互作用をするうえでは、それらが確認されるまで、一時的に仮説を念頭に置いておくことは便利である。あなたが地域に根差した学びを経験する際、そこの人々のグループや、彼らとの交流を助長するために彼らの文化の一般的傾向を知ることは、有益であるということが既に証明されているかもしれない。マイケルの別の日記で、この章の初めからの私たちの地域に根差した活動者である彼は、一般化を使うことは、彼が奉仕する地域に十分に敬意をもって関わることを助ける、という経験をしたことを表記している。

　私は、お年寄りや障がい者の人々に対して昼食を配給するために、Meals on Wheels（食事の配食サービスプログラム）のボランティアの一人と一緒に車に乗っていた。私は、マーケティング企画に従事する前に、彼らが行っていることは実地体験を得るうえでよいことだと思っていた。お年寄りに食べ物を届けることに対してそれほど緊張はしていなかった、なぜならば、私の祖父や彼の友人た

ちとよく一緒に過ごしていたからである。しかし障がいを持つ人々についてはよく知らない。私は決して人の気持ちを傷つけることだけはしたくなかった。

そのボランティアは、私が緊張していることに気付いていたに違いない。彼女は、一般的に、この宅配の道程で彼女が奉仕した障がい者は、彼女が彼らと目を合わせ、関わり合った時に、本当にこの宅配に対して感謝しているようだと言った。彼女は、例えば、車いすに乗っている人と同じ目線になることが有効的だと言った。そのルート道程の他のすべての人々のように、彼らにとって私たちはその日のたった一人の訪問者かもしれないので、あなたが少し時間を取って話をすることが好きである。

私たちが姿を見せると、そこのご婦人は私たちに会いとても喜んだ。彼女は車椅子に乗っていた、だから私はソファーに腰掛け、彼女に向き合い、その大学でMeals on Wheels のプロジェクトで働く学生であることを話した。彼女が自分のキャリアについて少し話してくれて、広告関係であったということを聞いて、正直驚いた。提出する前に、思いつきでその企画について意見があるか聞くと、彼女は喜んでと答えた。

私たちのグループ活動で、チームメイトにこの女性に会ったこと、この女性は私たちの地域活動体の顧客というだけではなく、私たちと同じような仕事をしていたということを話した。それから彼らも彼女に会いたいということになった。彼女と知り合いになったことは、たくさんの方法で私たちの最終プロジェクトに確実に大きな印象を与えるということを確信している。

　反対に、あなたはステレオタイプで、異なる文化に対する、あなたが持つ検証されていない観点が、あなたの他者との成功体験に反するような、消極的な経験であるかもしれない。演習問題 5.3 では、特にあなたのサービス・ラーニング経験の文脈の中で、一般化とステレオタイプ化について熟考する。

異文化の感受性を構築する

　私たち一人ひとりが、文化の違いを経験するように、これらの違いに対して、かなり予想できる方法で、反応する傾向にある。これらの反応は、私たちの世界観や、慣れていない文化の中で、どの様に考え、感じ、そして行動するかを反映している。私たちは、個人が文化的自己認識を獲得し、文化の違いを明らかにすることを学び、それに感謝し、そして、ついに、異文化能力を構築する過程として他の人々に適応する、典型的な段階を見ることができる。

この過程は、異文化間感受性発展モデル Developmental model of Intercultural Sensitivity (**図** 5.1) で説明する。これは、私たちの経験や違いに対する舵取りにおいて、増強する洗練性の発展を説明する枠組みである (J. M. Bennett 1993; M. J. Bennett 1993; J. M. Bennett & M. J. Bennett 2004)。このモデルは、3 つの「**自文化至上主義 (ethnocentric)**」段階から始まり、その段階の中で、現実に対して、私たち自身の文化を中心に、いくつかの特有な形で経験される。このモデルの後の 3 つの段階は、「**文化相対主義 (ethnorelative)**」と名付けられており、ここでは、個人の文化は他の文化の文脈の中で解釈される。

★ **演習問題 5.3　ステレオタイプを崩す**

　活動の完結を様々な形で表すのに、地域共同体で奉仕した人々を表現する方法として、雑誌や新聞からの切り抜きや、言葉のイメージを使って、コラージュを作るのもいい。あるいは、あなたが奉仕する様子を、映画、テレビ、そしてラジオを含むメディアで放映される方法に、特別に注意を向け、いくつかのショーを見たり聞いたり、見聞きしたことをノートに取るなどしてもよい。人気メディアの、あなたの奉仕先の人々のグループの取り上げ方について、敢えて時間を費やして観察した後、次の質問に答えてみよう。

・これらの印象は、あなたが奉仕する地域についてのステレオタイプをどのように表しているか。
・このグループのステレオタイプはメディアで、どのように強化されているか。メディアはどのように消極的にこのグループを描いているか。
・このグループについてのステレオタイプの、メディアの中での挑戦はどのようなものだったか。メディアは、どのように、このグループについて積極的に描こうとしているか。
・これらの印象は、あなた自身が経験したこのグループでの経験と、どのように繋がっているか、異なっているか。これらの印象を見ることは、あなたが奉仕している個人の面々をあなたが見るうえで、手助けとなるか、または、不明瞭にさせるだろうか。それは、どのようなものか。

第一段階：違いに対しての否定段階

　他人を否定のフィルターで見る個人は、違いに気付くことを全く無視するか、極めて単純なカテゴリー化で考えるかのどちらかである。文化的違いを探し始めたばかりの人々はしばしば、彼らは文化を持っているということに気付かない、あるいは、他には存在しない彼らの世界の中での確実な特権が、存在しているということに気付かない。

異文化間感受性発展モデル

違いの経験

否定	防御	最少化	受容	適応	統合

自文化優越主義　　　　　　　　　　　　文化相対主義

図 5.1　異文化間感受性発展モデル
Bennett & Bennett（2004）より

　彼らは、彼ら自身の文化的フィルターについて聞かれた時、当惑する、そして、彼らの
人生における文化的違いの印象について無頓着である。次の日記は、ジェニファーという
学生のものであり、彼女のサービス・ラーニングの経験は、多文化コミュニティでの診療
所を計画している大家族のところで働くものである。

　　**講読で文化的様式を学んだ後に、これらの患者たちが自分とはかなり異なるとい
　　うことを予測していた、だから、私は、非常にものごとが順調に進んだことに驚
　　いた。私は自分と異なる人々と今まで会ったことがなかった。結局、健康管理は
　　健康管理で、あなたがどの文化からの出身であるということは関係ない。そして、
　　私たちは、皆同じ言語を話す。だから、私はここで、私としてあり続けていくこ
　　とに問題はない。**

第二段階：違いに対しての防御段階

　個人が、より力強い、洞察力を持つ形で、文化の違いに気付き始めた時、彼らは防御の
姿勢に滑り込むかもしれない。そこでは、彼らの世界観は、私たち　対　彼ら　の特徴に
分極化される。（「いま（やっと）、私は彼らが異なることに気付いた。彼らは悪だという
ことに気付いた！」）このように考える個人は他人を批判し、彼ら自身の文化の優越性を
強く主張するかもしれない。防御の視点における、一つの興味をそそる変化は、「逆転現象」
と呼ばれるもので、自分自身の文化を誹謗したり、いくつかの他の文化の在り方、やり方
を賞揚したりする。（「ネイティブアメリカンの生活は、私たちの支配的なアングロ系とは
違い、自然と調和している」とアングロサクソン系の学生が言う。）これは、表面的には
より文化的に感受性が高いと思われるが、実際はそれでもまだ、違いに対して、二元論的
であり、防御的反応が見られる。防御の対象物が単に変わっただけなのだ。
　次の日記の抜粋はトッドのものである。彼は、ジャーナリズムを専攻しており、ラテン
系地域社会の要望に焦点を当てている、小規模の新しい形の出版社に掲載する、地域に根

差したプロジェクトの記事を完成させようとしている。彼はこの地域社会の一員ではないが、依存症への影響に深く興味を持っている。そして、彼が奉仕を行っている、その地域のヘロイン治療についてのプロジェクト調査を行っている。

私のその診療所への訪問は本当にひどいものであった。幾人かの防御的で、私がなぜそこにいるのかを明らかに理解できない敵対心をもつ人々に出くわした。彼らはしかも、敵意を持っていた。私はそこに助けるためにいたのだということを、なぜ彼らは理解できなかったのか分からない。彼らは怒ると実際に怒りを露わにする。もし、彼らがもっと時間をかけて私を知ってくれれば、彼らの味方だということに気付いてくれるだろう。もし、私たちが、少しでも彼らを助けるために来たということを知ってくれたなら、彼らはそこまで無礼になるだろうか、と考え始めた。

第三段階：違いの最少化

　最少化の世界観に到達した人々は、一般的に異文化感受性に到達したと感じる、ほとんどの文脈において、表面的な違いにもかかわらず、私たちは皆同じであるという示唆は、通常存在する文化的バイアスを超えて、非常に大きな発展である。しかしながら、これは、恐らく文化の違いを避けるための、最も複雑な方法である。実に、もし、私たちが、私たちはすべてが同じであると心の底から信じれば、私たち自身の文化的様式を理解し、他を理解し、そしてついには、必要な適応をするといった、難しい作業をしなくてもよいことになる。それゆえに、この段階は、身体的、哲学的にも、いくつかの普遍的な文脈で、私たちは皆似ている、という憶測によって特徴づけられている。「結局、世界は小さい」である。
　経営学プログラムのマリアと彼女のチームは、彼らの地域に根差した学びのプロジェクトで、新しいマイノリティ・オウンド・スモールビジネス[7]のデータベースとウェブサイトの開発を行っていた。マリアは日記に、次のように記している：

ここの人々が、私の文化でも配慮していることと同じことに配慮しているということに気付いたことは、素晴らしいことだ。彼らも、お金を稼ぐために、経営をしたいということだ！だから価値観は実に普遍的だ！彼らは、違った食べ物を食べているようだ。服装も私たちとは少し異なるようだ。しかし、心の中では、私たちは明らかに同じ世界観を共有する。私たちすべてをまとめるのは、ある程度はテクノロジーであり、ある程度は人間の意欲である。この方法で作業はより簡単になることは間違いない。

7　Minority-owned small business.　ヒスパニック、先住民、アフリカ系アメリカ人等の民族的マイノリティな人々がオーナーの小規模ビジネス

第四段階：違いの受容

　私たち自身の文化に徐々に気付き始めると、いかに他の文化は、自分たちの文化と異なるものか、ということに気付き始め、それを「悪い」あるいは、「遅れている」というように批判することなしに、違いとして、この特徴を理解する。文化相対主義の段階へのこの動きは、私たち自身のフィルターを認めるための力と、他を理解するための私たちの判断を一時的に保留する力を示している。この意味で私たちは初めて、他の文化の世界観の複雑性や多様性を知るかもしれない。

　受容段階での人々は、（「彼らは箸を使うが、私たちは使わない」）というような行動の違いに、まず興味を持つ、そして、より複雑な観察を行う（「私は、まりこが彼女の感想を述べる前に、私たちのグループの会話を長い間観察し、慎重に考えていることに気付いた」）。最後には、受容の段階の人々は、明らかな価値観の違いを解読することができ、そして、受け入れることができる。しかしながら、これは、これらの価値観への同意をしたり、または、ひいきをしたりするということではなく、他の価値観の現実を受け入れるということである。

　それゆえに、受容段階の集団に属する人々は、彼らは「答え」、または「助け」をもたらすということを考えておらず、その集団環境の中で「一緒に学ぶ仲間」として作用している、というように考えている。例えば、ナターシャは、彼女の単位に必須であるサービス・ラーニングの一部として、彼女の地域のエイズホスピスでボランティアを行っている。

**　ホスピスに到着すると、今、違う世界に入ったことを知る。彼らを助けるために、この仕事をしているのだと考えるのと同時に、私自身が学んでおり、変化しているのであり、成長しているのであるということに、初めて気付いた。時には難しいこともある。患者の幾人かは同性愛者であり、彼らの文化について、私が理解すべきことすべてを理解しているか自信がなかったからだ。それでもなお、彼らの強さやユーモア、そして特に私がより役立つようになることを教えてくれようとする、彼らの忍耐に対して敬意を持とうと努めた。それは、お互いの世界の見方を繋げる作業をしているかのようだった。**

第五段階：違いへの適応

　適応に移行するために必要な意欲は、他と何かを成し遂げるために相互作用する必要がある時に湧くものである。この段階は、もはや（文化について知る）というマインドセットを持つだけでは不十分である。適応は、感情（違いに関わり続けるという意欲）そして、スキルセット（違いに関わるスキル）を合わせることが求められる。これらすべての要素を一つにすることは、個人の**共感**、異文化感受性の主要な能力を発達させる助けとなる。共感は、他の文化の考え方を取り入れたり、ものの考え方をシフトしたり、そして、他人

のものの見方の文脈の中で行動するための能力である。私たちの適切な枠組みの移行に基づき、関係の持ち方に適応する過程を、「コード・シフティング」と言う。相互的な学びの経験の一部として、私たちの挨拶の慣習や、問題解決方法、または、謝罪の様式に適応することもできる。

　適応の段階にいる人々は「異文化的に敏感になるために、自分らしさを放棄しなくてはならないのか」と思うかもしれない。例えば、「教会を中心とした無料食堂で働く時は、フェミニストであることを放棄しなくてはならないのか。」と言うように。異文化感受性は、あなたの個人的な行動のレパートリーへの追加物であり、削除ではない、と言えば理解しやすいかもしれない。あなたは、あなた自身であるが、適応性のある異文化専門知識をもった自分自身である。あなたは、あなた自身の価値観に責任を持ち、個人的な決断を自分の価値観にしたがって貫く、それと同時に他人が彼ら自身の文化的な見方において、同じくそれらを行うことも理解する。そしてあなたは、これらすべての考え方が共存するために、充分に大きな異文化の文脈を創造する挑戦に挑む。

　吉郎は地域に根差した学びのプロジェクトをデザインする授業チームの一員である。そのプロジェクトは、彼がよく知らない町の多文化エリアに位置しているのみならず、彼のチームは、6つの異なる民族グループから構成されている。

> **今学期、私は授業内での討論に懸命に参加しようと努力をしてきた。今年は、私にとって、3年目のアメリカ生活であるが、アメリカの授業での討論に参加することが、これほど難しいとは、考えたことがなかった。学生たちは、常にお互いに討論に割り込んでくる、だから、私は彼らのやり方に合わせて、より直接的になろうと努力した。それはとても難しいことであった。しかし、私のクラスメイトの何人かは、地域活動に入った時に、私の静かな対応が、そこではとても効果的で役立ったということに気付いた。だから、お互いに適応したのである。**

📈 演習問題5.4　能力の連続体

　この授業で、あなたがこれまでに書いた、自身の文章をすべて読み返してみよう。（これらは、この本で示唆した、省察活動の成果物でもよいし、他に完成させた課題でもよい）。これらの文章の中で、異文化感受性の発達段階の1つの段階、または、それ以上の段階を表している節をハイライトしよう。これらの発言について、何に気付いただろうか。この授業での作文課題を読み返すことは、異文化感受性を実践するあなたの能力への気付きに、どのような影響があるだろうか。この奉仕経験の中で、文化を跨いで働くためのあなたの能力は、どのように変わったか。何が具体的に、この変化を促したか。あなた自身の作文課題の中に現れているものとして、あなたの文化的謙虚さと異文化間能力の実践が、どのように奨励されてきただろうか。

これらの発言は、これまでの、あなたの地域での活動の有効性について、何を示唆しているか。これらから考えられる、今後あなたが人々や地域と協働し続け、あなた自身の異文化間能力を発達させ続けるために、さらに配慮するべきことは何だろうか。

第六段階：違いの統合

　持続的、徹底的な、異文化適応の当然の結果は、多文化性であり、多重の文化的アイデンティティの統合である。個々人が新しい文化で、意図的に、完全に有能になるための多大な持続的な努力をする時、そうなれるかもしれない。この適応は、非支配的グループメンバーが、支配的、あるいは植民地支配的文化に対して起こりうる、あるいは、いくつもの国で育った人々、あるいは、他の多文化の中で、長期間在住した長期滞在者に起こりうる。この適応は、二つあるいは、それ以上の文化に同時期に、どっぷりと浸かり、意識的に生活する個々人に起こりうる。

　この多文化アイデンティティは、様々な文化の中に、精力的に参加することを許可するが、しかし、決して「自分の家に落ち着く」という感覚はなく、それは稀であるかもしれない。家はあらゆるところにある状態となる。つまり、文化的存在としてのあなたの感覚は、非常に複雑になる。多文化性は、たくさんのものの見方を、すべての仕事にもたらし、問題解決の無数の方法や、コード・シフティングのために多数の可能性をもたらす。多文化性は、文化を跨いで非常に効果的に、敬意を持った協働を行ううえで、必ずしも必要条件ではないが（個人が自分自身のマインドセット、スキルセット、ハートセットを発展させれば、ますますこれは、可能になる）、そのような協働に従事することは、最終的には人を、この文化的能力の段階にたどり着くことを熱望させ、努力させることを鼓舞するかもしれない。

　ソラヤは、彼女の人生のほとんどを他の文化で過ごした化学エンジニアである。彼女の４年次のゼミである、地域に根差したプロジェクトで、彼女は地域の河川流域保全に打ち込む、環境担当で活動している。ソラヤは日記で次のことを記した：

> **私は、この活動担当を楽しんだ、なぜなら、問題解決をするために、自分の持つたくさんの文化的な枠組みを使うことができたからである。私が住んだことのある、それぞれの文化で、人々は課題を異なる形で解決する。私は、一つの枠から、別の枠へと移行することができ、それと同時に、自分自身を見失ってはいない。私は、違いをもたらしたり、私自身のすべての部分を承認したりすることが、何よりも心地よく感じる。**

更なる前進への一歩：権力の探求と特権の解明

　異文化的に敏感でありかつ有能になるということは、異なる文化の有様あるいはやり方を取り入れている他人と首尾よく仕事をしていくことの基本である。このような違いははっきりしていて明確かもしれないし、かなり微妙であるものかもしれない。文化的に謙虚であるという立場を取るということは、準備段階として、文化的に裏付けされた多様性豊かな土壌となる、人道的なあり方及びやり方の多くの表現に対して、偏見なく居られるということになる。

　さらにもう一歩推し進めるために、歴史上そして引き続き現在において社会的、政治的に恵まれない境遇にいるグループの人々の有様を探求することを、私たちは選択するかもしれない。このような状況は、人として無用のものとして取り扱うこと——他の人に与えられた権力、機会や資源への利用権利を個人やグループから排除あるいは分離することとして言及される。地域社会との協力関係を考慮するにあたり、あなたが奉仕している地域社会の中でどのようにこの**疎外化**が行われているのか考えてほしい。言い換えると、地域社会との協力関係においてあなたの従事している社会的及び政治的な現実から、人種差別主義（人種や民族による排除）、階級主義（社会経済的状況による排除）、同性愛者に対する偏見（性的指向による排除）、その他の種類の**差別化**などが克明にならないだろうか。さらに、このクラスというコミュニティに属している間やこの特有の社会環境に携わった後、このような社会的不公正に対して私たち一人一人が何かできないだろうか。

　Giroux（1983）や Solorzano（1997）によると、「疎外されている」人たちは、社会的、政治的に隔離を強いられていた境界を超える変化により、権限を行使できるようになる。この洞察は、サービス・ラーニングのクラスにいる学生の経験において特に大切なものだ。つまり、疎外化されている人たち——権力の中心の外側に自分を見出す人たち——は行動を起こすことにより失うものが少なく、得るものが多いため、変化を扇動する行動を起こしやすい。制度や組織は歴史的に公民権を奪い、いくつかの団体を切り離したかもしれないが、社会的な状況を改善する本当の見込みは、自分の生身の経験を通して孤立や排除を最もよく理解している人たちと（少なくともある程度）協力するところに存在する。CBL の学習者である私たちの多くは、私たちの生活のいくつかの側面でどのように疎外化を経験したのか、また他の側面では、どのように権力を利用するのかを理解することにより、他の人と協力して、協力者として、私たちみんなが望む変化をどのようにもたらすことができるのか、より正確に理解できる手助けとなるだろう。

　よく知られ、広く利用されている論文の中で、Peggy McIntosh は、白い肌に基づいて、自分が経験した**特権**、労せずに得た恩恵という事実を認識したことについて書いている（McIntosh 1988）。McIntosh は、このような恩恵は自分で求めなくても、単に自分が支配者のグループの一員であることから得られると書いている。さらに、これらの特権を調べたりしたり、存在することを認識することすら教えられていない。なぜなら、差別というものは、他の人に不利益を与える何かであると理解しているかもしれないが、白

い肌を持つことによって白人を明らかに有利にするということから特権というものが来ていることは、私たちは大抵見ないように教えられている。

> **学校教育では、自分のことを… 不公平に有利な人と見るような訓練はなかった。自分のことについては、個人の道徳的な状態は個人の道徳的意志に依存するものだと自分を見るように教えられた。学校教育は Elizabeth Minnich が指摘したような図式に従った。つまり、白人は道徳的に中立で、規範的、そして平均的、また理想的なもののように人生を考える、それでいて、他の人に恩恵をもたらすような仕事をする時は「彼ら」に「私たち」のようになることができるようにしてあげているかのように。(McIntosh 1988: 1)**

　論文の中で、McIntosh は、アメリカにおける支配的な人種グループの一員であることにより恩恵を得ているたくさんの例を挙げている。とりわけ、世の中に存在していることによる日常的な恩恵を例に取り入れている。例えば、「大抵は一人で買い物に行ける、あとをつけられたり、嫌がらせをされたりするようなことはまずない」、また深い社会問題においても「『責任者』に話すことを頼んだら、間違いなく私の人種の人と向き合うことになるだろう」、広い政治的な事柄にしても「世界の大半を占める有色人種の言語や習慣を忘れ続けることもできる。私の文化の中ではその忘却に対するペナルティを感じることもなく」といった例である（McIntosh 1988: 1）。
　特権がどのように作用するのか、理解するのがとても困難でとても掴み難く、大抵は目に見えなくて複雑なので、特権を経験している人が、特権を持っていること、そしてそれが文化間でうまく仕事をするのにどのように妨げとなっているのかを十分に理解するのは本当に困難であるという可能性がある。アイデンティティという複雑な性質のために——いくつかの点においては私たちのアイデンティティは支配層の文化と一致していることからくる特権を私たちのほとんどが経験していることから——私たちは全員、権力を利用するのかしないか、そして権力がどのように社会的、政治的な利害と結びついているのかを探る責任がある。
　例えば、家族の中で大学に行った最初の世代で、労働者階級の背景を持つ学生を例にとって考えてみよう。この学生は、あなたか、あるいは CBL のクラスであなたと一緒に座っている人かもしれない。彼は、家族の中では初めて高等教育機関に臨むので、学内での最初の日々、新しい環境で複雑なシステムをうまく使いこなすことが非常に大きな挑戦だと思うかもしれない。科目をどのように登録するのか、図書館のカードや食事計画をどのように登録するか、クラスを追加する要請を教授にどのように交渉するのかなどだ。彼の家族はこのような点についての経験に欠けているので、中級や上級階級で両親や兄弟が何を期待して、どのように使いこなしていくのか教えてくれる学生と比べると、これらのシステムを理解するのにとても苦労するかもしれない。このような場面で、大学第一世代の学生は不利なだけではなく、大学に行ったことのある家族を持つ学生は、それに近いような

117

特権を持っている。この学生は恩恵を求めなかったのではなく、大抵はそれが存在することすら知らないので、もちろんこの特権を持っていることで悪い人だということではないのだが、この特権は存在し、彼女の自覚に関わらず彼女に恩恵をもたらすのだ。

　もう一つの特権に対する考え方は、社会学者による研究から来ている。Pierre Bourdieu（1977）は、**文化資源**を特別なものまたは皆が平等に入手できるわけではない内部情報として捉えた。もし私たちが、経済学者のように『資源』を『富』と同意語のように理解するなら、特別な文化の経験が他のものより大変価値が高いものになりうるかもしれないということがわかり始める。なぜなら、このような経験がこれらの所有者にとって権力や資源に活用できるある種の態度や知識に転移するからだ。前に例として引いた大学第一世代の学生は、彼のクラスメイトのように学校の最初の日々に「使う」同じ文化資源を所有していなかった。したがって、特別な時間とエネルギーを費やさなければならなかったのだ。同様に、協力関係において私たちが奉仕している人たちにどのように文化資源を適用するのか、そして特定かつとても高価な代償や役立つ情報をグループ全体から疎外しどのように権利の利用を制限するのか、というように文化資源を考えるかもしれない。

　貢献活動をしている学習者として、私たちはどの特権がどのグループに制度として付属しているのか探る責任がある。私たちの地域社会での協力関係において文化的力学が動いているのかよりよく理解するため、そして私たちの異文化適応能力を開発するためである。ガイドとしては、McIntosh（1988）が白色の肌の特権を見極めた表を提示しており、特権を探る方法として**演習問題5.5　特権を探る**の中で使うことができる。

私たちが何を見るかは、私たちがどんな立場をとっているかにかかっている

　さてあなたがどのように特権を経験し所有するのか詳しく探ってみたところで、大局を見るため枠組みを広げてみよう。私たちが全員どのように抑圧的な構造やシステムの中にいて、サービス学習者として、それがどのような意味を持つのかということをより完全に理解するために。

　Kathy Kelly は、平和と人権に生涯を捧げ、創造的かつ非暴力を推進する仕事でノーベル賞の候補に挙がった活動家だが、彼女は「私たちが何を見るかは、私たちがどこに位置しているかにかかっている」と言い切っている（Kelly 2011）。例えば、アフガニスタンとの論争をどのように捉えるかは、その人たちが、アメリカの政策担当者か、アメリカの兵隊か、アフガニスタンの戦士か、アフガニスタンの子どもなのかによって異なる。それぞれが同じ状況を個々人の見方から違う話をするだろう。

　この概念は、**立場論**の素晴らしい定義で、識別されたグループ制が世の中を認識するのにどのように私たちを位置づけるかということを理解するための枠組みを示唆してくれる。**見地論**は、私たちが、ある集団の一員であることによって、どのように権限を与えら

れたり、特権を与えられたりするのか、と同じく、他の集団の一員であることによって、特権を欠如したり、権力を利用するのかということをより深く理解させてくれる。私たちが権力や特権を所有する集団に関して、**行為者**という立場をとっているが、社会的、政治的に疎外化された集団の一員である場合は、**標的**とみなされる立場についている。一生のうちに、私たちは全員標的、行為人の両方の立場を確保し、どんな時でも、**社会的立場**のすべてにおいて、両方の立場をよく行ったり来たりしているのだ。例えば、家族の中や文化内では、子どものように見られたり、振る舞ったりする一方、仕事場や学校ではリーダーシップや影響力のある位置につくことがある。私たちがそのような立場でどのように権力を与えられたり（また権力を無くしたり）するのかということは、社会的立場における難問であり、行為人と標的の両方の立場を私たちはいつでもとっているかもしれない有様となっている所以である。

　Patricia Hill Collins は彼女の初期の研究 *Toward a New Vision: Race, Class, and Gender as Categories of Analysis and Connection*（新しい未来像に向けて：分析と結合の分類としての人種、階級、ジェンダー[8]）(1993) の中で、「私たちの思考や行動がどのように誰かの従属関係を支えているのか」(Collins 1993: 98)、社会レベルで存在する**交錯している**抑圧というものを微妙かつ力強く、明確に表現している。サービス・ラーニングの内容では、私たちの特権のありかを探求することが必要不可欠で、そうすれば他人との被抑圧的に関わる力になるかもしれないし、さもなければ、私たちが奉仕している人たちにたやすく害を及ぼすかもしれない。私たちが、自分の考え方が正しく本当でどんな状況で誰にでも当てはまるという、自己分析していないところから操作すれば、異なる社会の力が人々の人生に違ったように作用することを認識することができないだろうし、私たちの違いにもかかわらず他人に自分の偏見を押し付ける危険がある。

　私たちの考察する枠組みが広がったところで、この世界において社会的、政治的に力を及ぼしている抑圧が交錯している組織を見てみよう。社会運動（例えば、アメリカにおける労働、市民権、女性解放、ゲイ・レズビアン権利、トランスジェンダーの解放など）で可能となり得たものがあるにもかかわらず、私たちの世界は人種差別、自文化優越主義、階層主義、ジェンダーの抑圧、同性愛者への偏見、能力主義、子供は大人の支配下にあるという考え方（若者を標的としたもの）、年齢差別（老人を標的としたもの）、宗教的抑圧によってまだ深く刻印されている (Morgan 1996)。私たちの社会的な位置がこのような形の抑圧に関して私たちを違ったように身分づけているのだ。私たち全員が抑圧、そして権力を他人に押し付けることの両方を人生において体験するように。

　考えてみてほしい。例えば、男子学生が子どもたちを教えたいけれども、ゲイと見られたくなくてこれを職業の選択から外すかもしれない。この例で、この男子学生当人は、同性愛を自称しているかもしれないし、していないかもしれない。もし彼がゲイを自認していて、標的立場であれば、仕事変換の計画は標的グループの一員として経験した者として

8　邦訳は未刊行のため、本書では訳者による抄訳を用いた。

の抑圧への調整である。もし彼がストレートと自認していれば、同性愛者恐怖症や同性愛者の偏見の標的ではない（よって抑圧されていない）けれども、教える動機に疑問を呈する同性愛者恐怖症の影響を明らかに受けている。

　または、車椅子に乗った大学生が、クラスの初日、サービス・ラーニングの教員から、サービス・ラーニングの代わりに加点することのできるプロジェクトを彼女の障がいのために勧められたらどうだろうか。この学生は、能力主義による標的となっていて、皆と同じように特別な技や能力がある誰かというより、物事をやることができない誰かとみなされている。この教員はこの学生がサービス・ラーニングのクラスの中で、どのように参加するのか十分に話し合う代わりに、この学生がクラスの中で、何を達成でき、あるいはできないかを彼女の代わりに決めることによる抑圧で、この学生を逆に標的にしていたのだ。

　言い換えると、私たちが標的立場にいる時——すなわち、社会レベルのグループの一員として権力や特権に欠けている時——私たちは抑圧を経験し、ミクロ、マクロ両方のレベルにおいて様々な有様が明らかになってくる。私たちが行為者の立場をとり、この立場から来る権力や特権をそれとなくあてにしている時（McIntosh [1988] がこの章の前半で示したように）、私たちは自分の立場に気がつかないでいる。つまり、McIntosh が白人の女性として彼女自身の特権の立場から省察するに従い、これが特権の現れであり、行為者はこれらを特権として全く見ないということを認識する。

　McIntosh にとって、特権を所有すること——単に行為者の一員であることで受け取る不当な特典——は、誰かに後をつけられたり困らされたりせずに店や商店街で買い物ができると、白人として「暗に」了解している。あるいは、違いを超えて創造的な協力について言葉でこの章を開けてくれた学生のマイケルの例を見てみよう。マイケルの社会的な位置を理解するために、彼の持つシンボルをさらに詳しく（マイケルの了解のもと）見る必要がある。彼は 22 才、白人、健康体で、無宗教者、シスジェンダー（出生時に診断された身体的性別と自身の性自認が一致しているという意味）でストレート；中流階級の家族に育った。

　マイケルの生い立ち、現在生活し勉強しそして働いている中での支配的な文化——すなわち 20 世紀初頭におけるアメリカ合衆国の支配的な文化——を見ると、人種、階級、性、ジェンダー、性的関心を示す**相違の分類**の中で、彼の社会的位置を通してマイケルが行為者の立場をとっていることが分かる。マイケルは宗教の分類の中では標的とみなされる立場をとっていて、年齢の分類では、行為者と標的の立場が交差する先端に立っている。

　私たちの社会的な位置やこれらの位置が私たちに特権を与えかつ私たちを境界の外へ追いやるということを理解することは、個人に責任を取ることではなく、また少なくとも、避難の転換の練習をすることではない。逆に、奉仕による真実の意義ある学びの精神において、私たちの社会的位置、そして共同学習経験の持つ意味を私たちそれぞれが探求することで、自分自身をそしてお互いを理解することができ、権力や特権の影響力を行使することができ、コミュニティに前向きな変化をもたらすことができる。そして、少なくとも、社会的位置を理解することで私たちがどこに立っているのか、という情報をもらうので、

学びの奉仕において私たちの批判的思考能力により良く携わることができるのだ。

　このことについては、第13章でさらに触れる。そしてこの章の最後に、再度マイケルから聞いてみよう。その間、あなたがどういう立場に立っているか、何を見るのか、そして学生であるということ、サービス・ラーニングの学習者であるということ、そして人間としてそれはどういう意味を持つのかを振り返るために、**演習問題5.6　私の社会的位置づけを地図として作成する**に取り組んでほしい。

結論

　最初の出発時点に戻ろう。私たちのCBL学習者のマイケルと、共同パートナーシップが今まで経験したグループ活動より、どのようにもっと創造性をもたらしたかを振り返りながら。異文化間の感受性、権力、そして特権などについて学んだことを尋ねられて、マイケルは次のように言っている。

> 最初に、認めざるを得ないのですが、私はこの特権なんかについては防御的でした。中級階級の家庭に育った白人男性として、これは私や私のような良い躾を受けた人々を攻撃するものの様に見えました。最初は、自分が違う誰かのように振舞ったり、自分が自分であることを謝罪したり、恥じたりするようになっていると思われました。けれどもこのクラスにいて、いくつかの新しい視点を得ようとしています。私の世の中の位置のために特権を私が利用することを否定するのではなく、それらを認識するべきであり、そのことによって異なる背景の人々とよりうまくコミュニケーションができるようになります。今は自分が自分自身と他の人のために、自分の特権を使う選択ができるということを認識しています。自分には大学にいるという特権があり、そのためにこのコミュニティの団体とお年寄りのための食事配達という新しいマーケティング戦略を結びつける機会があります。

> 私の教授がおっしゃったあることが特に心に焼き付いています。みなさん、他の人に接する時は、自分に接して欲しいようにするという、黄金のルールを学んでいますね。教授は、異文化の関係においては、プラチナのルール［M. Bennett 1979］を代わりに使うべきだとおっしゃいました：「他人にその人たちが接して欲しいように接する。」そうするためには、お互いをよく知らなければなりません。そして本当に人をよく知るようになるために、私たちは、私たちの違いに関わらず、コミュニケーションに秀でなければならないのです。私自身の社会的位置を見ることによって、今私は、老人がただの画一的なグループではないことを理解しています。彼らは、人種、民族、階級、のような様々な要因に基づいて、違う社会位置を占めている人々です——そしてもし私がこの人たち全員に届く

ようなマーケティングの計画を開発するにあたって成功したいのであれば、「彼らが（社会地図の）どこに位置しているのか」を理解する必要があり、そうすれば私のメッセージも彼らに届き、行動を促すことができるでしょう。

　他のものすべてのように、概念及び実践としての「奉仕」は、複雑な文化的なアイデンティティとそのアイデンティティに関連した私たちが所有している（あるいは所有していない）特権によって明らかになる。私たちは、あなたが奉仕する動機の真髄、そしてその動機が他の人に与える可能性のある影響をあなたにさらに深く追求してほしいとお願いすることで、この章を閉じたいと思う。特権を確認していないと、私たちの位置を「中立、規範的、そして平均的、また理想的なものとみなし、他の人のために働く時には『彼ら』をあたかも『私たち』のようにさせてあげているかのように見える」（McIntosh 1988: 1）という McIntosh の言葉を覚えておいて、奉仕において私たちが文化的に情報を与えられている位置をどのような枠に入れるかもしれないかを認識してほしい。そうすればその位置が、社会正義や社会変革の行為者としての場所から奉仕するような方向性を示唆してくれるかもしれない。私たち全員が恩恵を得るために。

★ 演習問題 5.5　特権を探る

　まず、Peggy McIntosh の論文 *White Privilege: Unpacking the Invisible Knapsack*（白人特権；目に見えないリュックサックを開ける[9]）（インターネット上のいくつかのサイトに無料の要約あり）を読み、その後、以下の質問に答えよう。

・これを読んだ後、どのような感情が湧いてきたか。湧きあがってきた感覚や感情を正確に記述してみよう。人種や民族に関してあなた自身の特権あるいは特権がないことの経験からくる、この込み入った感情からどのような知識を得ることができるか。

・あなたの複雑な文化のアイデンティティをもとに、どのようにこれを読み解いたか。例えば、あなたの社会経済の階級、民族、母国語、性別、性的指向、身体的・感情上の能力、精神性・宗教、政治観、その他の識別項目によって、何か特別な読み方をしたか。

・この文献があなたの地域社会での協力関係の経験とどのように結びついたか。McIntosh の一覧表をあなた自身の経験に照らし合わせるなら、権力や特権に関するあなたの立場と、コミュニティパートナーに奉仕している他の人の立場との間に、何か交わるものがあるだろうか。この論文をあなたの立場に当てはめることによって、あなたとコミュニティパートナーとの間で何か食い違うものがあるだろうか。

・クラスの中で他の人やコミュニティパートナーと作業し、異文化間の能力を高める

9　邦訳は未刊行のため、本書では訳者による抄訳を用いた。

にあたり、権力や特権に対するあなたの意識を啓発するということがどのような意味合いを帯びてきたか。

重要な概念

行為者の立場	相違の分類
文化資源	文化的謙虚さ
文化的自己認識	文化
差別	共感
自文化優越主義的な	文化相対主義的な
一般化	心の持ち方
異文化間の	異文化間の能力
交差性、交錯性	疎外化
マインドセット	特権
スキルセット	社会的位置づけ
立場論、見地論	固定概念
標的とみなされる立場	

重要な問い

・「異文化の」状況とは何か。特に CBL の学習にどのように関係するか。
・効果的な異文化間コミュニケーションに向けて、あなたの思考態度、知識や技能、心の持ち方をどのように順応させていこうとしているか。
・一般化するということが、私たちにとって馴染みのない文化に慣れていくことにどのような手助けとなるか。ステレオタイプが私たちの理解をどのように妨げるか。
・権力、疎外化、差別、そして特権が個々人、クラスメイトとの関係や地域社会での協力関係にどのような影響を及ぼすだろうか。

追加演習問題

 演習問題 5.6　私の社会的位置づけを地図として作成する

　まず、Patricia Hill Collins（1993）のエッセイを読んでほしい。（何冊かの論集や次のウェブサイトで入手可能　http://www.memphis.edu/crow/pdfs/Toward_a_New_Vision_-_Race_Class_and_Gender_-_-_.pdf).
　それからこの章のすべての情報、あなたの省察や行ったことすべてを振り返って

みよう。さあ、あなたの社会における位置関係の地図を作ろう。自分を紙の中心に
置き、それから様々な相違の分類（人種、民族、社会階級、性別ジェンダー、性的関心、
能力、年齢、宗教、国籍、言葉）に関して、あなたに関連するすべての項目を書き
出そう。違う色を使って、実際の立場と標的立場として加わっているものを項目化
してみよう。それから、今学期サービス・ワーカーとしてあなたの仕事に携わる特
別な事柄やあなたの洞察などを地図の中に加えて書き込もう。自分自身の地図を作
ろう：今学期、あなたにとってサービス・ラーニングとは何だったのか、あなたの
コミュニティ・ワークで大前進を遂げたものは、この社会の地図上ではどのように
位置付けられるだろうか。

　次に、以下の質問に対応する短い省察を描いてみよう：あなたは自分の奉仕をど
のように「観察」するのか。その観察がこの地図上に象徴されているあなたの社会
的位置付けとどのように繋がっているか。さらに大きな自覚、誠実さ、効力を兼ね
備えたサービスラーナーとしてあなたの枠を広げその役割を果たすために、あなた
と似たような人、あるいはあなたと異なる人とどのように意図的に関わっていくの
だろうか。

教室内外での学びと意味構成の促進

　第3部（第6章〜第10章）の到達目標は、地域社会での貢献活動体験について理解するための多様な場所について、学習が順調に進んでいる場合、そうでない場合の両方を取り上げる。特に考えたいことは、学習者がそれぞれの体験から意味や知識を構築するために振り返りをどう活用するか、助言や指導を行う立場からそうした新しい見識を他者の成長や発達の促進にどう活用するか、コミュニティでのやりとりが期待外れで失敗に終わった場合に何ができるか、科目や専攻の文脈で貢献活動から学習できることや将来の進路についてどう考えるか、について議論する。

演習問題等の記号：

 必修問題。個人ワークでもグループワークでも必ず取り組んでほしい。

 選択問題。より深く理解するための一助となるので、できるだけ活用してほしい。

 選択問題。地域社会の課題解決し変革を進めるうえで有益な資源や情報を得るために活用してほしい。

第6章　リフレクション・イン・アクション：
学習と活動の関係

ピーター・J・コリアル、デラフルーズ・R・ウィリアムズ（翻訳　黒沼　敦子、吉川　幸）

私は、人々がなぜ特定の方法を信じているのかを説明することは難しいことが多いことに気が付きました。私がレポート作成の宿題でさせられていたのは、まさにそのようなことです。私の価値観や考え方のパターンを記録するこの過程に、私が持っていたエネルギーのほとんどすべてが費やされました。

　前章で私たちは、「市民性とは何か」から「グループで私はどのような存在か」という幅広いテーマに関して、様々な**省察**の練習をするように勧めた。何が、厳密に省察の過程なのか。学びと学びを伝える方法を最大化し、あなたの人生に影響を与えるために、学生としてどうすればより深く省察できるようになるだろうか。

　複数のサービス・ラーニング研究者は、成功する省察の特徴を明らかにしている。

（www.compact.org/disciplines/reflection.index.html; Eyler, Giles & Schmiede 1996）

・**継続的に**：省察は十分に役立つよう事前、活動中、そして活動プロジェクトが完了した後で行われなければならない。
・**挑戦的な**：効果的な省察とは、概念間の新しい繋がりを作り、新しい考え方をするために、居心地のよい場所から自分自身を押し出すことである。
・**関連のある**：成功する省察は、活動経験と学問分野に基づく知識の架け橋となることができる。
・**文脈化された**：効果的な省察は、活動経験が起こった文脈に適した方法で構成される。

　私たちはこの本で継続的に、挑戦的な、関連のある、そして文脈化された省察に携わるように活動を設計した。本章では、省察の過程と**深い省察**に必要な要素をより詳しく見ていく。

なぜ省察するのか

　なぜサービス・ラーニングの授業では省察がそんなに強調されるのか。省察は、学生として授業で学んだことと地域社会で経験することを繋ぎ、行ったり来たりする橋の役割を果たす。サービス・ラーニングの授業の文脈における省察は、科目の内容を通して吸収してきたことと大学の外にある地域社会を統合する。

　内省的な実践を行うことは、学生にとって他のメリットと結びついている。Mabry

（1998）は、23 の異なるサービス・ラーニング科目の学生で、省察の練習に参加した学生が、サービス・ラーニングのプロジェクトに参加したけれども省察の練習にいなかった学生よりも、活動経験に起因するより多くの学びがあることを発見した。

Eyler and Giles（1999）も省察が大学生の学問的成果に肯定的な影響があると言及している。さらに研究者たちは、感情的な出来事について書き記された省察は、不安や落ち込みを軽減するのに役立つことを発見した（Bringle & Hatcher 1999, Pennebaker 1990）。学生が 4 日間連続でトラウマ的な出来事や特別な話題を書いた実証研究では、Pennebake, Kiecolt-Glaser, Glaser（1988）がトラウマ的な人生の出来事について省察した学生のほうがより好ましい免疫システムの反応があり、保健センターを訪れる回数が少なく、そして主観的な幸福感が高いことを見つけた。これらの研究者たちは、健康の改善を示した人と改善しなかった人を区別する最も重要な要因は、因果的思考、洞察力、内省を話の中に取り入れる能力であることを発見した。これらの調査研究は、サービス・ラーニングにおいて人格的にも学問的にも意味のある省察を促進する活動が知的にも健康に関しても利益をもたらす可能性があることを示唆している。

省察をサービス・ラーニングに繋げること

心理学者の Irwin Altman（1996）は 3 つの異なる知識の種類について明らかにしている。**内容に関する知識**は、決まりきった事実を学ぶこと（例えば、オレゴン州の州都はセイラムであるということ）、**過程の知識**または技能は、何かのやり方を学ぶこと（例えば図書館のデータベースをどのように探すか）、そして**社会的に意味のある知識**は、個人の視点を特定の社会的な文脈の中にある内容と繋げる（例えば、行動主義を通してどのような社会変革をもたらすかという）ことである。伝統的な教授方法は典型的に内容に関する知識、そして、時々過程の知識を生み出す。しかし、サービス・ラーニングは、内容と過程の知識を促進する教授と学習があり、同時に社会的に意味のある知識を学生の中に深めさせる。これを実現させる鍵となるのが省察である。

> 私はこの授業を取る前、非常に短絡的でした。私は今日の教育者が直面しているいかなる問題について何も考えがありませんでした。今、私は情報も知識もあり、私が社会に対して何か貢献できることがあると思っています。私の教師としての仕事は、どんな時でも私が仕事をしている特定のクラスを教えることだけでなく、学ぶことにわくわくすることや世界に役立つ本当の情熱を見せることであると理解しています。

実用主義哲学者の John Dewey（1933）が最初に発展させてきた思想を踏まえて、サービス・ラーニング授業の文脈の中で「省察」を「どのようにある個人や他者がある経験と関係しており、特定の授業内容と学習目標の観点から考察されているかを伴った、個人の

意図的で体系的な経験の考察」と定義する。成功するサービス・ラーニングは、活動前、活動中、活動後の省察、重ねて言うが「意図的で体系的な経験の考察」を不可欠なものとして含む。Toole and Toole（2001）は省察を**サービス・ラーニングのサイクル**の中心となる特徴として位置付けた。このサイクルの各段階について読む時には、サービス・ラーニング経験とその体験を通して行った省察が、どのようにこれらの段階に当てはまるか考えてみるとよいだろう。この本の前の章にざっと目を通して、既に完了した演習問題を各段階に合わせることができるだろう。**図 6.1** はそれぞれの段階を解説している。

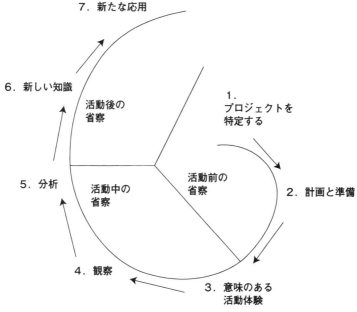

図 6.1　省察とサービス・ラーニングのサイクル
Toole & Toole（2001）より

活動前の省察：省察は、サービス・ラーニング・プロジェクトの最初の段階で重要な役割を果たす。サービス・ラーニング経験を明らかにし、成果を計画した時に、既に自ら（そしておそらくグループの一部分として）省察に関わっている。

1.　**プロジェクトを特定する**：どの地域社会の問題に焦点を当てるか、そして、どの特定のプロジェクトに取り組むかを決めるために役に立つ枠組みを提供するために、地域社会の重要な問題に対する認識を高める省察の訓練を完了する。

2.　**計画と準備**：各問題の可能な解決策とともに、プロジェクトに関連する予期せぬ問題に対処するための緊急時対応策としての機能を果たしうる、プロジェクトに伴って生

じるすべての潜在的な問題を想像するようにし、つまり計画と準備の過程において助けとなるような省察の訓練を完了する。

活動中の省察：省察は、サービス・ラーニング経験の成功のために重要であり続ける。

3. **意味のある活動体験**：自分個人の反応や洞察を伴って、どのように授業方針や学問分野の知識と活動体験を結びつけるか省察する機会があるだろう。

4. **観察**：活動体験の最中や直後に、活動体験の一部としての個人の反応とともに、社会的な文脈でプロジェクトを描写するように導かれるだろう。

5. **分析**：活動体験をより理解するための手段として、学問分野の知識と授業方針を応用するための追加の省察の宿題が、描写と反応を超えるのに役立つだろう。

活動後の省察：省察は、現在の状況をより深く分析し、達成したことをより大きくアセスメントするのに役立つだろう。

6. **新しい知識**：サービス・ラーニング授業の結果として、地域社会の問題に対する理解をどのように広げ深めたかについて、自己理解の意識の高まりを促進する省察の訓練を完了する。

7. **新たな応用**：省察の訓練によって、学んだことと活動の目標の成果を評価し、そして活動体験から得た教訓を俯瞰的な視点を持って見直すことができる。そうすることで、現在のサービス・ラーニング経験から得た教訓を、他の地域参画活動に適用して、肯定的な結果を生み出すことができるような問題や社会的文脈の特定に繋がるだろう。

省察のモデル

　先程述べたように、省察は活動経験が学びに結びつけられ、学びが意味を持って呈される方法である。John Dewey は、省察が学びを得るために果たす重要な役割を認識した最初の思想家だった。Dewey は、省察や内省的思考が、いかなる経験も「教育的」であるかどうか、つまり学びを伴うかどうかの鍵になると主張した（Dewey 1933）。省察は観察と事実の世界と観念の世界を結びつけるものである。Dewey にとって、内省的思考は何も考えず漂うように生きている状態から、望ましい目標を達成するための手段として現在の状況と過去の経験や知識を繋げるように個人を動かすことなのである。目標とは、おそらく将来において地域社会に対してよい活動をどのように提供できるかということについて、より十分な情報を得た上での意思決定ができるようにするという根本的なものであろう。

Deweyにとって、省察とは経験以上のものである。彼は、経験を真に理解するためには、自分が経験とどう関係づけられるのか、またどのように影響を受けているのかを理解することが必須であると考えていた。自分自身のサービス・ラーニング経験を省察する時、望ましい目標を達成するための手段として現在の状況と過去の経験や知識を繋げるような過程の真っただ中に自分を置くことが重要である。

Kolb（1984）は**経験学習モデル**を開発することで Dewey の内省的思考の業績の基盤を構築した（**図6.2**）。経験はこのモデルの土台となるもので、学びは経験の変容を通して知識が創造される過程と見なされている。Kolb は、知識に「変容する」ような経験を「把握」もしくは理解することを繰り返すパターンを含む経験学習の循環モデルを開発した。このモデルによって活動を通して学ぶ有機的な過程を理解する概念的枠組みが示された。

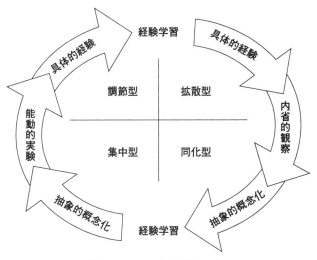

図6.2　Kolb の経験学習モデル

Kolb（1984）より

Kolb の経験学習モデルの段階を、ティナという地元のフードバンクで貧困撲滅広告キャンペーンに従事した学生の例を使って説明してみる。ティナがフードバンクで最初に活動し始めた時、彼女は活動経験が他の学校や日常の出来事と違ってかなり独特であると気が付いた。Kolb がモデルの**具体的経験**の段階と呼んでいるものの中で、ティナはこれが彼女がこれまでに経験したことがあるものとは根本的に異なるものであると理解している。ティナの日誌を読むと次のように書かれている。

　私は授業の一環としてこのような経験をするとは想像もしたことがありませんでした。私がフードバンクで働いた時間は、別の授業で期末レポートを書くのとも、週末にフードバンクで人々が買い物をするのを見るのとも、根本的に違っていました。

次に、ティナが具体的な活動経験に対する彼女の個人的な反応を省察し始めて、モデルの**内省的観察**の段階に入る。

> だんだん慣れてきたけれど、来る日も来る日もフードバンクで働いて、私の友人や家族のような大勢の人が来るのを見て、時々非常に圧倒されることがあります。私は食べるものが十分にない人々というのは、単に稼ぐために一生懸命働いていないとか、お金を無駄に使っているのだといつも思っていました。今私が目にしている人々とは違うように思います。

活動経験の最初の観察と描写は、意図的な省察の過程を通して、今個人的に関連のある何かに変容してきている。

モデルの第3段階の**抽象的概念化**では、ティナは活動経験を描写的な視点から概念的なものに再記述するために、以前習得した授業に関係した知識や理論に結び付けている。

> 州内の社会的不平等や政治的な問題に関する授業で学んだ教材を元にして、私のフードバンクでの活動経験は単なるフィールドワーク以上のものとなりました。それは、個々の社会問題として表れていること、例えば貧困が、本当は社会レベルの構造的な不平等の結果であることを直に検証する機会となりました。私の州でひもじい思いをしている個々の人々のことを考えることが、私たちの地域の個々の農家に悪影響を与える政治的な決定とつながっているということを、正直に言って、私はこれまでに理解もしていなかったし本当に関心もありませんでした。

最終的に、**能動的実験**の段階で、ティナは抽象的概念化の段階で活動経験の理解を新たに深めたことによって、彼女がこの状況に対して新たに理解したことを、彼女が個人として選択できる一連の選択肢の枠の中で応用するきっかけを得ている。

> もし私たちの州の貧困が個人的なレベルに帰する要因よりも社会的なものによって生じているものとしてもっと理解されれば、同様の視点は、ホームレスや非識字などの他の問題を理解するのに役立つ視点を与えてくれるだろうか。これらの問題にある関係性とは何だろうか。これらのことも私はどのように理解できるだろうか。

新しい設定でこの実験を行うことで、学生はモデルの最初の具体的経験に戻り、またサイクルを始めることになる。

Kolbの4つの段階で構成された学習過程の異なる要素は、4つの異なる学習スタイルとも関連している。それぞれの学習スタイルは、その直前か直後の学習過程の段階によって定義され、それぞれは学生が習得する異なる一連のスキルを表している。

次へ行く前に、少し時間をとってもう一度、**演習問題4.3 マシュマロとスパゲッティ**

を取り上げてみよう。ご存知のように、この演習ではそれぞれのグループがスパゲッティを一袋とマシュマロを一袋受け取った。この演習の目的は、グループがマシュマロとスパゲッティで可能な限り高いタワーを作ることだった。ここでは Kolb のモデルを別の役割のチームメンバーが演習をすることに繋げて、それに関連する異なる学習スタイルを説明する。（もしこの演習をしていなければ、どのような学習スタイルが自分のものと似ているか想像するようにしてほしい。）

拡散型：Kolb はこの学習スタイルを具体的経験と内省的観察を強調するものと説明している。拡散思考型の強みは想像力とある状況が持つ意味の認識である。拡散思考型の人は、個人の様々な観点からある問題を見ることができ、このような複眼的な見方を現在起こっている状況の意味ある描写にまとめることができる。この演習では、拡散型の学習スタイルを好む学生は、チームがその問題に取り組む複数の方法を思いついて、早期の過程で非常に活動的になるだろう。例えば、タワーのようにマシュマロを重ねてもよいし、スパゲッティを使ってティンカートイ（米国製の組み立て式おもちゃ）のように２つのマシュマロを繋げることもできるかもしれないし、もしくは、垂直に立てたスパゲッティを支える広い底部をマシュマロで作って、そこにマシュマロの２段目の台を少し小さめに作って、もっと多くのスパゲッティが頂点になるように垂直に立てて、ピラミッドを作れるかもしれない。拡散型は、ブレーンストーミング、代替の案や戦略の展開を必要とする状況に優れている傾向がある。拡散型は高い情報収集能力があり、繊細で、人に関心を持っている。

同化型：この学習スタイルで重視されているのは、内省的観察と抽象的概念化である。同化型は、観察から理論を作る帰納法を使うのを大変好む。この演習で同化型の学習スタイルを好む学生は、様々な選択肢のどれがグループにとって追求するのに最も有用であるかを決めることに対してより活動的になるだろう。例えば、理論的設計の視点から異なる可能性を比較した後、同化型の人は、ピラミッドの構造が最も建築学的に安定しており、ゆえに、チームが最も高い構造を作ることができることになるだろうと断言するだろう。同化型は、特に理論的なモデルの構築と創造を必要とする状況に価値を置く。同化型は、実際の状況に自分のアイディアを応用することよりも、そのアイディア自体により関心を持っている。

集中型：この学習スタイルで重視されているのは抽象的概念化と能動的実験である。集中型の強みは、問題解決と意思決定、そしてアイディアと理論の実用性を探そうとする積極性である。この演習で、集中型の学習スタイルを好む学生は質問に焦点を合わせようとする。「ピラミッドを組み立てる一番よい方法は何か」、そしてプロジェクトに関する構造の決定に積極的に関わるだろう。集中型は、小さい２段目のマシュマロと大きい底部の部分のマシュマロを繋げるのに１つよりも２つのスパゲッティを使ってもっと支えをしたほうがよいのかどうか疑問を持つだろう。この学習スタイルを好む学生は、特定の問題に対して唯一の正解があり、グループの仕事はその「最もよい」解決方法を特定することであ

るという状況で適切に行動しようとする。集中型は、実生活の出来事を説明するのに理論を用いる演繹的な方法を使うことを好み、社会的または対人関係の問題よりは技術的な仕事や問題を扱うことを好む。

調節型：この学習スタイルで強調されるのは、能動的実験と具体的経験である。調節型の強みは、物事を行うこと、計画を実行に移すこと、そして新しい経験に関わることである。この学習スタイルを好む学生は、仕事を成功裏に遂行するために状況に適応することを求められる状況で好結果を出す。調節型の学習スタイルを好む学生は、演習の制限時間が迫ってきてチームがピラミッドのデザインを一つにさせるのに奮闘しているような実際に作る過程の最終段階でのみ積極的になるだろう。調節型は、それがもはやピラミッドの体をなしていなくても、それがかなり高くて、課題が教師によって「判断される」まで一つになっていることが可能な構造を下支えする追加の安定した支えを置くことでピラミッドを修正するのを助けるだろう。調節型は実体験から一番よく学ぶのである。これらの個人は実用主義者、すなわち、何が機能するのかに関心があるので、問題に対処するためのよりよい方法が見つけられるのであれば、理論を捨てたがる。調節型は分析よりも人を頼る傾向にあるが、物事を終わらせることに集中するために他の人に強引だと思われることもある。

　Kolb は、個々人は典型的にどれか一つの学習スタイルを好むとしているものの、本当の学習を達成するために、学生が4つのすべてのスタイルのいくつかの能力を開発するべきだとしていることも、私たちは留意しておかなければならない。最も伝統的な学習経験（例えば講義形式の授業など）では、同化型と集中型の学習スタイル──「考えること」の活動を重視するスタイル──が最も問題がない。興味深いことに、サービス・ラーニング授業の強みの一つは、調節型や拡散型──「すること」の活動に力点を置いたスタイル──を好む学生により合った学習環境を提供することである。Kolb は経験学習が「考えること」と「すること」の両方を含むものであり、（自身の好む学習スタイルに関して）どこから「始める」かに関わらず、そしてどの教授方法（例えば地域協働の経験活動など）が使われたとしても、学習経験を十分に統合するために、自分自身がこのサイクルのすべての段階に赴くことが必要不可欠であると主張している。

★ **演習問題 6.1　Kolb の経験学習モデルを使い、地域社会での協力関係を省察する**

この省察練習は Kolb の経験学習モデルを使い、あなたのサービス・ラーニング体験を分析し、コミュニティパートナーとあなたの関わりをよりよく理解しようとするものだ。

具体的経験:
サービス・ラーニングのクラスでよく見られる典型的なものは、あなたが経験した

地域社会との協力関係が、大学、自治体、非営利組織、市民グループや学生といった、様々な主体を巻き込むことだ。まず、現在のサービス・ラーニングのクラスが他の「プレイヤー」と関わっている状況について考えてみてほしい。次に、あなたと、少なくとも１つのプレイヤーとの間で起こる相互作用について説明してほしい。相互作用を説明する時には、実際に観察したこと、あなたやその人が言ったこと、あなたが気づいた言語以外の行動について説明できるようにしてほしい。判定を下すのではなく、できるだけ中立的な説明をしてみよう。

内省的観察：

説明した相互作用を振り返って、あなたはどのように感じたか。相互作用はあなたが予想していたようなものだったか。もしそうでないなら、何が違っていたのか。コミュニティパートナーは相互作用から何を期待していただろうか。相互作用が実際に起こる前に他の人々について考えていた前提について省察してみよう。コミュニティパートナーはあなたについてどう思っていただろうか。

抽象的概念化：

このサービス・ラーニング科目の教材と、あなたの専攻から得られた知識を使って、この協力関係のあり方をどのように説明するか。どんなコンセプトあるいは理論モデルがこの相互作用や根底にあるプロセスを説明できるだろうか。具体的には、以下の点を考慮する。
・この相互作用に、文化はどのような影響を与えるか。
・この相互作用に、権力はどのような影響を与えるか。
・この相互作用に、貢献活動に対するあなたの理解はどのような影響を与えるか。

能動的実験：

現在のサービス・ラーニング体験の結果として、コミュニティパートナーと関わる将来計画はどのように変化したか。「貢献活動」に対するあなたの考えは、この体験により変化したか。もし変化したならば、どのように変化したのか。「文化」や「権力」に対する現在の理解は、将来のコミュニティパートナーとの関わりにどのような影響を与えるだろうか。この次の時にあなたはどのように変化しているだろうか。

演習問題 6.2　あなたが好む学習スタイル

　このサービス・ラーニング科目で既に経験した、いくつかの異なる活動について考えてみよう。教室内活動、コミュニティパートナーとの活動、グループでの活動、これらの活動に対して**あなた**自身が貢献できたことについてである。Kolb の挙げた

4つの学習スタイル――拡散型、同化型、集中型、調節型――のうち、どれがあなたの好むスタイルを最もよく表現しているだろうか。

　あなたの好むスタイルを見出すために、この科目であなたが使った要素の中の特定の例を選んでみよう。活動やイベントを簡単に説明し、その後、あなたが参加したことを箇条書きにして書き出してみよう。この経験と先に説明した学習スタイルを振り返ってみると、あなたが最もよく使っていた学習スタイルはどれだろうか。あなたが好む学習スタイルは、参加したクラスでの協働作業にどのような影響を与えただろうか。学習者や実行者としてのあなたの能力を高めるために、他の人の好む学習スタイルから何を学べるだろうか。

深い省察

　おそらく、皆さんは省察をするように言われた授業経験がたくさんあるだろう。多くの教師は、例えば、学生が自分の学んでいることについて自分の考えや感情を記録したり、様々な科目についてあまり堅苦しくない形で書くための一つの方法として日報を書かせたりする。しかし、サービス・ラーニング授業での効果的な省察は、伝統的な省察の概念よりもより深い、人類学者が「厚い」記述と呼んでいる表面的な描写を超えるものを必要としている（Geertz 1973）。厚い記述は、観察したものの詳細の豊かさとともに、個人と経験の間にある個人的な繋がりを捉えることである。サービス・ラーニング経験における深い省察は、3つの要素からなっている。観察、個人的な繋がり、そして、関連性である。深い省察を練習するために、あなたたちは3つすべての要素に注意を払わなくてはならない。1つだけ、または2つの要素だけでは、サービス・ラーニング経験において「考えること」と「すること」を繋げるのに十分ではない。

　　18年間の学校生活の中で、私の身の回りで起こっていることについて、どのように溶け込むか、そしてそのような出来事がどんなふうに私の溶け込み方に影響するか、今まで疑問に思うことは本当に全くありませんでした。今は、繋がりを作ったり、一つのことがどのように別のことと関係しているか、私がそれらのすべてにどのように関係しているかを理解することが、それがこの授業の主要な仕事のように思います。

　次の記述は深く厚みのある省察をどのように実践したらよいかアイディアを提供している。ここに挙げた学生は低所得者や高齢者の住民の住宅に耐久性を持たせるサービスプロジェクトに関わった。記述に沿った引用で、どのように学生が自分自身の深い省察についてはっきりと述べているか聞いてほしい。

観察：自分が経験したことを記述しなさい―状況、地域の活動先、自分が関わった個々の人々について。

最初に、夏の初めに冬に備えるというのは奇妙だと思いました。私たちの授業は1日の一番暑い時間にあったので、壁に断熱材が入っている屋根裏部屋に押し込められるのはとても酷いことです。そして、授業が結構長い時間になったことも。でも、1年に200世帯の防寒設備を整えるのに、地域エネルギープロジェクトを完了するためには1年中プロジェクトで活動しなければならないと思います。昨日、私たちはノースイースト地区のトレーラー・パーク（トレーラーハウスを停めて生活できるようにした場所。公園ではない。）に住んでいる高齢の女性を手伝いました。その方と友人の1人は、自分たちがこのような支援を無料で受けられ、それがどんなに幸運かということと、私たちがどんなに素晴らしい贈り物であるかと何度も何度もずっと話していました。

個人的な繋がり：活動経験を自分自身の対応や反応に繋げること。どのように感じるか。自分の感情を話す時は「私」を使いなさい。

高齢の女性が私たちのチームに感謝してくれたり、私たちに対してそのようによいことを言ってくれたりするのは本当に光栄なことでした。彼女は若い人たちが少しの間そばにいてくれることに感謝していたと思います。地域エネルギープロジェクトでボランティアをするまでは、誰かの人生に違いをもたらすということがどういうことなのかよく分かっていなかったと気づいたので、それはとてもよかったです。でも、本当に正直に言うと、誰かが私たちの仕事に感謝してくれるくらいいいものだったとしても、私はただそこから抜け出して、体を冷やしてシャワーを浴びて、そして私のいつもの日常生活に戻りたかったです。もう少し多くの家のことを来週する準備はできると思うけれど、今はこのことについて少し考える時間がほしいです。

関連性：関連授業の読み物や調査、他の資料で得た文脈の中で自分の観察や個人的な反応について考えをまとめなさい。サービス・ラーニング授業の内容は、他の誰かの経験や感情、そして自分の仕事が達成された社会的、政治的文脈をよりよく理解するのにどのような解釈的な見方を提供するか。

授業では、私たちはずっと効果的なリーダーシップの質について読んでいました。私は、ほとんどでないにしても、最も熟達したリーダーの多くが人生のある時期においてボランティアに献身的に従事したということを全く知りませんでした。私が自分の時間を他の人のために犠牲にすることを通して学ぶことができ

る特別なことだとは思ったことがありませんでしたし、それは自分の将来にとっ
て有益であったと思います。他のリーダーシップの授業でボランティアをさせら
れたことがありましたが、なぜなのか本当には全く理解していませんでした。今
私は、それが私たちに本当のリーダーシップスキルをもたらすからだとわかりま
す。それによって同じ目的を達成するために他の人々とともに働くことを学ぶこ
とができ、そしてどのように自己中心的でない人になるか、それはリーダーシッ
プのとても重要な特質で、それを学ぶ手助けとなってくれます。

この授業は、私の教育的な経験の中でこれまで明確でなかった考え方を経験させ
てくれました。それはずっとあったと思うのですが、無知なせいか、また気に
していなかったからか、または色々ありますが、私は気づいていませんでした。
この授業で現れたこの問題に対する私の気づきは何年も進展していたにも関わ
らず、最後の11週間ほど個人として成長し、この問題に対する気づきを得たこ
とはありませんでした。成長にわくわくしていた時であり、イライラして苦悩し
ていた時でした。この授業は私の心に多くの疑問を投げかけてくれました。

批判的な省察のための DEAL モデル

　深い省察を促すためのもう一つの枠組みは、**批判的な省察のための DEAL モデル**（Ash &
Clayton 2009）である。DEAL とは、記述する（Describing）、吟味する（Examining）、
学んだことを明示する（Articulating Learning）の頭文字を取ったものである。
　Bloom と同僚たち（1956）が示した、批判的な省察は逐次的なプロセスであるとい
う考えを踏襲すると、この枠組みは、学生たちの経験に対して、何が起こったのかを「記
述する」ように指示するという基本的な対応から始まる。これが済むと分析プロセスに進
む。「吟味する」という第二段階は、同じ状況を異なる視点から観察し、考えるというも
のだ。そして最終段階では、自分の考えと行動計画を「発表する」こととなる。学習とは
他人に伝えることで理解が深まるものだからだ。
　DEAL モデルは貢献活動の現場で摩擦が生じた時には特に役に立つ。摩擦とは、他の
学生、クライアント、教員、コミュニティパートナーとの間で起こり得る。貢献活動を
するということは感情的にも心理的にも、また人間関係上もややこしいものだからだ（これ
らの課題については第9章　失敗からでも学ぶ気持ち：うまくいかなかった時に　で扱
う）。DEAL モデルのような枠組みは、摩擦の原因や、考え得る解決策を理解するのに役
立つだろう。

　あなたの現在の活動拠点で発生した、不快で「乱雑な」出来事を考えてみてほしい。も
しまだそのような出来事を経験していないならば、ボランティア活動や貢献活動を行った
もののうまくいかなかった時のことを考えてみてほしい。そして、その状況に新たな意味

を見出すために、以下の DEAL モデルの質問手順を使用してみよう。

 演習問題 6.3　DEAL モデル：省察から行動へ

　モデル内の３つの連続したステップと、各ステップに関連する手順に従って進めよう。自分の回答は書き留めておき、後で他の人と共有してみよう。

1. 自分の経験したことを客観的かつ詳細に記述する。（詳細の重要性を過少評価しないこと。）
・その出来事は、いつ、どこで発生したのか。
・そこに誰がいて、何を言い、何をしたか。
・そこにいなかったのは誰か。あなたが予想していたようには言われなかったことや、なされなかったことは何か。

2. サービス・ラーニングクラスの教員が提供する「枠組み」を使って、これらの経験を吟味しよう。例えば、前のステップで記述した詳細を再確認するために、心理学、社会学、女性研究などの学問分野を使用することができるかもしれない。その状況の特定の要素は、今度は違うように見えたり、より重要であったり重要でなかったりするだろうか。

　批判的な理論、社会正義、特権とエンパワーメントという問題の枠組みを試してみることもできる。また、競争論、自由市場資本主義、社会主義、成熟理論、原因と結果、トリクルダウン、リターンの縮小、需要と供給、「安易な選択」という見解といった概念を適用することもできる。これらはすべて、あなたが経験したことや遭遇したことを再確認するフレームとは異なるものだ。

　もしこれらの枠組みのどれもが機能しないならば、市民参画が高等教育の責任であるという主張を使用しよう。多くの大学は経営方針や戦略として市民参画を掲げている。これが、サービス・ラーニング科目が存在する理由であるかもしれない。だから、市民参画をフレームとして用いるためには、下記について考えてみよう。

・この地域課題に関連するステークホルダーは誰か。この課題に関する、それぞれのステークホルダーの立場はどのようなものか。ステークホルダー間にはどのような協力関係や提携が存在するか。
・この課題や決定プロセスにおいて、より多くの地域住民が関与するために、どのような努力がなされたか。この課題において地域の参画度合いが増すために、あなたのサービス・ラーニング・プロジェクトはどのように貢献したか。

3. あなたが学んだことを明らかにしよう。この状況について、新たに得た洞察はどのようなものか。将来の行動に適用できることは何か。これらの行動には、現在の活動拠点に次回行く時や、この経験に続いて学習するサービス・ラーニング経験で役立てることができる将来の行動目標が含まれる。
- 状況の最中にいた時ではなく、今のあなたが気づいたり理解したりしたことは何か。
- 再構築したり再検討したりしたことによって、あなた自身について、新たに得た洞察は何か。一般的に、また、あなたの知識、技術、能力については具体的にはどうだろうか。
- 活動拠点で次に何をしようとしているか。
- この学びをどのように将来のサービス・ラーニングの活動拠点に生かすか。

　自身の出身地以外の国でグローバルサービス・ラーニングを行っている実践者や、春休みや冬休みにサービスサイトに数日間または数週間滞在してサービス・ラーニングを行っている実践者は、異文化間の摩擦や省察について詳述した、第12章　どっぷりはまれるグローバルサービス・ラーニング：出かけるまでに知っておくべきこと　を見直したいと思うだろう。確かに、もしあなたが環境や出来事が倫理的、道徳的、法的責任に違反していると感じたら、直ちに解決策を講じる必要がある。通常は、このような厄介な状況、不快な活動は地域パートナーや教員にできるだけ早く報告されるべきだ（第2章　コミュニティパートナーを開拓し維持する　を参照）。疑わしい場合も、安全でないと感じる人がないよう、しかるべき権威のある人を探してほしい。

　それでも、実際に安全でないことと、不快に感じることには違いがある。特定のレベルや程度の不快さは、サービスの経験の必要な要素（知らない国や地域に旅行した時に、高湿度に慣れていないために気分が悪くなってしまうようなもの）である可能性がある。

　また、学習には精神的不快感（認知的不協和音）が必要な場合がある。Vygotsky(1978)はこれを最近接発達領域と称した。あまりにも馴染みがある（または快適な）状況の場合、私たちはそれを当然のように受け止め、何も学ばない。あまりにも恐ろしい（または不快な）状況の場合、私たちは反射的に脱出しようとしたり、対象物を避けたりしたりして、やはり何も学ばない。したがって、私たちには異なる方法で考えたり行動したりすることを強いるのに適したレベルの「新しさ」が必要なのだ。そしてこのような新しい考え方や行動の仕方を振り返りながら、私たちは新しい未来の方法を決定し始めるのだ。

　実際のところ、私たちが関わっている新しい文化や、以前はさほど批判的な態度では考えてこなかった私たち自身の文化について、私たちの目と心を開かせてくれるのは、サービスの不快さであることが多い。このことはグローバルサービス・ラーニングを行う学生たちにもしばしば当てはまる。

　他の国に旅し、現地の文化の「異質性」を自国の文化に対比して考えることは、私たちがけっして考えなかった社会的なパラドックスに光を当てることになる。**貢献活動の着眼点：インドとアメリカの汚点と美点**を読んで考えてほしい。

貢献活動の着眼点：インドとアメリカの汚点と美点

夜の振り返りの会で、ジェニファーは彼女の日報の一部をクラスメイトと共有した。

> 私はインドの芸術、服装、歴史的な人造物、寺院、そして人々がとても美しいことに気づきました。しかし、道や川が汚染され、ごみが捨てられているという事実に悩まされています。私は女性が着用している絹のサリーの明るい蛍光色や、長い裾に丁寧にピンでとめられたジャスミンの香りの花に感動しますが、プラスチックやごみであふれたインドの光景に憂鬱になります。

ジェニファーのクラスメイトたちはうなずいた。仲間のラーモンはジェニファーに優しく声を掛け、「先生が以前に警告していたことを思い出して。常に広い心を持ち続けることは、時には難しいものだということを」と言った。3人目のクラスメイトであるラターシャも同意して、こう言った。

> リキシャに乗って死にかけている時には、広い心を持っていることはできません！何日もの間、私はここには運転規則はないと思っていました。割り込みはあるし、車線もないし、ウインカーも出さないし、クラクションが絶え間なく鳴っているのですから。ある日、市場から戻ってくる時、運転手が道路に開いていた大きな穴を避けるためにハンドルを切りました。でも、他の運転手たちが衝突することはありませんでした。その時に気づいたのです。この運転手たちは独自のルールを持つ熟練した運転手だということに。私たちの規則が適用されるのではないということに。私の最初の解釈はとても近視眼的なものでした。

ジェニファーは感謝の気持ちで微笑んで、続けた。

> その通りです。視覚の不調和が私の頭と心を悩ませています。私は畏敬の念を抱くと同時に反発もします。私はその文化全体を受け入れる方法を学ぶ必要があります。結局のところ、すべての国は良い要素と悪い要素を持っています。ポートランドについて考えてみましょう。私たちの何人もが、美しい並木の町を歩きながら、何十人ものホームレスや、そんなことを考えたこともない人々とすれ違っているかを。

　Kolb のモデルでも DEAL モデルでも、自分たちのサービス・ラーニングについて省察を深めることは、省察を開始した時よりももっと多くの問いを残す。しかしそれこそが省察に隠された目的なのだ。私たちの活動に意味を与えるための道具を持たせ、私たちが将

来経験するであろうことに対して学習成果を認識して使うようになるということを企図している のだ。言い換えれば、省察が私たちを導く先にあるのは、私たち自身、他の人々、そして私たちが生涯に渡り学習者や実行者として参加する世界について、与えられた情報を理解するということなのだ。

　私たちが勧めるのは、自分自身が省察するために最適な設定と環境を見つけ、あなた自身にとっての最良の省察を実行することだ。あなたの省察を実行するのに役立つものとして、サービス・ラーニング学習者から提供されたヒントの一覧を次に示す。

成功する省察のヒント

・静かな瞬間を探す。話したり、話しかけられたりすると気が散ることがある。
・今この瞬間のことだけを考える。
・素早く観察する。自分の周りの世界にある手がかりを解読するようにする。
・検討中の仕事に関して最も重要なことは何かを考える。
・省察している経験に集中するように努力する。
・感情的になることを自分に許可する。
・あなたの「自己」と個人的な視点を越えて進む。
・過去の経験のレンズを使って、現在への繋がりを作る。
・起こったことと関連する出来事を認識して、その関係性を考える。その後、別の独立した観点から同じ状況を考えるために、引き返してみる。

省察方法

　サービス・ラーニング科目で省察するように指示される理由と、省察者として自律する方法について、多くのことを学んだので、今度は他の省察方法を提案したい。あなたの

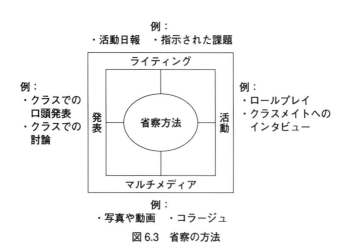

図6.3　省察の方法

教員は履修する省察活動の種類を既に選択しているかもしれない。もしそうでなければ、様々な選択肢があることを話し合ってみてほしい。これらの活動は、サービスを通じた学習経験をするにあたり、単独で使用することもできる。**図 6.3** は省察の 4 つの主要な方法——発表、活動、マルチメディア、ライティング——と、それぞれの代表的な例を示している。

　省察方法の各タイプにはそれぞれ異なる強みがある。そのため、省察するにあたってどの方法を使うかを決定するには、2 つの主要な要素に基づいて考える必要がある。

・**現在のクラスの文脈は何か**。おそらく教員は、サービス・ラーニング科目の専門知識と経験に基づいて、あなたや級友のために、非常に意図的に構造化し、省察活動を割り当てている。

　彼女が指示したように省察活動を割り当てることの利点が分からなくても、彼女のガイドラインに従おう。実際のところ、教員が課題の枠組みを決めた理由について考えることで、自分自身の課題への省察を深めることができる。このフレームは自分にどのような影響をもたらすか。この方法で省察を完了した結果、自分は何を学ぶのか。自身の経験をよりよく理解するためにこの特定の省察課題をどのように活動するのか。この省察を完了した結果、今度はどのような疑問を持つようになったのか。

・**あなたの貢献活動の話を伝える最も良い方法は何か**。教員があなたやクラスメイトのために省察活動を指示したかどうかに関わらず、あなたはその課題の範囲を超えて、公式であれ非公式であれ省察の練習をすることを選択できる。あなた自身の省察の機会を創造する際には、過去に比べ、新しく異なった省察の方法を使用する自由度が増す。時には写真、絵、コラージュ、動画が、書かれた言葉よりもはるかに明確にサービス体験の本質を捉えることがある。あなたのサービス・ラーニングの省察がどのような形を取っていても、深い省察の要素、すなわち観察、個人的な関連性、接続—が根底に存在していることを覚えておいてほしい。

発表

　私たちの洞察を口頭で他人に報告することは、それらの洞察を深く理解するための素晴らしい方法だ。ストーリーテリングとは、人間が互いに情報を伝え合う最も重要な方法の一つである。しかし、ストーリーテリングの利点は聴き手にだけあるのではない。話し手もまた、他人に伝えるという行為を通して自身の理解を高めることができる。

　堅苦しく言えば、サービス・ラーニング科目で口頭発表を使う利点はいくつかある。学生にはパブリックスピーキングスキルを練習する機会を与え、感情を表現するメッセージを強化するために非言語的行動の使用を認め、サービスプロジェクトに関わる関係者同士の対話の糸口を与えることができる。より形式的でない省察活動を「伝達」する例は、級

友や、サービス活動とは関わりのない人々とのカジュアルな対話も含まれる。

 「発表」による省察の例は、**演習問題 6.5　物語を語る**へ

活動

　活動、プロジェクト、および他の形の「活動を通じての省察」は、意味形成において、具体的な利点をいくつか提供することができる。多くの場合、学習スタイルの多様さを表すこのような活動は、グループづくりに役立ち、プロジェクト推進を後押しする力となる。

　もしこのような省察の経験的な方法を探求することに興味がある場合は、あなたがサービス活動する相手が経験している環境の中で、自分自身の時間を費やすことを選択するかもしれない。例えば、難民に対して基本的な英語スキルを教えている場合、自分では知らない言語の新聞を読んだり、指示に従ったりするという 1 日を過ごしてみようとするかもしれない。脳卒中を経験した生存者と家族のためのキャンプのための助成金申請を作成している場合、言語や活動が制限された状態で生活することに時間を費やそうとするかもしれない。もしあなたがサービスラーナーとしての自分の役割を、このとても経験的な方法で省察することを選択するなら、第 5 章を思い出してほしい。あなたと、あなたのサービスが影響する相手の間に存在する違いを中心に、誠実に行動し、関わることの重要性を思い出してほしい。

 活動による省察の例は、**演習問題 6.6　ショータイム**へ

マルチメディア

　コラージュ、絵、写真やビデオエッセイ、その他のマルチメディアの形式を取り入れた省察は、複数の学習スタイルを取り入れ、微妙な感情的な真実を捉えるための優れたツールとして機能し、創造的な表現を可能にする。もしマルチメディアを用いた省察を行うこととした場合は、地域での経験を視覚的に表現する対象物をサービスサイトから収集することができる。(機密資料の使用については、どんなものであれ収集する前に許可を得ることを忘れずに。) 地域に対するサービスの本質を捉えるために、曲を作ることを検討してみよう。地域での経験を表現したり、共同作業により地域がどのように良くなるかというビジョンを表現したりするために、絵を描くのもよいだろう。

 マルチメディアツールを使った省察の例は、**演習問題 6.7　あらゆる絵にストーリーがある**へ

ライティング

　サービス・ラーニング・プロジェクトに関わる多くの学生が省察の際によく使うであろう様式が書かれている。記述型の省察のテクニックは、他の方法に比べて特長的な利点が

いくつかある。この方法は各技術を向上させる機会を提供し、首尾一貫した主張をするために考えを整理させ、将来の学習活動の一部として使用できる、サービス活動の恒久的な記録を作ることになる。

　ライティングによる省察は、教師によって指示された内容に書き手が答えるという課題や、学生が何を学んだかという証となる複数の作品を集めたポートフォリオ、ある期間における思考の進化を追うことができるであろう日報のように、様々な様式を使うことができる。このサービス・ラーニング科目において、教師が記述型の省察を課している可能性が高い。これらの課題に加えて、地域参画経験の深さを存分に掘り起こすために、記述型の活動を自主的に行うこともできる。

> **[+]** ライティングによる省察の例は、**演習問題6.8　ニュース速報**へ

　日報は様々な様式で行われるので、その種類により、特長や強調される点がある。例えば、**演習問題6.8　ニュース速報**は指示されたライティング課題であり、一連のライティング課題とよく似た、**構造化されたジャーナル**だと考えることができる。構造化されたジャーナルを課す場合、指導教師や大学のサービス・ラーニングコーディネーターは、特定の課題に焦点化するために、テーマを与えたり、主たる質問をし、後からフィードバックをするために余白を残そうとしたりするだろう。

　重要な出来事を書くためのジャーナルは、全く異なるアプローチを取る。何が重要なトピックなのかを教えてくれるインストラクターの代わりに、学生は自分のサービス学習経験の中で「ピボット」または「転換点」を特定するよう求められる。省察は、決定が下されたり、摩擦が生じたり、問題が解決されたりした重要な状況や出来事に焦点を当てる。これは、サービス・ラーニング・プロジェクトの目的を実現するうえで、すべてのイベントが同じように意味を持つわけではないことに目を向けさせ、特に有意義なイベントを特定するように奨励するのに役に立つ。

　ロールテイキングジャーナル、あるいは**視点の変化を書き留めるジャーナル**は、ジャーナルに書いているにも関わらず、貢献活動に参加するほかの人々の視点を解釈するように求められているという点で、これまで紹介したどの種類のジャーナルとも異なっている。貢献活動の意味を反映するよう求めるかわりに、この形式は、異なる視点から取り組まれている重要な課題と地域課題の側面に反映するように求める。例えば、学生としてというよりも、地域住民や、協力している地域団体としての視点である。このような視点を持つことは、他人の共感や受容度合いを高めるのだ。

　最後に、**トリプルエントリージャーナル**（演習問題6.4）は、「深い省察」を促進するうえで非常に効果的な様式である。その中で、各ジャーナルの3つの課題について省察することになる。(a) 貢献活動の間に起きたことを説明すること、(b) 科目の内容がどのように適用されるかということと、これらの理論と概念が出来事を理解するのに役に立つ

を分析すること（「接続」）、(c) 特に将来、同様の経験にどのようにアプローチするかに関して、科目の題材と貢献活動を自分の人生に適用すること（「個人的関連性」）である。

なぜ省察するのかをもう一度考えてみよう

　私たちが省察するのは、私たちがどこにいるのか、何を経験しているのか、ここからどこへ行くのかを理解するためである。この章では、「省察」の単なる定義を越えて、理論的基盤と根底にあるプロセスを調査した。CBL 学習者にとって、省察がなぜ格別に重要であるかを学び、実践的な省察を行うための複数の方法を学んだ。指導教師が指示した活動から始め、そこからさらに、自ら継続的に実践的な省察を行う力を増幅させた（そして増幅させ続けるだろう）。

　省察の技法のほとんどは、サービス活動の肯定的な成果に焦点を当てているが、クリティカルインシデントジャーナルのような技法は、サービス・ラーニングクラスで「物事がうまくいかなかった時」についても省察を通して学ぶことができるという事実に注目させる。第9章　失敗からでも学ぶ気持ち：うまくいかなかった時に　では、地域において予期せぬ課題が生じた際の対応についてより詳しく考える。

📈 演習問題 6.4　トリプルエントリージャーナル

　次の活動拠点での活動に反映するために、トリプルエントリージャーナルの様式（**付録 6.1**）を使おう。週の活動の間に少なくとも 2 つの項目を完成させよう。有意義な関わり合いや出来事の直後が望ましい。週末にはその項目を再度読んでみよう。これらの項目はあなたが経験したことを正確に捉えているだろうか。あなたが以前に作成したジャーナルとどのように比較できるだろうか。

重要な概念

抽象概念化	支援者
能動的実験	感化された人
具体的な経験	内容の知識
集中的思考型の人	クリティカルインシデントジャーナル
批判的省察のための DEAL モデル	深い省察
拡散的思考型の人	プロセスの知識
省察	省察の観察
ロールテイキングジャーナル	サービス・ラーニングサイクル
視点の変化を書き留めるジャーナル	社会的に関連する知識

構造化ジャーナル　　　　　　　　　　丁寧な説明
トリプルエントリージャーナル

重要な問い

・省察は学びをどのように促進するか。
・学習スタイルの違いは学びにどう影響するか。
・簡潔な説明を深い省察に変えるためには何が必要か。
・省察の様々なモデルの強みは何か。
・新たな枠組みと視点を用いた省察は、あなたのサービス・ラーニング経験を理解するのにどう役立つか。

追加演習問題

➕ 演習問題 6.5　物語を語る

「マシュマロとスパゲッティ」で同じチームではなかったクラスメイトとペアを作ろう。マシュマロとスパゲッティの構造を使って、あなたの経験について２分間で説明しよう。その後の２分間で、あなたの話についてクラスメイトの質問に答えよう。

次に、役割を交代して、クラスメイトが彼女の経験について話す。

最後の２分間で、あなたの話した内容に関する質問にどのように反応しなければならないかを話し合おう。

➕ 演習問題 6.6　ショータイム

「マシュマロとスパゲッティ」の各チームを15分間一緒に座らせて、タワーを作りながら、グループの経験したことについて５分間のスキットを作ろう。チームメンバーは全員、スキットの中で役割を担当しなければならない。別の人を演じなければならない。
自分のチームの番が来たら、クラスの全員に対してスキットを紹介しよう。他の生徒の役をすることで、あなたの経験の理解はどのような影響を受けただろうか。他のチームのスキットを見て、あなたの理解はどのように影響されただろうか。活動が再現されるのを見て、あなたはどのような洞察を得ただろうか。

✚ 演習問題 6.7　あらゆる絵にストーリーがある

　「マシュマロとスパゲッティ」の活動で同じチームだったメンバーと一緒に、グループの経験に関連する雑誌、新聞、写真、マンガ、広告、文章を集めよう。自分で絵を描いてもかまわない。

　大きなポスターボードに貼り付けて、グループコラージュを作ろう。そのコラージュをクラスで発表する時には、チームの全員が、グループプロジェクトでの経験に関して、関連する少なくとも1つのセクションについて話すようにしよう。その経験についてのあなたの理解に関連して、マシュマロとスパゲッティ構造を作ったことについて、グループの振り返りはどのようなものか。コラージュを作った経験そのものは、「マシュマロとスパゲッティ」の時よりもグループ内の関わり合いを補強したか。もしそうであれば、どのように補強したか。

✚ 演習問題 6.8　ニュース速報

　「マシュマロとスパゲッティ」の練習を完了したあなたのチームの経験について、「人間的な興味」を欠くことを指示された新聞記者であると想像しよう。まず、記事の見出しを考えよう。それから、基本的なジャーナリズムのステップに従って、次のような質問に答えよう。誰が、何を、いつ、どこで、どのような結果で、ということだ。最後に、記者であるあなたが、学生であるあなたにインタビューする形で、最後の2つの質問に答えよう。

　「この経験からあなたは何を学びましたか」と「このことは、あなたがこの科目で学んだ他の教材とは、どのように関連していますか」ということだ。自分自身にこれらの質問をした後、新聞記事を書こう。インタビューをして、そこから新たな作品を作ったあなたは、この活動に参加したことで、どんな新たな洞察を得たのだろうか。

✚ 演習問題 6.9　省察をさらに省察する

　しばらく時間をとって、省察の過程を振り返ってみよう。省察者としての個人的な視点から、省察の利点とは、もしあるとすれば、どのようなものだろうか。サービス・ラーニング経験を省察して、あなたはどのように感じているのか。サービス・ラーニングプロジェクトサイトで起こったことと、科目コンセプトを繋げることができた時、あなたはどのように感じるだろうか。サービスプロジェクトを「する」ことと、科目コンセプトと個人的な価値観と貢献活動の繋がりを結びつけることで

148

は、どちらがより重要だろうか。あなたの置かれた立場を説明しよう。

付録 6.1　トリプルエントリージャーナル

セクション１：状況説明

セクション２：説明された状況と科目教材を接続する。

セクション３：クラスの教材とあなたの個人的な生活に関わる貢献活動の組み合わ
　　　　　　　せは、あなたの個人的な生活や将来同じような状況に対する対応方
　　　　　　　法にどのように関連するか。

第7章　メンタリング：エンパワーメントのための関係性づくり

ピーター・J・コリアル（翻訳　市川　享子）

　サービス・ラーニングの経験には多くの場合、学術的、あるいは個人的な挑戦に寄り添いながら教え、コーチし、支えるといった活動が含まれている。ピア関係を構築していることは学生にとって対人的、認知的、人道的能力など様々な領域に対して、良い影響をもたらすのである（Kuh 1995）。サービス・ラーニングの授業のなかでピア関係がもたらす相互作用は、学生や協働しているパートナーをエンパワーする媒介にもなりうるのである。本章ではエンパワーメントとキャパシティビルディング（能力構築）に直接影響があるピア関係の構築について、特にメンターに焦点を当て探求していく。

メンタリング

　メンタリングは年長の人あるいはメンターが、年下の人やメンティーに情報や助言、感情的なサポートを一定期間にわたっておこなうものである（National Academy of Science 2008）。**ヒエラルキーのあるメンタリング**は、例えば上級の管理職と年下の管理職に対して、大学の教員が学生に対して、大学生が高校生に対してなど、異なる社会的立場や状況に身を置く2人の個人の間（第5章を参照）で進められる。

　それに対して、**ピアメンタリング**は経験を積んだ学生（メンター）と経験の浅い学生（メンティー）との関係でおこなうもので、助言や支援、知識をメンティーに授けることで、彼・彼女が学問的に成長していくことをねらいとしている（Colvin & Ashman 2010）。ヒエラルキーのあるメンタリングと異なり、メンターとメンティーがおおよそ同じくらいの年齢、力関係にあるもの同士がマッチングされ、課題にともに取り組みながら、心理的な支援が提供されることになる。ピア関係を構築するメンターはメンティーよりもわずかに年齢が上であるにも関わらず、大学生においては彼らの経験の段階は大きな違いが存在している。

メンタリングの二次元的機能モデル

　メンタリングのメリットについての議論はKram（1985）の研究をもとに進められており、メンター関係はキャリア形成と心理的支援という2つの主要な機能を支えているとされる。この**メンタリングの二次元的機能モデル**は、高等教育研究の文献においても支持されており、メンターの経験はメンティーが成功する学生となるといったキャリア形成の上でも、学校のコミュニティとつながっているという感覚を抱くようになるという心理的なサポートの上でも、支援として成り立っている。

高等教育におけるピア関係に基づくメンタリング

　ピア関係に基づくメンタリングは、高等教育機関である大学やカレッジの行政職員のなかで爆発的な関心を集め、それは学生たちの記憶力、学術的な成功、教育経験を向上させる潜在的な力のある介入とされた。四年制大学やカレッジを対象にした ACT2010 の調査によると、65％がピア関係に基づくメンタリングを経験したとしている。こうしたメンタリングとチュータリング、カウンセリング、経済的な援助といった支援が補完的になされることによって、学生が能力を高めて学術的に成功したり、大学生活をドロップアウトすることを防止する（Pascarells & Terenzini 2005）。

高等教育におけるピア関係に基づくメンタリングとキャリアサポートの機能

　高等教育において、ピア関係に基づくメンタリングは、メンティーがどのように成功する学生となれるか、ロールモデルを通して学んでいくことを手助けしており、こうした過程が学術的な成功に導いている。ロールモデルを示すということは、メンターがメンティーに対して、どのように振る舞うことで成功する学生になるのか実演することを含んでいる。

　メンターは先輩としてこれまで培ってきた戦略、経済的な援助でどのように講義でノートを取るかといった、大学で学ぶ上で必要な実践的なアドバイスを授けている。そして当然のこととして、ピア的なメンターによって、メンティーの GPA、年間の取得単位の数、記憶力にも影響を与えている。

　Pagan and Edwards-Wilson（2002）は、ピアメンタリングの活動は、特に高等教育のしきたりやどうしたら学術的なゴールに効率的に到達できるかに慣れていない 1 年生に対して効果を発揮していると結論づけている。例えば、中西部のキャンパスコンパクト（Midwest Campus Compact）の奨学金つきのフェローシッププログラムに参加した 450 人の学生は 150 人のメンターからサポートを受ける形で、様々なコミュニティを訪れて直接的な貢献活動を進めた。

　彼が地域で進めた貢献活動に対して意義が認められたことに加えて、対照群（ペル助成を受けた学生）と比較しても、初年次学生や低所得状況にある学生が学業においても、高い割合と高いレベルで成功をおさめている（Cress, Burack, Giles, Elikins &Stevens 2010）。

ピア関係に基づくメンタリングと心理的なサポート：高等教育の機能

　研究結果はさらに、メンティーである大学生たちはピア関係に基づいた支援を受けることに高い価値を置いていることを示している。興味深いことに、広く知られているメンターによる支援は、キャンパスとのつながり、高い意欲、メンティーの自己効力感の向上、といった範囲で、メンティーに対してポジティブな成果をもたらしうるのである。言い換えれば、あなたのような学生にとっても、今とは違うことを感じるようになったり、大学で学位を取ることに対して新たな価値を得ることもできるのである。

　ピア関係のもとで進められるメンタリングが学生の成績向上に良い影響があることを示

す方法の1つは、学生が教育に対して積極的に関わることが拡大しているということである。Astin（1977, 1984）の包摂モデルは学生として成功することについて述べているが、学生が教育における過程への関わりを深めることが、学生が成功し学位を取得することにより近づくとしている。ピア関係のなかで進められるメンタリングは、ロールモデル（積極的に物事に関わっていくことの良い影響が目の前で示されるような）やキャンパスにおける関わり（メンティー学習により積極的に関わることを意識する機会が増える）が深められるといったことがうまく重なりあうことによって、メンターが学習への関わりをより深めていくことを促している。

ピア関係を結ぶメンターは、メンティーが大学生として成功するために、これまで慣れ親しんでこなかった戦略（例えば、学生として成功できるようにするにはどのように振る舞えばいいのかということについての重要な情報）を提供することになる。

同時にメンティーの振り返りを支援することにより、メンターは彼や彼女がこれまで有しているにも関わらず、大学生の成功にとって重要であると目を向けてこなかった情報に目を向けることを手助けする。カリフォルニアのキャンパスコンパクトがおこなう若者と学生を対象にしたプログラムには、不利な状況に置かれている高校生が参加しているが、90％の学生たちが、サービス・ラーニングの経験は、大学教育がどのように彼らの未来に役立てるかより理解を深めることにつながったと報告していた（Cress, Stokamer & Drummond Hays 2010）。

対面か、もしくはオンラインか

伝統的に大学生のピアメンタリングのプログラムは、対面で顔を合わせながら進められることが多かった（Hoffman & Wallach 2005）。しかし、**オンラインやインターネットを用いたメンタリング**も増加している（Bierema & Merriam 2002）。一つのアプローチは、必ずほかのものよりも、優れているのだろうか。初年次学生が単位を取得し、学問としてのパフォーマンスを発揮することを促す1年間のプログラムを調査したCollier, Fellows, and Holland（2008）は、オンライン、もしくはオンラインと対面を組み合わせたメンタリングの効果を調べたところ、どのようにサポートが提供されたかよりも、提供される情報やサポートの種類のほうが、メンティーの成功にとって一番重要であることが分かった。オンラインのメンタリングを受けた初年次学生と対面でのメンタリングを受けた初年次学生の成績の平均を比較すると、年間の単位取得数は同等であり成績も良く、メンタリングを受けた両者の学生のほうが、すべての学生の平均よりも高いパフォーマンスを発揮していた。

オンラインのメンタリングが成功するための1つのアドバイスとして、まず対面でメンターとメンティーが信頼関係（ラポール）を構築し、メンティーへの信頼性（クレディビリティー）を高めることである。信頼性には専門的な技術と頼りがいという2つの構成要素がある。専門的な技術とは直面している問題に関して提供できる資源の程度を示しているのに対して、頼りがいは問題に対して適切に有用な情報を提供してくれそうかであ

る（Hovland, Jains & Kelly 1953）。メンターは複数の方法によってメンティーと信頼関係を構築することができる。メンターはメンティーが直面している問題に対して、これまでどのように対応することで成功したかというメンター自身の話を共有することによって、メンタリングを進めることができる。メンターもメンティーもともに大学生であるので、両者の間には類似することが多いため、どのようなことが重要であるのかについて、共通認識を持つことができる。

　メンターはメンティーがあらかじめ有している知識を拡張するということについて、実感をもてるように手助けすることによって、メンターとしての信頼性を獲得していく。例えば、どのように教授にアプローチしていくかなど、大学生活に適応するための方策の重要性について伝えることに必死になったとしても、メンティーが当初実感している以上の有効な戦略を潜在的に有していることが多くの場合あるのである。新しいジョハリの窓はどのようにしたら問題解決にあたって成功するかについて力をつけるために、メンターがメンティーに手助けするための有効なツールとなる。

ジョハリの窓

　ジョハリの窓（1955 年に Joseph Luft と Harry Ingham によって発表されたことから名前から名付けられた）は、人々の間に起こる相互作用の過程を表現する 1 つのモデルとなる。4 つの窓枠によって、自分自身の気づきは 4 象限の窓に代表されるような 4 つの類型として区別される。

開放：自分も他人も知っている自分
秘密：自分は知っているが、他人は知
　　　　らない自分
盲点：他人は知っているが、自分は知
　　　　らない自分
未知：自分も他人も知らない自分

　4 つの窓枠を区別する線は光を遮るシェードのように機能しており、自己について明らかにされていないことが公になるなど、相互作用によって起こるなんらかの変化に応じて移動する。窓は自己についての気づきが相互作用によってどのように拡大するかを示す 1 つの比喩表現である。目指されることは窓の開放の枠の大きさを増やして

図 7.1　ジョハリの窓

いくことであり、他者との意味のある相互作用を増やしていくことによって、それは拡大していく。

自己についての気づきを促進する

第5章に示したようないくつかの活動は、ジョハリの窓の活動を始める前に、自己についての気づきを促進するために有効であるかもしれない。**演習問題5.5　特権を探る、演習問題5.6　私の社会的位置づけを地図として作成する**は、社会的なアイデンティティが自分の所属する文化によってどのように形成され、どのように他者を理解して影響を与えているかについて理解を深めるために有効である。

演習問題 5.2　私と私たちとあなたとあなたたちと彼らの第一段階から見つめなおすことに、時間を取ろう。最初の3つの段階の刺激は、地域で活動をする場において他者と相互に関わりあうとき、その意味を考えるために役立つ。（ジョハリの窓のさらなる情報は、Luft ＆Ingram 1995 を参照のこと。）

新しいジョハリの窓：メンタリングと振り返りはどのように、メンティーを成功に導くのか

新しいジョハリの窓の構成は、**表7.1** に記載されている通りであるが、メンタリングの文脈において、物事を成し遂げるための知識をメンティーが増やしていくために、メンタリングと振り返りの融合がどのように機能しうるのか説明するために便利である（高校の大学準備コース、大学の初年度など）。

ジョハリの窓のこの新しいモデルにおいて、省察は開放と秘密に対して効果を発揮するのに対して、メンタリングは盲点や、未知の領域に影響を与えている。

開放の領域は、メンティーがすでに認識もしているし、他者もそれを知っている領域の情報である。ある彼もしくは彼女が気づいていることや、彼や彼女がすでに獲得していることに関する情報である。

メンティーがすでに持っている知識に関連づけを刺激するために、メンターは直球的な質問によって、メンティーの振り返りを促す。

・「X を成功させるために、どのようなことが必要だとあなたは考えているか、挙げてみてください」
・「X を成し遂げるために、どのようなスキルがあれば十分だと考えていますか」

秘密の領域は、メンティーは知っているが、他者は気づいていない情報である。他者が知っていると考えていなかったことやスキルについての蓋を取り除き、メンティーにとって暗黙状況にあったけれど関連のある知識に刺激を与えるために、メンターは振り返りを支援する。黙認されていた知識が表出されるようにする2つの振り返り手法が、**生成的な**

インタビューと**類推による思考**である。

　生成的なインタビュー（Peet, Walsh, Sober, Rawak 2010）において、メンターであるインタビュアーはメンティーがどのような学びをしてきて、それを生かしてきたか、もしくは人生における経験についてのストーリーを話すことを支援する（どの話をしてもらうかについては、振り返りの目的による）。これらの話から、メンターであるインタビュアーはメンティーにとって隠されていた知識について振り返ることの入り口となるような一連のパターンやテーマを特定しようとする。これらのまずはじめの一歩となるパターンやテーマは、メンティーとも共有・確認され、ほかの場面でどのように生かされるか試行される。

表7.1　新しいジョハリの窓

誰が何を知っている？		
情報	メンティーが知っている	メンティーが知らない
メンティーが有している	開放：メンティーが知っていて、他者も知っている	秘密：隠された知識；メンティーにとっては、他者が知っていると考えていない要素であり、メンティーが承認している知識。課題を達成するために、自分とはこれまで切り離して扱ってきた実際に使っているスキル
メンティーが有してない	盲点：メンティーが知っているが、他者は知らない	未知：この領域や役割のなかで、成功をおさめるための情報

　類推思考はメンティーにとっては、まったく関係がないと考えていた様々なスキルが、現在目の前にある状況に対して十分接続できるということに気づけるような振り返りのアプローチをすることである。類推の過程では、思考は3つの段階で進んでいく。

1）メンティーが表明する事柄を特定すること（例えば、多様な教員の質問にどのように応えるか）

2）メンティーのこれまでの人生において、別の領域ではあったけれども似たような経験

（例えば、家族や仕事、スポーツチームで、社会的な活動や旅行で）がなかったかを尋ねることは、メンターが現実に起こっていることに対応するにあたって意味のあることとして位置付けることができる。

　これは根本的な過程をメンターが特定することを内包（例えば、異なる形をしたものは、異なる方法がとられるべきである）し、そして、メンティーの経験から潜在的に関連がありそうな部分を特定していくのである（例えば、各々の親に対してどのようにアプローチするか、現在の仕事においてマネージャーにどのようにアプローチするか、スポーツチームのコーチにどのようにアプローチするか）。

3）メンターによって探索され（例えば、問題解決の戦略について、明らかにするようなことを手助けするような質問をすること）、繋げられる（似たような戦略が今の状況で生かすことができそうか）ことによって、メンティーは初めは認識できていなかったけれど、問題に目を向けるための有効なツールを他者が有していることを実感することを手助けする。潜在的に探索することは精巧に練っていくことである（「それについて、もう少し説明してくださいませんか」）、もしくは定義を求めて（「あなたがXというとき、あなたは何を意味していますか」）、より明瞭にすることを求めて（「最後の発言について説明してください」）。

★ **演習問題 7.1　類推による思考**

　類推による思考は３つの段階を伴う。

1．問題を特定する
　下記に示した問題から１つ選ぶか、もしくはあなたが現在関わっているメンタリング活動に関連した問題を特定する。
・大学入学についての奨学金をどのように選んで、応募するか（高校生）
・SATやACTを受検するためにどのように準備するか（高校生）
・課題に対する教授の期待にどのように応えるか（大学の新入生）
・初めて訪れるキャンパスで、どのように教室の場所を把握するか（大学の新入生）
・初めて訪れるキャンパスで、どのようにより繋がりを感じられるか（大学の新入生）

質問１：何が問題か？

2．類似していて、潜在的な経験を掘り起こす

質問2a：特定されるべき問題に関わることで、そこに横たわっているような過程について説明してください。

質問2b：メンティー自身の生活において、これまで経験した似たような経験を描写してください。

3. 探索し、さらに繋げる

質問3a(探索する)：質問2で述べたようにこれまでどのような問題解決の戦略を使ってきたか描写してください。

質問3b（繋げる）：あなた自身の問題に対応するにあたって、どのような問題解決の戦略を使ってきたか描写してください。

盲点な領域は、メンティーはその存在に気づいているが、他者は知らない事実にあたる。メンタリングはメンティーがすでに気づいているけれども、他者は知らないという事実を認識するにあたって鍵となる役割を果たす。例えば、試験に向けてどのように準備すべきかを明確にするにあたり一番良い情報は教員のところにあることを認識しているものの、どのように教員にアプローチしたらいいのか分からないのである。この文脈において、メンターの優れた経験があることにより、他者がこの問題への対応に対して有効であると証明された戦略をすでに使いこなしている。これらの戦略を共有することにより、実際にその情報を獲得するために、どのようにしたらいいのか、見つけられなかったり、知られていない重要な情報が存在しているということを、メンティーが知っていくことをメンターが手助けする。

未知の領域は、例えば、目標を達成するためにまだ持ち合わせていないと考えていたり、気づいていないけれども、学生が成功を収めるために必要な情報である。メンティーは、彼や彼女自身がその成功のためにとても大切であった情報を見落としていることに気づいていない。なぜなら、メンティーはこの情報の重要性に気づいていないのであり、他者も同様に、それらが学生の成功にとって必要となる最小レベルの行動特性であることを含めて考えていない。

これはメンターが支援をする、ほかの場面である。メンターは重要な問題を特定するだけではなく、メンターの経験知や熟練の技に基づいて、問題に対応するために適切であろうと高く見込める戦略と同様に、問題にうまく対応するためのあらゆる資源を共有することもできる。

メンティーが直面している問題について、どのようにこれまで学んできたのかを共有してもらうことは、メンターやメンティーにとって、とても有効である。メンターの助言を受け入れることにより、メンティーは成功の見込みに乏しい（未熟練であるために、試行や失敗のプロセス）。しかしながら、メンタリングとは、多様で新しい選択肢を内包する意思決定という複雑な過程が、シンプルな判断に置き換えられるということである。メンターは信頼でき価値が十分でないことでも、うまく対応し成功させられる存在なのだろう

か。

　新しいジョハリの窓がサービス・ラーニングプロジェクトでどのように利用されるか説明するために、大学生のメンターであるタママと高校生のメンティーであるウィリアムについての話から考えてみよう。

次なるステップを忘れないで

　メンターとして、メンティーが有していない、もしくは過去に有していなかった、さもなければ、見出されていなかった能力や問題解決スキルを他者によって認識させられるように、自分への信頼と自己肯定感に目を向けるようにすることは成長の刺激になる。これは絶好の瞬間であり、メンティーがさらに成長するために、もう一度振り返りをおこなうということを教える絶好のチャンスである。新しいジョハリの窓の活動を現在や未来といった幅広い状況に活用していくことによって、メンティーがどのように問題解決をしていくか考えることを支援していく。 このような類の振り返りを活性化するために有効な刺激をあたえる一連のことは、**演習問題6.3**のステップ3で見つめることができる。優秀なメンターはメンティーが成長し学びを促進させるあらゆる機会を探すものだ、ということを忘れないでほしい。

まとめ

　ピア関係をもとにすることで、多様な領域において、学生が物事を成し遂げるために効果的な影響を与えているにも関わらず、多くの場合、学生はほかの学生に対する影響を過小評価している。この章では、私たちはピアによるメンタリングの関係が、エンパワーメントとキャパシティビルディングに直接的に関連しているということを探ってきた。サービス・ラーニングクラスを通して、あなたは自分自身やサービス活動を通して出会う、コミュニティに関わる人々をエンパワーメントする機会を有している。

事例：新しいジョハリの窓を通して見つめるメンタリング、サービス活動、そして学習

　ウィリアムは近隣地域を改善していく活動グループの一員であり、地域社会をエンパワーメントし、その近隣地域の見栄えを良くするだけでなく、陰を増やしていくことで、その地域のなかで涼しい家を増やしていくことに誇りをもって取り組んでいた。彼のメンターであるタママは、サービス・ラーニングの授業を履修していて、植樹をするプロジェクトで、近隣のユースにメンターをしている学生である。そのメンターとメンティーのペアは、そのプロジェクトと近隣地域活動が住民にもたらす価値について広めるための計画を新しく作り出すというタスク（課題）が与えら

れた。タママは、ウィリアムに「私たちに与えられた課題を全うするために、何が必要となるのか話し合いましょう」と尋ねるところから始めた。彼は少し考えてから「近隣地域で植樹し、そして一度植樹をしたら、それを維持し続けることの価値について私たちが手に入れられるだけの情報を手に入れることが必要だと思われるし、それらを地域に浸透させるために系統立てられた方法が必要である。これらのことはとても難しいタスクであり、まずはじめに何をしたらいいのか分からない」と答えた。タママメンティーがこれらのタスクを進めるために一番良い方法を明確にすることを手助けするために、新しいジョハリの窓について活用する。

　メンターはまずはじめに開放の領域、つまりメンティーがすでに知っている問題解決のやり方に目を向けた。タママは「私はあなたの隣人の一人ですが、この植樹活動がなぜ私たちの近隣地域と私にとって価値があるのか、あなたがすでに知っていることを教えてほしい」とウィリアムに真正面から尋ねた。ウィリアムは「あなたの家の前に植樹をする１つの理由は、一年中植物の美しさを楽しめるようになることがあなた自身にとっても意味のあるものになるだろうということ。２つ目は木々が成長したあとに、夏の暑い時期に、その陰が家を涼しくするであろう、それによって、ファンやエアコンを動かすための電気代にお金を使う必要がなくなるだろうということ。植樹をすることによって、木が植えられた区画のすべての家の価値があがっていることから、あなたとその近隣地域全体にとって利益をもたらすことでしょう。そして、もし都市のなかで、家を持つ人々が１つ木を植えたなら、木から排出される酸素によって空気がよくなることでしょう」と答えた。

　タママは次にこの新しいジョハリの窓モデルにおける盲点のセルに意識を向け、彼にとってまだ見えていないけれども、この近隣地域の人々に動いてもらうためにはどうしたらいいか協議をすることの重要性に気づかせようとした。「ウィリアム、これは人々が参加する一連の理由をあげているけれど、このプロジェクトについて住民たちに説明する前に、ほかに必要な情報は何かしら？」、ウィリアムは、「木を植えることやどのように木々の手入れをするかについて詳しく聞かれることが心配なんです。私はガーデニングについてそんなに深く知らないので、こうした問題が起きそうなことが分かっているのですよ」と答えた。タママは数分考えたのち、「私のクラスに手助けしてくれるほかのメンターがいるわよ。ヘクターの家族が苗床を持っているし、ケイリーはコミュニティガーデンプログラムで活動しているわよ。私たちは、木々を植えて手入れについて必要となる情報を彼らから得られるわよ。ほかに事前に準備しておくべきことはあるかしら？」

　ウィリアムがこれで私が知りたかった情報をすべて得られたよ、と言ったとき、タママはメンティーがまだ見えていないし、またその重要性にも気づいていない、ジョハリの窓モデルの未知の領域に関心を向けた。そして、タママは「私たちがまだ話し合っていないけれども、今後家の所有者たちが直面する問題があるわよ。プロジェクトをはじめる前に、まず、市が電力と水をきちんとひいてくるということ

を保証しなくてはならない。2つ目に、木々の落ち葉を集めたり、処分するにあたっての家の所有者がどの範囲まで対応しなくてはいけないのかについての情報を市からあらかじめ入手しておく必要がある」と続けた。

　ウィリアムは驚き、今、重要だと認識したけれども、そのどちらの問題も考えられていなかったことにびっくりした。タママは実際にコミュニティで活動するにあたり、どのように系統立てた準備をするかについて、「まだ話し合われていないことがあるわね」といった。「私はコミュニティで活動をおこす経験はないんです。私にとっては全くはじめてなんです」

　タママはメンティーがすでに持ち得ているにもかかわらず、持ち得ていないと考えている、新しいジョハリの窓モデルの秘密の領域に目を向けた。「ウィリアム、あなたの学校や教会、スポーツチームで、ファンドレイジングをしたことがあるか考えられるかしら？」彼は、「昨年、サッカーチームのメンバーが空き缶やボトルを集めて、現金にすることでユニフォームを購入する足しにするために、この近隣地域に訪れていたよ。私たちはそれでけっこうなお金を集めたんだよ」と答えた。タママは彼にもうひと押しして「何がそのプロジェクトを成功に導いたのかしら」と聞いた。ウィリアムは少しの間考えて、「私たちは3人ずつのグループに分けたんだよ、なぜなら一人で行くよりも、3人で行くほうが断られづらいからね、そしてそれぞれのグループは選手たちが住んでいる場所にもっとも近い家、誰が自分たちに協力してくれるかわかっている家を訪問することに集中させたんですよ。そして、私たちが実際にサッカーの選手だって見て分かるように、家を訪れるときには、サッカーの運動着を着ていったんです」。タママは「サッカーのプロジェクトでとてもうまく機能したこの戦略をどのように私たちの活動に生かせるかしら」と続けた。ウィリアムは瞬く間にそれを関連づけて、「私たちはこの近隣地域を3つか4つのブロックごとの地域に分けて、私たちのユース組織がこれまで関わりのあった子どもたちを2人ペアに構成することで、断られづらいようにするんだ、そうして子どもたちのことを知っている近所を訪れていけるんだ。そして、私たちは植樹プロジェクトのTシャツを着ることで、私たちが植樹プロジェクトのメンバーであるとすぐに分かってもらうようにするんです」。

　ウィリアムはどのように木を植えて手を入れていったらいいかという情報を得るために、ヘクターとケイリーに会い、どのように住民が市のなかに存在する埋もれた電力がある場所を特定し、それを使えるようにできるか、公共事業を扱う会社にコンタクトをとった。タママは落ち葉の処理における住民の責任について公衆衛生部から情報を得る手助けをした。そして、ウィリアムはより広範なコミュニティを向上させるより大きな集団で、彼がどのようにプロジェクトを進めてきたのか、どのように人々が協力してきたのかについて発表した。タママは、彼が立派にプロジェクトを成し遂げたことを褒めると、ウィリアムは、私が想像していた以上に物事を成し遂げられるということを実感できるように、手助けしてくれた、と言った。

　メンティーによってメンティーがすでに有しているが秘密の知識を開いていくような振り返りが重要であるように、メンターがおこなう振り返りにとって、メンティーにとっては未知の領域である知識や問題解決についての戦略を明らかにしていくことはとても大切である。あなたは自身がこれまで対応してきた問題解決に対する戦略のいくつかにまずはじめに気づくかもしれない。しかし、ほかの人々はあなた自身の段階的な仮説を、ようやくはっきりと理解するかもしれない。

　演習問題 7.1　類推による思考で特定したような問題に戻ろう。あなたが現在知っているすべてのことに基づいて、この問題を取り扱うための最良の戦略はどのようなものだろうか。あなたは、これが最適な方法だとなぜ信じられるのだろうか。この問題に対して、あなたがほかにどのようなアプローチを試してみたことで、これがベストだといえるのだろうか。あなたがこれまで試みた方法に比べて、今回選択した問題解決に関する戦略がより良く機能するといえるのだろうか。

　支援の手段としての語りがもつ力を低く見ないでほしい。メンティーはこれまでうまくいかなかったことからではなく、問題解決をした経験からより多くを学んでいるのである。あなたがメンターであるということは、信頼だけではなく、より専門家であるということである。

理解をさらに深めるための推奨図書

Cress, C., Burack, C., Giles, D., Elkins, J., and Stevens, M. (2010). A PromisinConnection: Increasing College Access and Success through Civic Engagement., Boston: Campus Compact.

Kuh, G. D (1995). The Other Curriculum: Out-of-Class Experiences Associated with Student Learning and Personal Development. Journal of Higher Education, 66 (2), 123-155.

Peet, M. & Walsh, K. (2010). Generative Knowledge Interviewing: A method for knowledge transfer and talent management at the University of Michigan. International Journal of Educational Advancement, 10, 71-85.

Smith, B. (2007). Accessing Social Capital through the Academic Mentoring Process. Equity & Excellence in Education, 40 (1), 30-46.

重要な概念	
メンタリングの二元的機能	ヒエラルキーを有するメンタリング

| オンラインメンタリング | 新しいジョハリの窓 |
| ピアメンタリング | イー・メンタリング |

重要な問い

・メンターとメンティーが初期の信頼関係を形成する方法はどのようなものか。

・オンラインメンタリングの潜在的な利益はどのようなものか。限界はあるのだろうか。

・メンタリングが学生の成功や物事を結実させ、根気強さを育成するにあたり、よい影響を与えているという二次元機能モデルをどのように説明するか。

・新しいジョハリの窓モデルにおいて、メンタリングと振り返りがどのようにともに機能し、成功に導くための知恵をどのように蓄積しているか。

第8章　リーダーシップとサービス・ラーニング：
変革を進める

ピーター・J・コリアル（翻訳　前田　芳男）

　思い出してほしい。この本の目的は、どうすればあなたが地域団体や組織に対し重要で
意味のあるサービスを最良の形で提供できるかを学ぶことを助け、同時に、新しい技術
や知識を獲得するとともに、現在取り組んでいるサービス・ラーニングのプロジェクト
を超えて様々な状況にあなたが適応できるということを理解させることにある。第3章
で、私たちは、リーダーとは、前向きな成果をもたらすために自らの技術や知識を用いる
チェンジ・エージェント（変革をもたらすもの）であることを学んだ。さらに第4章では、
グループの相互作用を探求し、他者との健全な相互作用を通してグループの機能や生産性
を向上させる秘訣を探り、グループを成功に導くために必要なグループ内での個々人の役
割の違いを明確にした。実際に、協調することや共通の目標に向かって他人を動機づけす
ることは、リーダーシップの開発における7つのC（自意識、一致、深い関与、協働、共
通の目的、礼節を伴った論争、市民性）の有用性に太鼓判を押すことになる。これは、第
3章で議論したことである。

★ **演習問題 8.1　あなたが称賛するリーダー**

　私たちは、日々の生活の多様な場面——家族、仕事、政治、地域団体、宗教団体、
スポーツチーム、社会運動——でリーダーに出会う。また、私たちは、歴史の教科
書で過去の有名なリーダーについて学び、新しいメディアから現代のリーダーにつ
いて学ぶ。そして、私たちは、リーダーを異なる理由——その成したことや、特別
な社会的価値を伸長したこと、他者の力を引き出したこと——から評価する。最初
の演習問題として、様々な生活分野からあなたが称賛するリーダーを抽出し、そし
て以下の質問に答えてみよう。

・あなたが最も称賛するリーダーは誰か。
・その人は、どのように自分自身が有能なリーダーであることを示したのか。
・その人は、自らを有効なリーダーであらしめるために役立ついかなる資質を持って
　いたのだろうか。

リーダーシップのモデル

　リーダーシップの問題は、人間の歴史を通してずっと重要であり続けているのであるが

（例えば、ペリシテ人[10]は、イスラエルとの摩擦の中で、ゴリアテ[11]が彼らを導く最良のリーダーであるといかにして決定しただろうか）、リーダーシップを人の力を引き出す作用であると理解することは、サービス・ラーニングのプロジェクトにおいて特に重要である。

ある者は、人を導くために生まれてきた

　リーダーシップ偉人論では、ある者は、その性格やユニークな個性によって人を導くことを運命づけられている、とされる。最初にこのモデルを提唱したのは、英国の文筆家Thomas Carlyle（1981）であった。最初に検証された個性の種類は、身体の特質（大きさ、強さ、外見等）、性格の特徴（調整、共感、カリスマ等）、そして思考する能力（分析する力、統合する力、組織化する力等）であるが、それらは、決定的な所見を提示することも、誰がグループのリーダーとして浮上してくるかについてのまともな予言もできなかった。このモデルは、学者の間では熱を失ったが、それにも関わらず、私たちは今なお、この概念に基づいて形成されたとみられるリーダーシップ決定の事例を見ることができる―特に合衆国の政治において（例えば、ブッシュ家のジョージ H.W.、ジョージ W.、ジェブ。ケネディー族のジョン、ロバート、テッド、パトリック）。

あるべき時にあるべき場所で

　リーダーシップの状況的モデルは、グループの物的及び社会的な構造と同じく、それを取り巻く環境と事の成り行きが、単にその場に居合わせた一個人に対し、いかにリーダーの地位をもたらすかに焦点を当てる。このアプローチでは、偉大なリーダーが起きるべき大きな出来事を生み出すと主張する代わりに、大きな出来事は歴史の力が生み出したものであり、偉大な個人がそこにいようがいまいが起きるものだという見方をする。

　また、その状況を構成する諸要素は、誰がグループのリーダーになるかに影響を及ぼす。例えば、コミュニケーション・ネットワークの研究においては、リーダーシップにはコミュニケーションが必要であるから、最もよくコミュニケーションができる者がリーダーになりがちであると認められている。コミュニケーション・ネットワークの中では、あたかも車輪のように、すべての情報がスポークを通してグループのメンバーから車輪の中心あるいはハブに位置する一個人につながり、その人が、主としてそのネットワーク上の立ち位置によってリーダーとなりやすいのである（Leavitt 1951）。別の個人をハブの要に置けば、その人が新たなリーダーになるだろう。

行動における状況的リーダーシップ：天安門広場の戦車男

　1989 年 6 月 5 日、2 週間に及ぶ大規模な抗議活動を中国人民共和国軍が解散さ

10　訳者注：パレスチナの南西部に住んでいた民族で、イスラエル人の敵とされた民族。

11　訳者注：ダビデに殺されたペリシテ人の巨人。

せようと努力を続けている最中、その時既に数百人の死者を出すに至っていたのだが、中国治安部隊は、百万人もの座り込み抗議中の中国人を排除しようと、15両の戦車の隊列を北京の天安門広場に送った。武装した兵士団が、座り込んで抗議する人々を圧倒しかけたまさにその時、白いシャツを着て手には買い物袋のようなものを2つ下げた男が立ち上がり、まっすぐに先頭の戦車に向かって進んでいった。戦車は彼を避けようとしたが、彼は繰り返し戦車の正面に位置を取り直した。最後には、この男は戦車によじ登り、戦車の司令官を対話に引き出したーそして「お前はなぜここにいるのか?」という根本的な問いを投げかけた。その結果、ついに戦車は撤退し、世界最多の国民の大衆の力の中に立ち上がった一人の男のイメージは、変革をもたらす一個人の強さという偶像的イメージとして世界に印象付けられた。Time magazine article (Iyer 1998) に報告されたように「彼は、歴史学上の偉大な男とは対極にあった」のである。(Witty 2009 も参照されたし)

リーダーシップの新たな見通し

21世紀の世界の複雑さ、多様さゆえに、過去に活躍した偉大な人間や生まれついてのリーダーといった伝統的考え方による階級的リーダーシップの捉え方は、もはや効果的ではない。むしろ、世界的な関心事であるコミュニティが、利害関係者を取り込み、他者の力を引き出すうえで、リーダーを求めるのである。人々が形成する多様なグループが、そのコミュニティの構成員から快適さと利益を実感することのできる環境を創造し、コミュニティを形成していけることに大きな価値があるのである。

リーダーシップの研究者であるMargaret Wheatley (1994) の言説の一部であるが、彼女は、量子力学やカオス理論といった新しい科学から得られる概念が、私たちのリーダーシップに関する理解にいかに影響を与えているかについて次のように記している。

従前、私たちがつらい仕事に焦点を当てたとき、そして人々が煩わしく不自由な状況にあったとき、私たちは"状況的"リーダーシップについて考えたーその状況はいかに私たちのスタイルの選択に影響しうるか、と。しかし近年では、リーダーシップについて異なる理解がされるようになった。リーダーシップは常に文脈に左右されるが、その文脈は、私たちが価値あるものと評価する、人と人の関係によって確立されるのである。(Wheatley 1994: 144)

他者の最もすばらしいところを引き出す

現代の2つのリーダーシップモデルは、関係性構築の重要性を強調する。変容的リーダーシップ (Bass 1985, Burns 1978) 及びサーバントリーダーシップ・モデル (Greenleaf 1977) では、効果的なリーダーとは、グループのメンバーに焦点を当て、個人の熟考と

それに追従する者の理解をもたらす人であることを重視する。

　変容的リーダーシップは、リーダーの役割として、グループメンバーの見解や行動の変容を促すことを重視する。それによって、グループメンバーは、狭隘な個々の自己利益を超え、全体としてすべての組織、社会の双方に何が良いかということに焦点を当てるべく動くのである。Bass（1985）は、変容的リーダーは、ビジョンが共有され、互いに信頼できる気運が醸成されるような環境をより良くしようとする、と述べている。

　変容的リーダーシップのアプローチは、このタイプのリーダーシップが、個々のグループの目標に応じて社会の前向きな成果の広がりに貢献することから、サービス・ラーニングのプロジェクトに関係づけられる。例えば、合衆国の投票推進プロジェクトにおける変容的リーダーシップは、14 の異なる活動団体のメンバーを 1 つのキャンペーンに統合させることに役立ち、その結果、2006 年の合衆国議会選挙において 18 歳から 30 歳の 50 万人以上の人を選挙者登録させ、24％の投票者増に寄与した（Oshyn & Wnag 2007）。同じように**サーバントリーダーシップ**は、他者を変容させることを求める。しかし、このアプローチでは、他者の内なる力を引き出し、個々人のニーズに向き合わせることを重視する。Greenleaf（1977）によれば、サーバントリーダーシップの焦点は、自身にではなく他者にあるとされる。サーバントリーダーのそうした潜在的な動機ゆえに、自分の利益ではなく他者に対してより大きな恵みをもたらすのである。変容的リーダーと同様、サーバントリーダーもグループにビジョンを与える。しかし、ここで重視されるのは、各々の人の能力を開発することと、彼らを鼓舞し、その目標を達成することを手助けすることである（McMinn 2001）。

　サーバントリーダーには影響力がある。なぜなら、グループメンバーは彼らを信用でき信頼に足る人とみるからである。サーバントリーダーシップは、それが他者の力を引き出すことや、各々の能力を試してみることを重視する点において、サービス・ラーニングのプロジェクトと特に関係がある。

　例えば、1999 年から、ポートランド州立大学のサービス・プログラム——サーバントリーダーモデルによって構築されている——における学生リーダーは、1 学年 25 人の学生集団を指導し、その活動を支援した。その学生たちは、通年で週に 10 時間、地域の組織にサービスする約束をしており、彼らは、そこで直接働いたり、大学とコミュニティの間の連絡係としての活動をしたり、それらの組織が重要な社会問題を処理する能力を確立するために大学の資源をその組織と結び付けたりした。2011 年には、学生リーダーたちは、日々のサービスを通して、1500 人以上のポートランド州立大生、教員、職員、コミュニティメンバーを取り込んだプロジェクトを推進した。それには、Alternative Spring Break（もう 1 つの春休み）、New Students Day of Service（新入生のための貢献活動の日）、Martin Luther King Jr. Day of Service（キング牧師記念日の奉仕活動）、Earth Week（地球環境保全ウィーク）が含まれる（Portland State University, Center for Academic Excellence 2011）。

演習問題 8.2　リーダーとしてのあなた

　あなたの生活の様々な場面（家庭、学校、スポーツ、仕事、ボランティア）での
あなた自身のリーダーシップの経験について考えてみよう。

・あなたがこれまでにとった最良のリーダーシップの経験を記述してみよう。
・この状況で、あなたはどのような種類のリーダーシップのタイプを用いたのか、説
　明してみよう。
・このリーダーシップの経験の中で、あなたはどんな効果的な戦術を用いたのか。
・この状況下で、あなたのリーダーとしての成功に、個人の資質の何が寄与したと考
　えるか。それぞれの資質がどのようにあなたのリーダーシップの成功に寄与したか
　を説明してみよう。
・あなたは、このリーダーシップの経験の中で、いかなる効果的な戦術を用いたのか。
・この状況で用いた効果的な戦術は、現在のあなたのサービス・ラーニングのプロジェ
　クトの中でどのように使われているだろうか。

異文化間の文脈の中でのリーダーシップ

　直面するあらゆる状況に影響を与えるために、リーダーは自分自身の目的や価値のため
だけでなく、第5章で特筆したように、リーダーと相互に影響し合う人々の目的や価値
や複雑なネットワークの文化をよく考慮しなければならない。

　学校のようなサービス・ラーニングの現場において効果的なリーダーシップのスタイル
は、Planned Parenthood（家族計画）のような別の非営利組織においては異なる理
解がなされるだろう。まして、アフリカ系アメリカ人やラテン系住区、ロシア・ウクライ
ナ移民へのアウトリーチプログラムで仕事をするときには、対人関係のスタイルやグルー
プダイナミックスには、各々に微妙ではあるが重要な違いがある。

　効果的なリーダーシップのスタイルは何から形成されるのか。それは、私たちの人生経
験や、それが成功であれ失敗であれ、私たちの日々の暮らしの一部として様々な目的を達
成するために私たちが過去に用いた戦術に由来している。

　Lipman-Blumen（2000）は、スタイルを作り上げるこれらの戦術を、個々人が重要
な目的を達成するときに用いる行動や実行のセットとして言及している。

　子どものように、私たちは、物事がどのように成されるかを学ぶ。例えば、あなたは一
人で仕事をすることを好むかもしれない。なぜなら、あなたは常にいかに事を進めるかに
ついての明快な考えを持っており、他の人が妨げになるとみているから。または、あなた
が他の子どもより大きくて、彼らを力ずくの脅しによってあなたの希望に従わせることが
できると思い描くからかもしれない。もしかすると、あなたが魅力的で優れた対話のでき
る人であれば、あなたが望むところを他の人にさせるよう説得することができると分かっ

ているからかもしれない。私たちは皆、互いに異なる方向の期待と異なる文化的規範をもつ別々の家族に育つから、皆が同じ行動をすることを重視することは学ばない。試行錯誤のプロセス、成功への褒美と失敗への咎めを通して、私たちは、それぞれにとってうまくいきやすい戦術の組み合わせを発見するのである。

　スタイルの確立は、そのまま効果的リーダーシップにつながる。リーダーシップは、グループ形成において個人のスタイルが確立した結果である。今日の相互に結び付いたグローバル社会において、成功するリーダー像は、複数のリーダーシップスタイルのレパートリーの上、またはグループの前向きな成果を最大化するアプローチの上に描かれる必要がある。(Lipman-Blumen 2000; Wheatley 1994)。1つのアプローチでは、最適な結果を生み出さないだろう。要するに、効果的リーダーシップ・アプローチを構築するのは、特別な文脈の中でどのニーズが達成されるかということにかかっているのである。

　先述したように、文化は、特別なリーダーシップ・アプローチが正当と認められるかどうかを決定する上で重要な役割を果たす。異なるグループにおいてそれぞれ変わる文化的基盤が、複雑な問題をはらむ状況において、何が適切なリーダーシップ・アプローチかを特定する。例えば、ある文化は、グループのための明確なビジョンを持つ強い意志を持った個人としてリーダーを評価する（しばしば、指示的リーダーと呼ばれる）、他方、別の文化は、グループの中心となる静かなファシリテーターとしてリーダーを評価する（しばしば、非指示的、または関係性的リーダーと呼ばれる）。さらに、別の文化は、これら2つを混合したモデル（しばしば説得者と呼ばれる）を評価する。

　これは、コミュニティの中で識字率を向上させたり環境保全をしたりするような、複雑な問題のサービス・ラーニングに私たちが参画するときのように、利害関係者のグループ（例えば、コミュニティパートナーである組織,近隣住民）——それらが適切なリーダーシップスタイルだと考えているものが、私たちが最も心地よいと感じるそれとは大きく異なる——への対応を迫られることを意味している。学生として、あなたは、異文化にも適用できる広い範囲のリーダーシップの戦術（または道具）に精通しなければならない。なぜなら、個人、組織、そしてコミュニティは、それぞれに別物であるからだ。

　例えるなら、リーダーシップの知識や技術は、**図 8.1** に示すような道具箱や道具一式のようにカテゴライズすることができる。**リーダーシップの道具箱**は、扱われる争点、問題、課題に対する最良の戦術に仕切られている。例えば、第4章でみたように、グループの凝集力が無くなっていくとき、いくつものリーダーシップ・アプローチが、様々な成功事例とともに用いられる。グループの文化的多様性やどのリーダーシップスタイルを適用するかを決める見識を獲得することは、サービス・ラーニングの学習課題の1つであり、機会でもある。

★ **演習問題 8.3　あなたと指示的リーダーシップ**

　グループにおける指示的リーダーシップ・アプローチの核心は、当面する仕事を

いかに進めるかに関し、リーダーがグループメンバーに指示することが許されるという考え方である。このように他者に指示する力は、権威によると言ってよい（例えば、社会やグループによって正統であると認められる力、警官や選挙によって選ばれた者）、専門家（例えば、リーダーがグループの仕事への心づかいにおいてより多くの知識や経験を有するという認識）。指示的リーダーは、基本的にグループの仕事を処理することに関して最良の計画を持っていると信じている。私たちは、人生：仕事、軍隊、スポーツチーム、そして特に学校の、複数の場面で指示的リーダーの状況に出くわす。この演習問題では、指示的リーダーシップをあなたの過去の経験に照らして省察することと、サービス・ラーニング・プロジェクトにおいて、いつこのタイプのリーダーシップを適用するかを考えよう。

・グループで活動する状況において、あなたが指示的リーダーシップ・アプローチを用いた状況を記述してみよう。
・このアプローチは、グループの目的を達成する上で成功しただろうか。
・あなたがこのリーダーシップ・アプローチを採用するのに、グループの残りの人はどのように反応しただろうか。
・あなたは、このリーダーシップ・アプローチを用いた経験をどのように感じたのか。
・指示的リーダーシップ・アプローチは、サービス・ラーニングのプロジェクトにおいて、いつ使うことが適当だろうか。あなたの考えを書いてみよう。
・指示的リーダーシップ・アプローチは、サービス・ラーニングのプロジェクトにおいて、いつ使うことが不適切だろうか。あなたの考えを書いてみよう。

リーダーシップの道具箱

　Jean Lipman-Blumen（2000）は、3つのリーダーシップのグループを明確にしている。指示的、関係性的、そして間接的である。それらが個人やグループや組織の文化に適合するとき、彼女はそれを**結合的リーダーシップ**と呼ぶ。

　Lipman-Blumen（2000）によれば、私たちには、好みのリーダーシップがあると言う。私たちのある者は、より指示的で、他者に私たちのビジョンを語り、目的に向かって刺激を与える。別の者は、関係性的であり、グループを団結させるために個々人の強みをつなぎ合わせる。さらに別の者は、間接的であり、

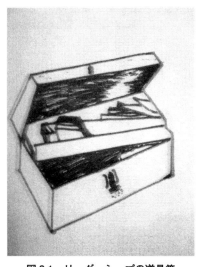

図8.1　リーダーシップの道具箱

成果を出すために人、計画、資源を結び付ける。

　さて、ちょうど道具箱が、ねじ回しやレンチや金槌に仕切りをしているように、私たちの道具箱は、リーダーシップ・アプローチの特別なファミリーである指示的、関係性的、間接的に仕切られている。あたかも、大工や型枠工、配管工がそれぞれの仕事を仕上げるために異なる道具を用いるように、サービス・ラーニングのクラスの学生にとって、なすべきことのために必要なものが何かによって、異なるリーダーシップ・アプローチを用いることを可能にするうえで、道具箱は有用である。これが、結合的リーダーシップのエッセンスであり、いつ**ディレクター**や**コネクター**や**説得者**であればよいかが分かる。

　ディレクターは、もっぱら**指示的リーダーシップ・アプローチ**を採用する。組織作りにおいて、ディレクターは、ほかの人をリードし、何をすべきかを語ることによって、力と権威を行使する。しばしば、ディレクターは、仕事を完遂するための最良の計画があると確信している。ディレクターは、競争的であり、自分が他者の能力を超えているときにのみ満足するだろう。また、グループメンバーに影響を与えコントロールするために技術を使うだろう。例えば、サービス・ラーニングのプロジェクトの中でグループメンバーを計画立案から行動へと進めようとする際、そのためのお気に入りの計画を持っているディレクターは、限られた選択肢の中でどれを選ぶか、あらかたの予定を掲げるだろう。

　同時に、このアプローチは、いつこのリーダーシップ・アプローチを用いることが適切であるかを知り、いつが逆効果であるかを証明する上で重要であることから、多くの大学での学習（例えば、相対評価における成績付け）やサービス・ラーニングのプロジェクトにおいて奨励されている。

　コネクターは、**関係性的リーダーシップ・アプローチ**を専門とし、より相互依存的であろうとする。彼らはまた、グループ内で目的を達成するために働くことを好む。しかし、説得者のように個人の目的に焦点を当てるのではなく、グループの目的を優先する。コネクターは、協働を評価し、他の人が目的を達成することを支援する。なぜならば、コネクターは、自分と彼らを同一視することができるからだ。しばしば、コネクターは、互いを結び付け、また、ほかの人との新しい結びつきを促進することによって、グループの成功を促進する社会的接着剤として奉仕する。

　コネクターは、グループ同士と、自身のグループのメンバー同士を結び付けるための技術（例えば、Google Document の共有、wiki の立ち上げなど）を用いる。この章で既に述べたが、変容的及びサーバントリーダーシップ・モデルは、リーダーシップへのこのアプローチの例である。

　説得者は、**間接的リーダーシップ・アプローチ**を専門とする。彼らは、社交的でありたがり、グループ作りにおいて影響を及ぼそうとする。説得者は、グループメンバーがなんらかの役についたり、説得者の目的にかなう仕事を引き受けるように、自身が自由に使えるあらゆる資源を使おうと試みるだろう。説得者はまた、他者を資源（例えば、グループメンバーに、説得者の立場を支持するウェブサイトのリンクを張る）、計画、ロジステックの詳細に目を向けさせたり、あるいは遠ざけたりしようとする。他者に影響が及ぶよう

になると、個々人の性質（例えば、目を引くこと、可愛さ、カリスマ）から説得者のアプローチが正しいと他者に確信させるために周到に作りこんだ議論に至るまで、説得者にとってはすべてが公正なゲームとなる。説得者は、自分の立場を維持するためのｅメールを送信したり、グループ討論の方向を共有するために多数のツイッター投稿をしてメンバーの縦のつながりを作ることなど、他者に影響を及ぼすために技術を用いることにおいては素早いのである。説得者の目的は、変革を促進するために、間接的に人と資源を結び付けることにある。

貢献活動の着眼点：サービス・ラーニングの経験における指示的リーダーシップ

マス・イン・ザ・パーク・キャップストーンのクラスは、一連の教室外活動を通して中学生が数学への関心を高めるプログラムの一環として、大学、高校、中学の学生によって実施された。このプログラムの目的の１つは、中学生たちに新しい、従前とは異なる体験をさせることによって、数学が楽しいものであると分かってもらうことであった。このプログラムでは、大学生が高校生と一緒になって中学生の数学カリキュラムを補強する授業を開発した。その際、大学生は、中学生に数学を教える活動をする高校生の支援に回った。

大学生は、主として教員専攻の予備課程の学生（例えば、教師になる過程にあるもの）であり、キャップストーンの担当教員は数学科のメンバーであった。この、キャップストーンの一部である事前コミュニティ・サービスには、中学校の数学のカリキュラムで扱われている要素を特定すると同時に、高校生がすでに身につけている適切な教育学（例えば、いかに学習教材を提供するか）をはっきりさせることを支援する活動が含まれていた。高校生のパートナーと動き始めたとき、大学生は、どちらかと言えば専門家の役割であった。

サービス経験の最初の段階で、大学生は地域の高校のクラスを訪れた。そのとき高校生たちは、大学生がファシリテートするチームに分けられた。大学生は、地域の中学生が学ぶ数学の授業（例えば、角度や距離）を補い、また図解する活動のアイディアを高校生のグループから引き出すため、ブレーンストーミングを行った。活用可能な活動を列挙したのち、そのグループは、中学生が興味をもちそうな実行可能ないくつかの活動を選び出した。その際、大学生のチームリーダーは、高校生のグループが活動のアイディアを洗練していくことを助け、特に、彼らがしようとしている活動に用いる技術がちゃんと使えるし、やり方に間違いはないのだという自信をもたせた。

それから高校生たちは、大学生の監督の下でその活動をやってみた。その授業内容は、体を使い、文字通り生徒が１つの場所から別の場所へ移動するというもので、高校生は長い紐と指示書（「ここから出発し、４フィート紐をひき、右に90度曲がり、２フィート進んで、左に60度曲がり、2.5フィート進んで…」というようなも

の）を与えられていて、指示されたすべての手順を踏むと、図形ができるというものだった。そして、実際に中学生にその活動をさせてみると、とてもうまくいった。中学生たちは、高校生がクラスを訪れることを楽しんだ。その活動は、本当に中学生の数学体験を強化したのだった。中学生らは、歳の差の少ないお兄さんやお姉さんから学んだからよかったと言った。また、彼らは、高校生がすべて同じ住区からやってきたことも好ましいことだったとした。高校生は、このプロジェクトにとてもよく参画したし、彼らが自分より年下の生徒に教えたこと、そして大学生が彼らにアイディアを求めたことから、自分たちが尊敬されたと感じた。プロジェクトの事後の省察において、彼らは、数学が上達するためのゲームを教えるために中学校に出向いたことは本当に刺激的だったと語った。大学生は、自身の省察において、自分たちがすでに獲得している知識や技術を実際の生活の現場で使う機会を得たことを大いに評価したのであった。

貢献活動の着眼点：サービス・ラーニングの経験における関係性的リーダーシップ

　4年生レベルの「効果的変革」という名のサービス・ラーニングにおいて、学生たちは、自身のパートナーシップを形成するとともに（彼らは10週間の学期のコースを通して25時間ともに活動する）、1つ以上のコミュニティパートナーのミッションのさらに先を行くような、複数のグループ活動を遂行することを協議の上で決定する。このコースは、学生が、コミュニティ変革の努力と合意形成のための具体的な技術を学ぶことのシナジーを確認することを支援するものである。

　学生が、初期段階の合意形成のためにクラスでブレーンストーミングした日、プロジェクトのための多くのアイディアが湧いて出た：非常に重要な取水場の清掃をして地元環境保全団体を支援する、介助犬の訓練を行う協会のための新しい訓練場や排水システムの設計や建設、特別支援学校の生徒のための家族夕食会の支援など。マリアという学生は、彼女の叔母が勤めている協会——郡の市民サービス局にとって、クラスの学生が大きな力になったと述べた。マリアの叔母は、里親に養育されている子どもたちを監督していたが、その子らが親と一緒にやってくる部屋は、制度的な制約からみじめな状態であり、汚れて壊れたおもちゃであふれていた、と何かのついでに言ったことがあった。マリアがサービス・ラーニングのクラスに登録したことを知った叔母は、子どもたちのために、その部屋を、親と一緒に素敵な時間を過ごせる部屋としてより魅力的に作り直すことに興味を持つ学生はいないだろうか、と考えた。

　マリアのクラスの学生たちは、すぐに彼女のアイディアに引き寄せられた。そして、どのようにそれを進めるか、さらなる指示を求めた。マリアは、最近のその部屋がどのようになっているか予備知識がなかったが、協会との連絡役として働けるなら

幸せだと言った。興味を持った学生たちと協会の間での多くの対話を通して——対話はマリアの仲介でなされた——協働によって提案書が作成され、協会に提出された。それにより、仕事ができることになった。サービス・ラーニングの学習者のハブ（車輪の中心）となったマリアと一緒に、プロジェクトに参加した学生たちは、絵を描くための道具やおもちゃなどの寄付を募り、多くの提供を受けた。さらに彼らは、このプロジェクトに対して時間や能力を提供してくれる友だちや愛すべき人々を巻き込んだのであった。

　プロジェクトのある日には、マリアは学生や他のボランティアの努力を促進するために元気よく、早い時間にやってきた。最初のシフトに入った学生たちは、部屋を掃除して空っぽにし、子どもの好む青色の塗装をするために壁をきれいにした。この下塗りの乾いた後は、壁画制作のセウス博士の出番となった。マリアは、セウス博士のもつ芸術的技術の提供により、壁に絵を描くことに同意した。しかし、壁画の制作を総合的に監督することは断り、他の学生——彼らは芸術家ではないし、帽子の中に猫がいる絵なんて描くことができないと強く主張する者もいた——に刷毛を持たせてセウス博士が描いた下絵に色を付けるのをサポートした。合計 12 人ほどの学生とボランティアが、計画立案とプロジェクトの実施に携わった。彼らのすべてが、一連の仕事のどこかに足跡を残したのである。グループが仕事している傍らでは、協会のスタッフは、仕事の進捗を確認するために部屋に張り付いていた。より満足させるべきは子どもたちで、子どもたちは、関係性リーダーシップによってできた（壁の）変化を見て早く喜びたいし、楽しくて幸せになれる場所で遊びたいのにお預けをくらい、その部屋に戻ってくることを待ち望んでいたのだった。

★ **演習問題 8.4　関係性的リーダーシップの道具：連合を創る（グループ演習）**

　関係性的リーダーシップの特徴の 1 つは、他者と結び付くことや他者同士を新たに結び付けることを促すことでグループを成功させうることにある。このロールプレイングシミュレーションの中では、学生は、特定のコミュニティ課題を持つ利害関係者の役を演じてみる。まず個々の利害関係者の利益を明らかにし、続いて、議論されている個々の社会問題にまつわる連合を成立させることに自身のポテンシャルを結び付ける可能性を見出そう。

1. クラスとして、1 つ以上の重要な社会問題を特定しよう。（注：クラスの 6〜8 人の学生に対して 1 つの問題が必要。）それぞれの問題をホワイトボードかフリップチャートに書き出し、みんなが見えるようにしておこう。
2. クラス全体として、どのコミュニティ・グループ——地域、州、連邦機関、特別な利益グループ——が、1 つの社会問題を解決するための俎上にのせられる

べきか話し合おう。特定の利害関係者が討論の対象となることをクラスで合意したら、それぞれ特定された利害関係者の名前を、ホワイトボードがフリップチャートに、問題ごとに書き出しておく。特定された利害関係者の数と、グループの中のメンバーの学生数とは一致しなければならない。インデックスカードにそれぞれの利害関係者の名前を書き出そう。最初の手順で特定された他の全ての問題について、同じことを繰り返す。

3. クラスを問題ごとのグループに分ける。そして、関係者の役割を記入したインデックスカードを、書いた側が見えないようにして、グループの各学生に配る。グループのどのメンバーも、互いに他の利害関係者の特性が分からないように注意する。各学生は5分間で、自分に割り当てられた利害関係者の、問題に対する最初の立場を設定し、その立場を支持するような1つ以上の主張を考える。

4. 学生たちがロールプレイにおいて代弁している利害関係者が誰であるかを特定することはせずに、各グループの学生がそれぞれ演じている利害関係者の話を聞き、問題における各利害関係者の立場をグループメンバーで共有しよう。

5. 各学生は、この問題を処理する上で自分が連合を組める望ましい者は誰か、また、誰が敵対する者かを考え、描きだしてみよう。学生が代弁する利害関係者がいったい誰なのか特定することはしないまま、自分が演じている利害関係者の立場と他のメンバーの見解の類似点に基づいて、自分が誰と協力し合えるかを考えてみよう。

討論のための問い
・この演習問題からあなたが学んだ最も興味深いことは何か。
・連合を成立させる取り組みの中で、あなたはどのような課題を発見したか。
・あなたが、あなたの協力相手として最も驚いた協力者は誰か。
・競合する連合の中で誰が予期せぬ敵対者であるか。
・あなたのサービス・ラーニングのプロジェクトは、議論されている社会問題において、連合の発展をどのように促進させるだろうか。

貢献活動の着眼点：サービス・ラーニングの経験における間接的リーダーシップ

　リサイクル・アウェアネス・プロジェクト（リサイクルの気づきプロジェクト）は、大学生、高校生、小学生が一緒になって実施された。そこでは、お互いから、リサイクル、ゴミの減量、エネルギー保全問題を学んだ。このプロジェクトの1つの目的は、近隣住区のリサイクル活動を改善するために、特に連邦政府の大きな助成金によるハウジングプロジェクトにおいて、小学生くらいの年齢の子どもをターゲットにすることだった。なぜなら、彼らは一般にゴミ出しをするので、どの種のゴミ

をリサイクルのコンテナに入れ、何をゴミとするかを判断しなければならないから
である。大人の市役所職員が、こうしたターゲットになった近隣住区に対して直接
働きかけても成功しないことは立証されていた。それで、プロジェクトを組織した
責任者は、もっと適切なメッセージの発信源——地元高校生——に、適切なリサイ
クルの仕方について必要情報を市民に伝えるようになってほしいと思っていた。

　大学の２つの学期にまたがるキャップストーンのコースの１学期目に、大学生は、
リサイクルとビデオ制作について学び、プロモーションビデオを制作した。彼らは
また、ビデオプロジェクトをうまく遂行するために必要な裏技の指導も受けた。そ
の際、ビデオで扱う話題を気ままに選んだこと、動画の視覚的連続、台本に関して、（必
要に応じて）クラスの担当教員から助言を受け、改良を促され、再度方向づけられ
た。さらに大学生には、高校生のグループ活動を現実に即して順調に進めていくため、
自分たちと同様の結果を出せるようにするための技術が示された。キャップストー
ンコースの２学期目に、大学生は、新しく獲得したリサイクルの専門的知識とビデ
オ制作の経験を、３つの地元高校で行われた６週間の資源保全活動期間の中に、高
校生を指導するために用いた。コースのカギとなるのは、高校生が独自のリサイク
ルのプロモーションビデオを制作することを支援することであった。そのビデオは、
制作された後に地元小学校の３，４，５年生に見せることになっていた。高校生らは、
当初、リサイクルに関する自分の関心のレベルを考慮することなく、ただ独自のビ
デオを作りたがった。それで、高校生たちはまず、ビデオを作る作業の一環として
リサイクルについて学んだ。その後、高校生は、制作したビデオを用いてリサイク
ルについてのプレゼンテーションをするために地元小学校の教室に赴いた。最初の
段階では大学生から教えられる存在であった高校生たちは、次の段階では小学生を
教える先生役になった。そのプロジェクトは、コミュニティと個人の２つのレベル
で成功を収めた。コミュニティレベルの成功例は、１つの大住宅団地の成果である。
そこでは、６週間にわたり９種のゴミ分別が行われ、集めた資源のモニタリング
が実施されたのであるが、高校生によるリサイクル促進活動の後では、従前に比べ
ゴミの量及び質（汚染されていない等）において明らかな改善が確認された。個人
レベルで見ると、高校生自身のリサイクルの知識レベルが向上したこと、そして高
頻度でリサイクルに関わる積極的な行動をする者や、社会に目を向けてリサイクル
を実践する人としての強い一体感を感じるとする者が、プログラム実施後には顕著
に増加することが証明された。コースを省察する中で、大学生たちは、このプログ
ラムへの参加が、いかに彼らのゴミ減量問題の知識を増やしたか、そして彼ら自身
の近隣住区におけるリサイクル促進活動に参画していることで生まれる利益につい
て気づいたのである。このプロジェクトにおいて、大学生の間接的リーダーシップ
——獲得したビデオ制作の知識を使う能力——は、高校生をプロジェクトへ積極的
に参画させるうえで重要な役割を果たした。一人の高校生は、指導してくれた大学
生に「あなたは良いチームリーダーである。あなたは、リサイクルのプロジェクト

とともに私たちを動かし、私たちが良い動画を制作するのを助けた。」と語った。

★ 演習問題 8.5　間接的リーダーシップの道具——あなたの強みに気づく

注：この演習問題は個人またはグループで行われるべきものである。

　間接的リーダーシップの特徴の定義は、他者がリーダーの目的を理解するよう影響を与えるために、問題を処理するためにあらゆる資源を使うことをいとわない、ということである。他方、すべての人は、グループがサービス・ラーニングのプロジェクトを成功させるための努力に貢献しうるものを持っており、しばしば学生は、はじめのうちは自分が既に持っている価値の強みに気づかないでいる。

　この演習問題の第一段階では、あなたが上手にできるすべてのことからの"強みリスト"を作成する。それには、あなたの技術（演技の経験、グラフィックデザインのトレーニング、第二言語を話す能力など）、趣味（木工、お菓子作り、庭仕事など）、興味あること（音楽を聞くこと、スポーツをしたり観たりすること、ブログを書くことなど）が含まれる。リストを作成するときは、クリエイティブであるべきだ。あなたの強みを認識するのに、大きく考えることを恐れてはいけない。作業には、**付録8.1** に示した「強み自覚ワークシート」の左欄を用いよう。

　演習問題の第二段階では、あなたのもつ強みがサービス・ラーニングのプロジェクトにおいてどのように使われるか、よく考えてみよう。面白いことに、学生は、自分に最初から備わっていたと考えられる個人の強みを幅広く確認した後でも、サービス・ラーニングのプロジェクトのための特別な強みの潜在的価値を過小評価しがちである。強みは、様々な方法で使われる。具体的には、信頼の構築（例えば、ヒップホップミュージックという共通の興味を通して）、コミュニケーションの促進（例えば、英語を話せないコミュニティのメンバーとの間で情報共有するために第二言語を使う）、サービス・ラーニング・プロジェクトに関するサービスを提供すること（例えば、コミュニティ・ガーデンの開発を促進するガーデニングの知識や技術）などである。「強み自覚ワークシート」の右欄を用い、クラスのプロジェクトにおいて、あなたの強みがどのように使われうるかを記述しよう。それによって、どんな強みにも使える潜在能力を1つ以上得ることができたなら、素晴らしいことだ。

　グループ活動としてこの作業をする場合は、演習問題の第一段階から始め、個人ごとに強みリストを作ろう。そして、個々の学生の強みリストから1つずつ項目を共有し、グループとしての強みの主要リストを作ろう。個々人のリストにある強みの全てを共有できるまで、これを続けよう。演習問題の第二段階のために、グループで共有した強みの主要リストの中で、どの項目が現在のプロジェクトのために使えるか、グループ全員で考えてみよう。学生同士、それぞれの強みを使う方法につ

いて、大いにブレーンストーミングしてみよう。

変革を促進するサービス・ラーニングのリーダーシップ

　サービス・ラーニング体験は、伝統的な大学の授業よりも幅広くリーダーシップスタイルを開発する機会を学生に提供する。学生が学位取得を追求する重要な理由の１つは、彼らのキャリアの目的達成のために有用な技術を開発することであり、それにはリーダーシップの技術も含まれる。しかしながら、急速な世界の変化という認識に照らせば、学生たちは、とても現実的な課題に直面している。それは、個人主義と指示的リーダーシップスタイル、そしてとりわけ競争志向が強く熱望される今日の世界の文脈——教育的慣例として——の中で、どうすれば社会から求められている成功するリーダーシップスタイルを幅広く開発できるかという問題である。私たちは、第４章　グループは楽しい、グループは楽しくない　の内容やグループ課題を好まない学生の言うことをこれ以上気にする必要はない。なぜなら、個人の成績は、個人主義や直接的な達成度評価の方法ではなく、学生が自分以外の学生が実績を上げた証拠を見出す努力によって決まるからである。

　大学が提供する全課程の一部として、サービス・ラーニングのコースに参加することで得られる大きな利点は、あなたのリーダーシップ道具箱の中に道具を付け足すことである。明らかに、相互連携する今日の世界においてリーダーであるためには、あなたは、指示的リーダー——それは、伝統的な高等教育の中で典型的に重視される直接成果評価においてのみ信頼されているのであるが——以上の者になることを求められる。サービス・ラーニングの経験は、学生に、彼ら自身の説得的及び結合的リーダーシップ・アプローチを試し、開発する機会を提供する。

　時々、通常とは異なる環境のために、別の達成スタイルを使うことを余儀なくされることがある。そして、もし私たちが成功を楽しむなら、私たちは、これらの新しいスタイルを自分たちのリーダーシップのレパートリーに取り込んでもよい（Lipman-Blumen 2000）。サービス・ラーニングの経験は、意図的にこうしたことが起こるようにする。そのために、学生を楽な領域から外に連れ出し、彼らが新しいリーダーシップのスタイルを試すための機会を提供するのである。これは、成功の循環を内包している：学生が新しいリーダーシップスタイルを用いて成功を楽しんでいるなら、彼・彼女らの自信は高まり、そしてそのことが、学生の考える、そのスタイルを使うことの価値、快適さをさらに強化することになる。サービス・ラーニングのコースは特に、コミュニティパートナーと一緒に取り組む、コミュニティにとって最も重要な目的を達成するための協働プロジェクトを通して、関係性リーダーシップスタイルを開発する機会を提供する。

　体験活動に参加する学生にとって別の利点は、コミュニティパートナーが特別な問題や状況に採用するアプローチの仕方を、学生自身のそれと比較できることである。効果的なリーダーは、どのリーダーシップの組み合わせが最大の成果を挙げるために最も適切で効果的であるかを指し示す手がかりとなる状況を評価できることが必要である。私たちのほ

とんどは、その状況の微妙な手がかりを読み取ることがかなり得意だと考える。しかし、同じ状況であっても、同じシグナルを他の人が自分と違う意味で受け取ることに驚く。サービス・ラーニングのプロジェクトに参加することで、学生は、コミュニティパートナーがどのように特別な状況を解釈し、その状況に対してどの達成スタイルが最も適切かを決定する過程を学ぶことで、そのパートナーの有する専門的知識を利用することができる。文化的、組織的な手がかりに対する感受性は、効果的リーダーの最良の質を保証するものである。

　私たちがリーダーシップをとる中で有用なレパートリーの全てを使うとき、状況別の特異の要求に合わせたより適切なスタイルを選択できる。コミュニティづくりにおいてリーダーシップをとる機会を統合し、その経験の深い省察をすることで、サービス・ラーニングは、学生の道具箱の中のリーダーシップの幅を広げる。

理解をさらに深めるための推奨図書

Green, M., Moore, H., & O'Brien, J. (2011) *Asset-based community development: When people care enough to act* (2nd ed.) Toronto, Canada: Inclusion Press.

Greenleaf, R. K. (1977). *Servant leadership: A journey into the nature of legitimate power and greatness.* Mahwah, NJ: Paulist Press.

Johnson, D. W., Maruyama, G., Johnson, R., Nelson, D., & Skon, L. (1981). Effects of cooperative, competitive, and individualistic goal structures on achievement: A meta-analysis. *Psychological Bulletin, 89* (1), 47-62

Komives, S., Lucas, N., & McMahon, T. (2006). *Exploring leadership: For college students who want to make a difference* (2nd ed.). San Francisco: Jossey-Bass

Kuh, G. D. (1995). The other curriculum: Out-of-class experiences associated with student learning and personal development. *Journal of Higher Education, 66* (2), 123-155

Lipman-Blumen, J. (2000). *Connective leadership: Managing in a changing world.* Oxford, UK: Oxford University Press.

Peet, M. R., Walsh, K., Sober, R., & Rawak, C. S. (2010). Generative knowledge interviewing: A method for knowledge transfer and talent management at the University of Michigan. *International Journal of Educational Advancement, 10,* 71-85

Stone, A. G., Russell, R. F., and Patterson, K. (2004). Transformational versus servant leadership: A difference in leader focus. *Leadership &*

Organization Development Journal, 25（4）, 349-361

Tourish, D., & Vatcha, N. (2005). Charismatic leadership and corporate cultism at Enron: The elimination of dissent, the promotion of conformity and organizational collapse. *Leadership*, 1（4）, 455-468

Wheatley, M. J. (2006). *Leadership and the new science: Discovering order in a chaotic world*. San Francisco: Berrest-Koehler.

重要な概念

関係性的リーダーシップ・アプローチ	指示的リーダーシップ・アプローチ
指導者	リーダーシップ偉人論
間接的リーダーシップ・アプローチ	リーダーシップの道具箱
説得者	関係性的リーダーシップ
サーバントリーダーシップ文化とリーダーシップ	リーダーシップのスタイルを達成する状況モデル
変容的リーダーシップ	

重要な問題

・サーバントリーダーシップと変容的リーダーシップは、それぞれどう似ていて、どう異なるか。
・サービス・ラーニングの経験は、大学生に、通常の大学のコースよりもどのように幅広いリーダーシップのスタイルの開発機会を提供するのだろうか。

追加演習問題

★ **演習問題8.6　リーダーに立ち返ったあなた**（サービスプロジェクトの最後にすべきこと）

　このクラスのサービス・ラーニングの経験の一部としてコミュニティ・サービスを終えた今、**演習問題8.2**で示した、リーダーシップの経験に関するあなたの以前の回答に戻り、振り返りをしてみよう。
・あなたのサービス・ラーニングのプロジェクトにおいてうまくいったことは何だっただろうか。いくつか挙げてみよう。
・サービス・ラーニングのプロジェクトがどのような結果になったかを知っている今、あなたが他にしたかったことは何だっただろうか。いくつか挙げてみよう。
・あなたのクラスのサービス・ラーニングのプロジェクトの中で、あなたのリーダー

シップの役割は何だったか。
・あなたのサービス・ラーニングのプロジェクトの中で、実施された他のリーダーシップのスタイルはどのようなものだったか。どのスタイルが一番効果的だったか。このプロジェクトにおいて、これらのスタイルが、各々なぜ効果的だったのか、説明してみよう。

付録 8.1 強み自覚ワークシート

強み	サービス・ラーニングのプロジェクトで可能な使い方
1.	
2.	
3.	
4.	
5.	
6.	
7.	
8.	
9.	
10.	

第9章　失敗からでも学ぶ気持ち：うまくいかなかった時に

ジャネル・デカリコ・ボウガリ、デボラ・リーバーマン（翻訳　岩淵　泰）

二つの道が黄色い森の中で分かれていた
残念だが両方の道は進めない
一人で旅する私は、長い間たたずんだ
その一つを遠くまで見通そうとしたが
茂みの中で曲がっていた

それから、もう一つの道を選んでみた
同じようだが多分こちらの方が良さそうだ
なぜなら、道は草に覆われ、もっと歩いて欲しそうだった
でも、実際にはほとんど同じような道だったのだが

あの朝は両方の道が同じだった
落ち葉は踏まれず、黒くなっていない
おお、一つ目の道はまた今度にしよう！
道が道へとたどり着くのは知っており
戻ることはできないと思っている

私はため息をついて述べた
どこかで、長い時間をかけて
二つの道は森の中で分かれていた
私は人通りが少ない方に行き
それで全てが変わったのだ

Robert Frost, *The Road Not Taken*

　私たちはみんな、熱意と目的を持って始まった長期計画が、落胆、怒り、憤り、そして、絶望と共に終わってしまった経験を持っている。それは、誰にでも時々起こりうることだ。CBL の計画に携わり、そして、大学教員、学生、コミュニティパートナーといった様々な人々と仕事を始めるとき、それは、ユニークな技術、能力、そして、過去の経験を持ち込んで、見ず知らずの道に乗りかかるようなものだ。これら過去の経験には、比較的にうまくいったものや、非常にうまくいったものがあり、一方では、生産的ではないものも含まれている。おそらく、いくつかは、露骨にみじめなものであるかもしれない。あなたが既に経験済みかもしれない成功的な（それほど成功的でもない）グループプロジェクトについて、以下のケーススタディーから考えてみよう。

行き詰まりとパンクしたタイヤ：ケーススタディー

あらゆる協働的な経験に入り込むとき、必要（かつ有用）であるのは、先ほどの状況において、何が**成功**と**失敗**に寄与したのか、また、しなかったのかについて振り返りの時間をとることだ。たとえ、これがサービスを通じて学んでいくはじめてのコースであったとしても、あなたは、色々な文脈で、その他人々に関連して、直接的に経験を積むという財産を得ることになる。素晴らしいこと、良いこと、悪いこと、そして、醜いことなど、これらの経験を「初心者の目」で見るときに、あなたの洞察力は高められ、同様に、柔軟かつ創造的に対応する能力も高められる。あなたが思う以上にこのプロジェクトやコースの成功に貢献できるかもしれない。

サービス・ラーニングは、時折、未開の地への旅に踏み込んでいく。みんなに関わる部分で、綿密な計画、注意深く設計された期待、特別な努力があったとしても、物事は悪く進むことだってある。良いニュースは、道に沿いながら多くの「行き詰まりとパンクしたタイヤ」に対して、自分自身で準備もできれば、避けることもできることだ。第一に、「成功」や「失敗」といった言葉に、どのようにこれらの経験が組み込まれ、定義されているのかを考えるために、協働の文脈にある先の経験を調べてみよう。第二に、サービス・ラーニングの旅で共通の行き詰まりを見つけよう。第三に、あなたは、予期せぬ出来事や状況を交渉する戦略について、別の答えを検討する機会を得るだろう。最後に、この章では、「終着点」での様々な経験から出てきた形成と学びに焦点を当て、振り返りを通じて CBL の議論を行う。

行き詰まりとパンクしたタイヤ

「二度目はない」とダレルは思った。「このクラスには、もう他の問題はない！コミュニティパートナーに会うはずだったのは――、今から 10 分前のことだったか？」彼はここにいた。工事による交通規制のため交通渋滞に巻き込まれていたのだ。最後のミーティングでは、コミュニティメンバーの一人がタイヤのパンクを理由に中止とし、その前は、地域団体の問題により、その前は、学期の中間試験のため、その前も中止となった。全てのメンバーが集まって一つの場所にいたのはいつであろうか？「間違いなく、もし成績評価を含まないならば、今すぐに全部を止めてしまいたい」とダレルは思った。

渋滞が、完全に止まるまでゆっくり進んだが、彼は運転席に反り返ってため息をつき、数週間で起こった一連の出来事を思い出していた。当初は、これからの仕事をみんなが楽しみにしていた。課題設定は興味深く、テストを全く課さず、コミュニティの中での実践的な経験や、現場の人々が得ているチャンスを多く含むものであった。こんなことが学校の中でいったい何度起こっただろうか。

それから、一夜にして、全ての人が斜面を下っていくような感覚を抱いた。ダレ

ルが何か悪いことが起きたと最初に知ったのは、彼のプロジェクトグループが熱くなったときであった。それは、彼とチュンがコミュニティパートナーからの要求について話をしたときであった。彼らは何を求めていたのだろう。あらゆる人が異なるアイデアを持っているように思われた。

　「なぜパートナーにこれらの質問をしなかったのか」と、彼らの教授であるデイビス先生は言った。素晴らしいアイデアだ、もし電話を掛け直せるのであれば。一週間、二週間と、返事もなく日が過ぎた。チュンはいらだち、グループの中で二人のメンバーと彼女のアイデアで動き始めたが、それはダレルを困惑させた。なぜ彼女はそれほどに閉じこもっているのか。ダレルは自分自身を巻き込まないことを選んだ。なぜ彼はそうすべきなのだろう。誰も彼の意見を尋ねなかった。

　とうとう、コミュニティ団体のメンバーが、ダレルにボランティアコーディネーターが二人とも退職し、すぐに新たな見習い職員が学生たちと一緒に短期間働くことになったと告げた。「今さら、どうして」と誰もがいぶかしく思った。デイビス先生が激励の言葉を述べたのを、ダレルは覚えている。彼は学生にこのように一度でどれだけ多くのものを必要としているのかを思い出させた。学生たちは次の指示を待つ間、科目の教材を見ておくように言われていた。しかし、それは、風が帆を抜けていくようにも感じられた。期間限定のコーディネーターは、クラスの学生たちに会うのは同意したが、彼女は口を閉ざしたままで、どの方向に行けばよいのかよくわからないように思われた。次の日、彼女が電話を掛けてきた。「あなたがするプロジェクトがあるわ」と、彼女は興奮して伝えた。それまで、チュンのグループとその他の学生は、他のアイデアのために教室以外で多くの時間を費やしており、新しい方向性をあまり面白くは感じていなかった。ダレルは、自分が仲裁人の役割になろうとしていたのを思い出した。「彼女のアイデアについて考えてみないか」と、彼は授業の前に何人かの学生に呼び掛けた。

　ダレルが「チュンのファンクラブ」だと呼んでいるジェイは、怒りながら反応した。「あなたは何かが起こるのをただ待つだけで、私たちに全ての仕事をさせている。あなたには、今何をするのか私たちに言う権利はない。」

　その後、ダレルは状況がますます悪くなっていくと思った。デイビス先生は、新しいボランティアコーディネーターとの長い話し合いを用意し、学生は彼女のアイデアに耳を傾け、そこから動くべきだとした。そのセッションはうまくいったようだった。少なくとも、ダレルにとっては、みんなはコーディネーターのアイデアを聞き、オープンであったと感じられたのだ。しかしながら、コミュニティでは、どのようにプロジェクトを始めるのかについて衝突が起きていた。学生の中には、特定のプロジェクトを進めるべきだと考えるものもいた。その理由は学生たちは、すでに何週間もボランティアを経験しており、一方で、新しいボランティアコーディネーターは、着任したばかりだったからだ。当然のことながら、彼女は言い訳がま

しく言った。「クラスを教えるのは教員の仕事だ。ボランティアは学生の仕事だ。学生を監督するのは私の仕事だ。」と。二人の学生は、彼女のやり方について心配であると話を持ち掛けた際に彼女はそう答えた。「コミュニティ団体が望むことをあなたはするべきです。そのほかの方法はないのです。」それから、デイビス先生は、何度も、何度も、話し合いの日程調整をした。

　まさしくこの瞬間に、最後の行き詰まりに彼は当たった。そうだけれども、科目がどうにか悪いことがすべてひっくり返るような、潜在的に面白い旅へと向かっていると彼には思われた。道中はずっと行き詰まりとパンクしたタイヤである。私たちはすべてのことを見渡せるのであろうか？とダレルは考え込んだ。あらゆる問題は予防できるのであろうか？そう、今となっては遅きに失している。あるいは？

方向の選択：サービス・ラーニングにおける失敗の意味

　正直に言おう。失敗という言葉は、嬉しい心持ちのものでは全くない。レポートや試験の脇に殴り書きにされたＦという文字や、考えたくもない不快な集団行動を思い浮かべるだろう。これらやその他の潜在的な課題への対処法とは、サービス・ラーニングという文脈で、失敗の根源を理解することだ。コミュニティサービスでは、以下のように典型的な失敗リストを並べている。思い浮かべてもらいたいのは、これらの根源は、それ自身で起きてしまった失敗ではないことだ。その代わりに、あなたがどのように反応したのかというチャレンジが、授業のある部分では、失敗した（あるいは、最初の期待を満たせなかった）という認識を生んだのかもしれないのだ。そのために、出来事を強調し、また、理解をすることで学びの進展と出来事への解答がより明白になるのである。これらの状況に対し「学び」そして「答える」という機会をあなた自身の経験として組み立てることが重要なのだ。介入されると変化しやすいものや出来事とは、あなたのコントロールを超えたものかもしれないが、あなたのコントロールが及ぶ中で、どのように反応するのかということなのだ。あなたの選択はコミュニティパートナーや学生に影響し、学びとサービスといった経験全てから生じる結果に関わるのである。

　　あらゆることがまさにうまくいっている。私は、先生が好きだ。——彼女はこの課題についてよく知っている。そして、私は、一緒に取り組むグループが好きだ。これは、私が受講したその他クラスでいつもそうだったわけではない。また、ボランティア活動は、大変楽しく、毎週待ち遠しい。だから、万事オッケーだ。——　「失敗」など気のめいることを考えてみると、それは使い果たしてしまったものや何かを待ち望むようなものだ。

サービス・ラーニングの失敗に関する共通項や類似項には、以下のものがある。

・未知なることを予期する難しさ（曖昧さ）

　　　サービス・ラーニングの経験で典型的な「未知なること」は、（1）コミュニティ
メンバーの生活におけるあなたの存在に対する、彼らの反応、（2）コミュニティパー
トナーに対して、長期間の調査プロジェクトで実際にあなたが何を発見したのかとい
うこと、（3）ステークホルダーによるあなたの仕事の受け止められ方、（4）コミュ
ニティサービスプロジェクトで必要なスキルをあなたが学んだ方法。

　　　生活の曖昧性について人々は異なる反応を示すものだが、それは、コミュニティ・
ベースド・ラーニングでも同様であり、まさしく未知なるものに反応することだ。例
えば、第1章はじめのケーススタディーでは、ダレルは、「待って見る」アプローチ
を好んだが、チュンとジェイはプロジェクトに対して自分自身の計画が実施されるの
を期待している。

・コミュニティのニーズへの責任感（責任）

　　　第1章では、補足的に自由と責任という競合する力について、教育を受けた市民の
成長という観点から議論を展開した。あなたがコミュニティの経験として汗を流した
責任感覚は、あなた自身の信念や競争を起こしてしまう献身と並行して、衝突を生み
出すかもしれない。コミュニティのニーズといった複合性に、あなたは注意を払うか
もしれないが、あなたは、打ちのめされたと感じるかもしれないし、そして、あなた
が、まさしく異なることを行っており、もしくは、「十分にやってしまった」と心配
を抱くかもしれない。

・あなたがよく知らない他者への信用（信頼）

　　　他者からの助力、ノウハウ、方向性、そして、サポートを信頼するには、多大な努
力と善意を必要とする。信頼は、協働的な集団努力によるステージや局面に渡って課
題となる。

・学生、そして／あるいは、コミュニティとの争い（礼節ある論争）

　　第4章の、「洞察力のある懐疑論者」と「中傷者」を思い出してほしい。どちらのグループが争い深いだろうか？中傷者のプロセスから見られた衝突は、疑いもなく、より鮮明に記憶に残るものだが、その答えとしては、双方のグループもそれほど争ってはいない。両者の衝突は、確かに異なる種類ではあるが、それぞれのグループとも、個人参加の戦略から答えが出されている。この章では、グループ展開に向けた意見出しについて議論を進めていくが、そこには、衝突に対し積極的に個人の志向を取り込んでいくこと、同様に、破壊や衝突ではなく、建設的な参画戦略についてのアイデアが含まれている。

・急激な変化に直面する中でのフレクシビリティ（適応性）

　　曖昧性について人々は様々な方法で対処するが、計画をキャンセルせざるを得ない、想定が崩れそうだ、目標を見直さなければならないといった状況では、人々は、異なる反応を表すかもしれない。Schon（1987）によれば、柔軟性と不確実性を受け入れること、これら二つは、特徴的な鍵を持っている。それは、問題をはらむ状況で創造的に考える能力と関係している。まさに変化が起ころうとする時、たとえ、あなた自身がリラックスしていたとしても、創造的な課題解決に影響を及ぼすサービス・ラーニングの中には、その他の要素が存在しているのだ。例えば、あなたやクラスメイトが、パートナーシップや計画目標の変化のため、進級に影響を受けるだろうと思うかもしれない。あなたやクラスメイトは、教員やコミュニティのパートナーはもちろんのこと、ストレスを経験するかもしれない。それは、「グループの再編」による競争的な献身や多忙な生活、そして無計画なイベントに時間やエネルギーを費やすなど、複合的な要素で構成されている。

・失敗と成功の役割に関する無精査な想定（成功の再定義）

　　状況や出来事を「成功」や「失敗」として特徴付ける場合、私たちは何を意味するのだろうか？この重要な問いに答えられなければ、他の解釈可能性を閉じてしまい、その出来事の「失敗」と「成功」の枠組みを同質化してしまうかもしれない。成功と失敗の経験に対して、個人と集団が持つ意味を明示するのは、生産的なコミュニケーションと創造的な課題解決の基盤になるものだ。

　　このセクションでは、私たちはサービス・ラーニングという環境で、成功と失敗を理解するための共通基盤を調べた。柔軟性や創造性に関するタスクをより挑戦的にするために、同時に、一つ以上のものを大きく動かしてみるという事例がある。あなたが「道は遮られた―迂回はない」というサインに囲まれていたとして、相互に同意できる課題解決方法が見つけ出せると感じられるような状況にかつて出くわしたことはあったのだろうか？続けて、サービス・ラーニングの経験で直面しうる、共通する行き詰まりを議論し、加えて、手に負えな

いと感じる出来事に対して、生産的な枠組みや答えに対して、実践的な提案を行っていく。

📈 **演習問題 9.2　成功と失敗を発見する**

　この活動を仕上げれば、あなたは過去の経験を評価し、「構築」することができる。学んだことを通じて、現在と未来の学び、そして、従事した経験について、あなたは「再構築」するであろう。

1. 「学生であることを、私は本当に楽しんでいる」とあなた自身に問いかけてから、あらゆることを「一緒にする」といった中学校の経験を思い出してもらいたい。今度は、課題や失敗などの経験時間を思い起こしてほしい。これら二つの経験をいくつか短いノートに書きだそう。できる限り明示する。これらの二つの経験から、満足なもの、または、不満足なものとは何であろうか？

2. 可能であれば、一人、もしくは、二人の学生とあなたの答えについて話しあってみよう。答えの要約を少なくとも、一つにして一般的な言葉で跡付けよう。例えば、成功した経験であれば続けたくなるし、また、失敗した経験であれば、終わってしまい、それを再評価することになる。

3. 失敗に関する以下の引用からあなたの言葉を比較しよう。
　　時には、ひとは、正しく戻られる短い距離ではなく、とても長い距離を行かなければならない。（Albee 1960）
　　長い忍耐力の後の失敗は、失敗と呼ぶべきではなく、努力を超えた、きわめて偉大なものだ。（Eliot 1986）
　　学んだことは、成功は人生で到達する位置ではなく、成功を試みる中で乗り越えられた障壁である。（Washington 1901）

4. 2番と先の引用からあなたが書き出した言葉で、どんな類似点と相違点を見つけられるだろうか。

5. あなたにとって「失敗」は何を意味するのか。また、「成功」はどんな意味を持っているのか。あなた自身のもの、あるいは、グループのもののどちらかについて、これらの意味のリストを作ってみよう。

6. 失敗と成功には多様かつ衝突的な意味がしばしば並べられる。たとえば、失敗は、「不愉快であり」そして、同時に「成長の可能性」として描かれるかもしれない。以下、二つの質問に答えてみよう。

> このコースが、成功であり、また、失敗であるといえるのはどのような点において
> てか。(例えば、コミュニティパートナーが、私たちが向かうすべての学びを理解し
> ている。コースのシラバスには、「失敗すると、成績評価を落とします」などとは明
> 記されていない。)
>
> あなたは失敗に対してどのように反応するのか?(例えば、オープンであり、他
> 人の間違いを受け入れ、問題解決への時間を取っておく、など)

地図を確認する:共通する行き詰まり

**フードバンクでサービスワークを準備する最中、クラスは仕事への期待と思うと
ころを話し合った。私にとって気まずい時間であったが、グループのある女子学
生は、子どものようにおなかを空かせている人に会ったことがないといった。私
は言いたいことがあった。「そう、あなたは、あなたは私に会っている」と、ど
のように言えばよいかわからなかった。**

サービス:見知らぬ地域、それとも家に帰ってきたような感覚か

サービス・ラーニングの考え方は、サービスに関連する生活経験から影響を受けている。
先の事例では、ホームレスと食料供給に関する課題を振り返ったものだ。この事例の障壁
とは、学生が飢えを経験したことがある、ないではなく、オープンで正直な話し合いが難
しいことだ。実際に、Lee(2004)の分析によれば、個人の課題は、社会経済の状態で
左右され、大きくサービスの経験に影響するという。そして、学生自身の経験とは異なる
経済環境にあるコミュニティで働く場合、あるいは、現在や以前の人生経験と似たような
社会状況に戻った時に、最もはっきりしてくる。

学生は、彼らがやってきた街に戻るかもしれないし、学生は経験したことのある状況に
直面している個人を支援する場所で働くかもしれない。学生は、最も親しみのある街と比
べ、経済的にも大変異なった場所で働くかもしれない。これは捉えにくいかもしれないが、
サービス活動は、学生、インストラクター、そして、コミュニティパートナーの視点で重
要な違いを生むのだ。

第5章で読んだように、文化は、学習と共有された価値観、信念、そして、コミュニティ
での態度によって構成され、社会経済状況を含んだ多くの要因から影響を受けている。こ
れが意味するのは、文化的な自己認識が、社会経済的な自己認識を含んでおり、言い換え
るならば、社会経済的な要因は、あなたのアイデンティティとコミュニティパートナーの
認識、そして、彼らの仕事に影響しているのだ。あなた自身やその他の社会経済集団が持っ
ている社会的な固定観念にあなたは気を使っているかもしれない。これらの固定観念は、
あなたのコミュニティパートナーから支援を受けている個人と集団の認識にどのような影
響を与えるだろうか?

学生間でコミュニティでの課題認識が異なるだけではなく、学生間で期待を巡って衝突する結果になる（例えば、直接的な経験を伴い、働いている感覚）。しかしながら、このような状況にある多くの学生は、洞察力や共通基盤を提供するなど強みのあるコミュニティパートナーと一緒に共有された背景・経験を見つけ出すのである（Lee 2004）。学生、インストラクター、コミュニティパートナーとの間でこれら異なるものから結ばれた多様な人生経験は、学外活動の理解と期待に影響するものとして捉えられるかもしれないが、集団的な洞察は、結果として、市民的責任と社会変化の源泉となるのである（Lee 2004）。これらの状況に対する建設的な反応については、期待に関する衝突として次の段落で考察する。

　+ この点においては、**演習問題 5.2　私と私たちとあなたとあなたたちと彼ら**を振り返るとよい。これは、アイデンティティに貢献する社会経済の要因と、コミュニティパートナーの支援を受けた人々に影響する要因を取り上げたものである。あなたは初期段階の考察で何を加えるだろうか。

期待への争い：大学教員、コミュニティパートナー、学生

　先のセクションでは、社会経済的地位で異なる人生経験に光を当てた。サービスの性質に関する期待もまた、異なっている。例えば、学生は、プロジェクトベースの経験が計画されたとき、直接的な経験やインターシップを、またその逆もありうるのだが、期待しているかもしれない。学生がコミュニティパートナーからより多くのインプットや指示を期待する一方で、コミュニティパートナーは、学生が独立して作業をしていると思っているかもしれない。大学教員とコミュニティパートナーは、このコースにおけるサービスの部分で一つ、もしくは、それ以上に異なるアイデアを見つけるかもしれない。もし、あなたが本書の演習問題を読み、こなしていけば、あなた自身と他の人々が期待するものを見分ける強い基盤を築くことになる。しかしながら、コースとコミュニティサービスを進めながら目標に向かい、期待を明白にし、進捗を評価することが、成功の原則であるのを知るであろう。期待を繰り返し明らかにすることで、あなたの属するグループの発展を助け、グループ、計画、コミュニティパートナーに対する個人的な理解と献身を深めるであろう。あなたが他の人々と交流する限り、意味の階層を理解し、その中で、彼らが意図するものにより近づくことも、遠くなることもあるだろう。その上で、あなたは、ソーシャルロフティング、期限の遅れ、約束の不履行に忍耐強さが求められるだろう。

　Edelman and Crain（1993）は、私たちに以下のことを思い出させてくれる。「見たこと聞いたことの全てが、私たち自身の個人史であり、自らの状況を認識するフィルターを通して進んでいる」（Edelman and Crain 1993: 63）。他人に理解されたと私たちが思い始めるのは、未来の活動が──驚きだが！──不確かで驚くような方法で私たちのメッセージがフィルターにかけられたのを証明してからである。コミュニケーションの複雑な性質を考慮しても、Edelman と Crain が提唱するのは、人間の相互活動にある様相

として理解するのではなく、チームのメンバーは、理解していないものとして受け止めることである。言い換えれば、問題は当たり前なのだ。

あなたが理解されているというよりも、むしろ理解されていないようだと思われる相互活動をあなたが取るのであれば、「だれが間違って理解しているのか」という事実確認で無駄な時間を取ることも、驚き、当惑をする必要もなくなる。間違っている人を非難し、見つけ出すのは、このプロセスでは生産的ではない。その代わり、避けられぬものとして不理解を受け入れ、そして、期待を明白にし、未来に向けたコミュニケーションを通じて実践に力を注ぐのである。さらに、もう一つ加えると、心の状態は、より効果的に戦略を聞き取るためにより習慣的な実践へと導くのである。

コミュニティパートナーシップの変化

この章でのはじめのケーススタディーでは、学生の準備作業中にコミュニティ組織のスタッフが変わってしまい、学生たちが、不意を突かれた事例である。潜在的にパートナーシップに影響を与える様々な変化のタイプが存在する。

スタッフの変更

多くのサービス・ラーニング科目では、多大な支援を提供するエージェンシーと関わりを持つ。結果として、あらゆるコミュニティパートナーシップでスタッフの変更がありうるのだ。変更の結果、コミュニティ団体のスタッフが一変するかもしれない。また、言うまでもなくこれらの変更で、学生活動やプロジェクトに直接関係する限り、学生は、スタッフの変更によって見放された感覚や、個人的にはいくらか脅かされるような思いを受けるかもしれない。あなたの気づかぬところで外部からの圧力やその他組織の都合が存在するかもしれない。もし、あなたのコースでスタッフを変更するならば、個人としても、チームとしても、いろいろな人を巻き込んでスムーズな変化を起こすためにやるべきことは多くある。

> **+** あなたのコースである程度スタッフの変更をするならば、**演習問題9.5 スタッフの変更への対応**で、いろんな人を巻き込んで、スムーズに変化を起こすことができる。

インフラの変更

スタッフの変更に加えて、インフラや事務の変更がサービス・ラーニングの活動に影響を与える。これらの事例には、組織の手続き、政策、職務の記述、そして、ボランティア時間の変化が含まれる。インフラの変化は、特定の理由で頻繁に起こるが、思いもよらぬ結果を生むのである。もし、あなたにこの思いもよらぬ結果が影響するならば、正直に、オープンに、そして、建設的なコミュニケーションをしよう。

最初に、適切な人とすぐに話し合おう(その人は、インストラクター、学生、コミュニ

ティパートナーである。もう一つ有効な場所は、この状況をうまく乗り切るためにアドバイスをくれる大学のコミュニティサービスセンターやボランティアオフィスである。）あえて言うと、あなたは、ボランティア時間の削減を決めるコミュニティ組織と働いているのだ。あなたは、このことでとても気を揉んでしまう。その理由には、ボランティアが相談されているものでもなければ、また、その決定が、あなたの（その他ボランティアも）意見をほとんど受け入れていないと思うからだ。あなたはこう尋ねるかもしれない。

なぜ、そのように時間をカットしてしまったのですか。ボランティアは、ここでは本当に重要なのですか、そうではないですか。学校に加えて、この場以外にも家族や仕事があるのをご存知ですよね。

あるいは、このようにたずねるかもしれない。

ボランティアの時間が火曜日と木曜日だけなのだから、顧客が実際に来る時間帯のみここにいます。木曜日の午後は仕事に行かなければならないのです。私は、本当にコミュニティ団体をサポートし続けたいですし、顧客と直接かかわり続けたいのです。この状況であなたはどのような提案があるのですか。

　学生の考えが述べられた二つ目の答えは、より具体的である。それは、コミュニティ団体が意図せぬ結果を自然に知り得たと思うのではなく、自分の意思を表し、解決策を生み出すための共同作業に第三者を巻き込んだ点だ。おそらく、団体の人は、守りに入ることや攻撃を受けていると感じてはいないのだ。思い出してもらいたい。コメントの結末は、「ボランティアの彼らが、彼らが価値以上に盛り上がっている」とするのではなく、むしろ、「私はボランティアの課題を語りたい。その理由は、彼らは、組織に貢献し続けられるからだ」とすべきなのだ。

ニーズやコミュニティの課題の認識
　サービス・ラーニング科目のほとんどは、コミュニティと協働して共通の目標に向かっている。理想的には、「共通の目標」は、コミュニティ、大学教員、学生らすべてを巻き込んだインプットの結果からできるものだ。コミュニティベース科目における私たちの仕事は、解かれるべき課題、議論されるべき出来事、そして「共通の目標」が、何度も変わることを認識し、それを注視することだ。しばしば、複合的な構成が、コミュニティベースの位置づけで一緒に動いており、彼らは互いに学び合っている。複雑な学びのプロセスからなるこの多層的部分で、課題の見通しは、徐々に進展し、変化するのも驚くべきことではない。
　図9.1の絵をよく見てみよう。何に見えるだろうか。多くの人は、最初に、アヒル、それから、時間がたってウサギが見えてくる。時間と忍耐がより伴えば、同じ時間で双方が

容易に見られるようになる。ある意味、コミュニティとの協働による学びは、このようなことだ。あなたがプロセスから動いたようにあなたが見たことを、フレーム化し、再びフレーム化し、そして、定義するのである。比喩的には、最初はほとんどが「アヒル」だと言い、そして、「ウサギ」へと変化していく。例えば、あなたのボランティア活動で主要な目標を参加者全員で認識するのは、仕事が進むにつれ

図9.1　これは何？

て、微妙に変化するかもしれない。パートナーシップで重要なのは、認識に関わるこれらの変化が、規則的に描かれ、明白となることだ。そうでなければ、パートナーシップが続いても、あなたは、ウサギからアヒルになると異なった仮定を進めるかもしれない。

学生チームの中での争い

　第4章では、形成、混乱、規範形成、実行といった集団的展開の明白な段階を読んだ。このモデルは衝突が避けられないと仮定することであり、実際に衝突は、プロセスの中で必要かつ生産的な役割を担っている。しかしながら、特筆すべきは、「意見が異なること」は、「衝突を経験すること」とは同じではないことだ。衝突を定義し、衝突の要素を時間をかけて取り出してみよう。Folger, Poole, Stutman（1995）は、衝突の定義を「両立できない目標を自覚し、それらの目標を達成するために、互いを干渉するといった相互依存者の相互活動」としている（Folger, Poole, Stutman 1995: 404）。同じ目標に向かう二人の個人が、他方が、目標の到達に向けて「まさに」障害になると認識した時に、衝突は生じる。

　決定的要素は衝突ではなく、最も重要な要素とはその中やそれ自身において、衝突に二人の個人がどのようにアプローチをし、解決されるのかである。

　衝突における二つの基本的アプローチは、**破壊的**なものと、**建設的**なものである。下のチャートは、衝突のスタイルに関連する基本的な態度を描いたものだ。

> **＋** あなたの生活、衝突のパターンを調べるために、**演習問題9.6　あなたの衝突のパターンを特定しよう**を参照。

　市民的かつ建設的な衝突に関するアプローチに注目してみよう。建設的な衝突が、衝突の原因にフォーカスを当ててから、原因を特定する。学生のワーキンググループで、プロジェクトの目標、優先事項、アプローチの相違が、衝突となる共通の原因だ。まず、以下のチェックリストを参照に、どの要素が、あなた自身のグループ、あるいは、コミュニティ団体内で建設的な衝突での障害なのかを見つけ出そう。それから、建設的な衝突を通じた活動提案を読んでみよう。

破壊的な衝突の例	建設的な衝突の例
・敵意をむき出しにする 　他の意見を攻撃し、貶める ・ささいな敵意 　共同作業や謙虚さの不足 ・相手に解決策を強要	・同情と理解ある目標を持って、反対意見を聞くこと ・争いとなる本質や原因を話し合うこと 　（人ととなりよりもポジション） ・様々な可能性のある解決策を受け入れること

📈 演習問題9.3　あなたの旅を評価する

　この活動を達成するには、あなたが今まで学び、提供したものを評価し、その結果として、必要とあらば、役割、責任、タイムライン、タスクそして、その対象のフレームを合わせることになる。この活動は、あなた自身によってなされ（例えば、コースのインストラクターに共有されるかもしれない思慮に満ちた反応）、あるいは、クラスで行われ、議論されるものだ。

　この振り返りには、以下の質問に対する回答が含まれている。

・自身の生活経験は、私がコミュニティ参画で経験した地区とどのように異なっているのか？
・私の生活経験は、私がコミュニティ参画で相互交流したものとどのような類似点があるのか？
・類似点と相違点に関する私の理解を踏まえて、これらの相互活動から生まれた、自分自身の判断、固定観念、意見をどのように引き出すのか？相互交流で示している私のオープン性について、これらはどのように助けとなり、邪魔にもなるのだろうか？

1．衝突の根源を特定する。 以下のチェックリストが役に立つ：

何が悪いのか？
— 我々は、互いの話を聞いていない。
— 我々は、課題解決に向かい、同意はせず、同じ話題を繰り返し続けている。
— 我々は、いつもお互いの邪魔をする。
— 我々は、この計画に受動的であり、そして、より生産的ではないものにするために、メンバーを攻撃し、支配し、黙らせてしまうのを許容している。
— 我々の中には、貢献しない者もいる。
— 我々は、十分に妥協も、協働もしない。

— 我々は、グループ、あるいは、その個人メンバーに対して明確なタスクや目的を持っていない。
— 我々は、何が決定されたのかについて明確ではない（Gibbs 1994 年を参照）。

この争いの原因がどのように考えられるか？
— プロジェクトの目標や優先順位で個人の相違がある。
— 互いの意図するところで意見の相違がある。
— コントロールをめぐる競争。
— 解決できないところで個性が衝突する。
— 目標到達への手段が異なっている。
— グループでの役割、そして、全メンバーが影響を与える機会を持つことに個人的な不満がある。
— 誰かの落ち度や傷つきを認識。
— 我々の地位（個人が到達する結論）。
— 我々の関心（他のものから一つの選択を取る理由）。
— 原因を主張し、衝突を継続するのではなく、隠れて話し合われること。

2．衝突の本質について他の意見を注意深く聞くこと。可能性としては、衝突は一つ以上の原因から生じている。

3．巻き込まれるよりも、一緒に衝突の原因に焦点を当てること。これは難しいように思うかもしれない。個性が異なる場合に、課題の一つはどうなるのだろうか？衝突する個人ではなく、衝突の本質を見つけるのだ。正確なのか、もしくは、そうでないのか、他人の考えについてある人は、理解するだろうか？
　個人の相違は、相互活動によるアプローチや、あるいは、個人に割り当てられた役割と責任といった相違と実際に関連しているのであろうか？誰かを非難することなく、集団はこれらの相違を見つけだし、このプロジェクトを前進させるため、新しいアプローチを生み出すのだろうか？

4．あらゆる意見が理解されたことを論証する。同意ではなく、この状況を理解するために働く。あなたは、他人の意見に同意を必要としなくても、衝突の根源となる他人の意見を正確にまとめることができる。質問を頻繁に投げかけるのは、衝突の元となる他人の意見に含まれている正確な特質についてあなたの仮定を明白にするためだ。思い出してもらいたいのは、「理解」は、あなたによる同意の必要性を必ずしも意味するのではない。

5．衝突に関する参加者の多様な意見を基盤とした、共通目標や相互利益の特定化。例えば、「行き詰まりとパンクしたタイヤ」のケーススタディーや、ダレル、チュンとジェイは、

コミュニティパートナーに対して最善を尽くすことに全ての関心を払っていたが、彼らは異なるアプローチを使っていた。ダレルは、新しいコーディネーターの要求をしっかり聞いて対応するのがベストなアプローチだと考えていたが、一方で、チュンとジェイは、自分のやり方を始めようとした。彼らは衝突の本質を話し合ったのだが、ダレルの怠惰（ジェイの仮定）、あるいはチュンの狭量さ（ダレルの仮定）よりもむしろ、彼らは、スタッフ変更に対応した方法の中に相違があるのを発見するだろう。

6．全ての参加者が特定かつ達成できるタスクを持ち、共通目標と相互利益に基づいて可能な課題解決策を生むこと。 参加者の多様なニーズからすると、一つ以上の解決策が望ましい。例えば、ダレルとチュンは、二つの解決策を決めていたのかもしれない。（a）新しいボランティアコーディネーターの意見を基にした要求を注意深く評価すること、そして（b）学生提案を練り始めることである。これらのアプローチを一緒にすることで、意図するものから間違った仮定を取り除き、チュンが学生提案を進めている間も、ダレルは、新しいコーディネーターと連携して最初のコンタクトに取り掛かることができた。結局、プロジェクトとは双方の取り組みを合わせたものである。

コミュニティパートナーとの衝突

学生チームとの衝突に加えて、コミュニティパートナーとの衝突が起こるかもしれない。コミュニティパートナーとの衝突が起きそうになると、サポートの雰囲気、善意、そして相互利益が重要となる。例えば、学生はプロジェクトの役割についてコミュニティパートナーの考えを意図せず読み違えるかもしれない。コミュニティパートナーは、学生の奉仕、学生の仕事倫理、そして、学生の考えについての固定観念を間違えて持っているかもしれない。これらの仮定は、人々の認識を簡単に覆してしまい、受け入れがたい状況を生む態度に向かってしまう。受け入れがたい状況では、聞き手がメッセージに集中できず、あなたの意見に理解を努めるよりも、受け入れがたい状況の方に焦点を当てる可能性が高まっていく。

あなたの生んだ雰囲気は、これから起こる全てのコミュニケーション行為の基礎となるはずだ。あなたは相互のやりとりから協働的コミュニケーション、あるいは、受け入れがたいコミュニケーションのどちらかの環境を築く力を持っている。次のセクションでは、協働、共感、そして、相互の学びを推進する方法について、共通のチャレンジに対応するコミュニケーションプロセスを紹介する。

サインを読むこと：障害を迂回する

先の議論では、より協力的なコミュニケーションを可能とする雰囲気づくりに向け、建設的かつ生産的な成果と方法を取り入れたコミュニケーション戦略を提唱した。以下のセクションでは、「行き詰まりの認識」から「行き詰まりを迂回」するための連続プロセス

を提唱する。

地図は地域に合致しているのか

　言葉とは、（書き言葉や話し言葉にしても）地図として理解されるものかもしれない（Korzybski 1921）。アメリカ合衆国の地図をイメージしよう。この地図は、ある特定のエリアを描いたもので、全ての可変性を含んでおり、その可変性は、互いの関係性から浮かび上がる。行き詰まった場合、地域が地図にフィットするよりも「地図を地域にフィットさせる」ことを保証しなければならない。これから思い出されるのは、書き言葉と話し言葉のおかげで、より大きな絵（地図）を見られるようになり、その状況についての情報が与えられることだ。それぞれコミュニケーションが持つ可変性（マップの一部分）をより正確に描ければ、全ての状況（地図全体）を理解しておいた方がなお良いということだ。この状況に到達するには、正確性のためにも、地図の部分を評価し、また評価していかなければならないのである（Russell 1999）。不確かな地図上での行動は絶えずあり得るのであり、特に、誰かに与えられた地図を確認しなかったときや、先の思い込みで読み間違えた地図であり、あるいは、正しかろうが、正しくなかろうが、区域を信じ込んでしまったときである。次の戦略では、Liberman（1996）を参考に、自己知識を継続的に発展させ、相違を越えて他者と付き合うために、仮定、傾聴、言葉、態度を監督する具体的プロセスを提供する。

D-U-E プロセス

　D-U-E プロセスは、他の個人や集団と一緒に効率的に聞くことや、あるいは、働くことが障害になってしまいかねない社会、社会経済、文化、個人的差異を理解するための枠組みである。D-U-E は以下のものを表している。

・Describe　　　あなたが観察したものを描くこと
・Understand　社会、社会経済、文化、あるいは、個人の相違を理解すること
・Encourage　　コミュニケーションを奨励すること

Step1：描写

　評価もしくは形容からなる自己の発言（「彼女は軽率で、ずうずうしい。」）は、あなたが D-U-E プロセスを必要としているのを示す一つの指針となっている。考察：個人の態度から構成した地図は、出来事を正確に表しているのか、あるいは、これらの出来事について私の正しくない理解を表すものなのだろうか？最初のステップは、すこし時間を取り、あなたの評価（解釈）の理由をできる限り具体的に自分自身に向けて書いてみよう。
　例えば、ひとの態度について、「軽率で、ずうずうしい」とあなたは思われるかもしれないが、その理由には、（記述的には）彼女があなたの話が終わる前に話し始めたからであり、そして、音の抑揚もほとんどなしに早く話すかもしれないからだ。あなた自身が描

いたのは、「この人は私が話し終わる前に話す人だ」である。彼女の態度を「良い」ある
いは「悪い」で評価するのではなく、単に彼女の態度を描いているのだ。

Step2：理解

　次のステップは、Step1であなたが書いたものを基に、社会、社会経済、文化、ある
いは、個人の相違をできる限り考慮することだ。例えば、中断規則、スピーチの速度、音
の抑揚は、文化から文化においても、そして、文化の内部でも様々な集団で変わっていく。
Step1の事例を取り上げるが、アメリカのどこかの出身であなたが育った地域よりも非
常に会話の速度が速く、話を遮り、そして、「軽率で、ずうずうしい」と思われる人物を
想像してもらいたい。彼女に対するあなたの認識に影響するもの、そして、できるのであ
れば、あなたの発言による彼女の受け止め方はどのようなものなのだろうか？

Step3：コミュニケーションを奨励すること

　Step2のプロセスを丁寧にすれば、D-U-Eプロセスの第三段階は非常に容易にかつ頻
繁に到達するだろう。あなたは、メッセージの内容に注目し始め、メッセージの発し方に
あまり目が向かなくなる。あなたは理解を示しながら話し手のメッセージを言い換えられ、
あなたの理解を邪魔してきた文化や個性による「異音」を認めることで失われた時間を節
約できるようになる。

　これは、あなたがいつもしていることではないのだから、非常に大きな作業だと思われ
るかもしれない。しかし、全てのプロセスは、ほんの数秒のことであり、他人に対するあ
なたの対応やその意味を理解するための能力に劇的な影響を及ぼすのである。

昨日からの意見：道路の終着点かもしれない場所での意味づくり

　この章では、「最も意図するところの失敗」に対する多様な意味やその対応について検
討した。典型的かつダイナミックな失敗、コミュニティパートナーと共通する障害、そし
て、「初心者の目」を通した戦略を、予期せぬ出来事に向かってフレーム化し、再びフレー
ム化し、それに答えながら、私たちは探求していった。消極的な状況のおかげで途方もな
く大きな学びを得られる。Eyler and Giles（1999）は、サービス・ラーニングで知識
の理解と適用からなるプロセスを研究し、彼らは、他者と上手に働くための学生能力とし
て、個人の効率性、リーダーシップの手腕、そして、自己認識の向上と結論付けている。
これら全ての結果は、効果的な市民参画のための知識と技術、そして、積極的にコミュニ
ティを変えるためのあなたの能力から構成されている。第3章では、成功に向け、まっ
たく新しい参画を作り上げるために、学生の知識と技術を活用して、初めの「失敗」をみ
ごとに分析し、それに答えた物語を紹介した。結局、成功の定義とは、達成したことだけ
ではなく、個性的な意味と、繋がりのある知識を発展させる強力な導きを提供する困難性
に直面する中で、それに取り組む能力なのである。

サービス・ラーニングは、未踏の地への旅である。私たちは、あなたが旅を続けていき、学んだものを基礎として継続し、卒業後も、学びを実践へと一層移してもらいたい。終わりのない成長、自己認識、コミュニティの意識、そして社会の変化に取り組むのは、容易な道ではないのだが、この章の始まりのRobert Frostの詩に則って、「人通りが少ない方」をあなたが選択することで、まさしく「全てが異なっていること」が創られるのである。

★ 演習問題9.4　行き詰まりの迂回

　このアクティビティを達成するには、D-U-Eプロセスの利用が良いだろう。書くことであなたの答えを残し、将来、それを容易に辿ることができる。

　他人、あるいは、人々と一緒に、最近の状況を考えてみると、D-U-Eプロセスは役に立つかもしれない（例えば、衝突、もしくは、理解不能）。

描写：この出来事で、他人の態度に対するあなたの解釈はいかなるものだろうか？どのように答えるのか？特に、彼らの活動で何が（描写の形式上である）、あなたの行った出来事を解釈させたのか？

理解：彼らの活動がどのように異なって解釈（理解）されたのか？

コミュニケーションの奨励：現在進行中のコミュニケーションを推進するために、あなたはこの人とどのようにやり取りをしたのか？

重要な概念	
建設的な衝突	D-U-E プロセス
成功	破壊的な衝突
失敗	

重要な問い

・サービス・ラーニングの「失敗」で最も共通した原因は何か。
・コミュニティベースの状況で、可能な限りの失敗を許すのは、何を意味するのか。
・破壊的な衝突と建設的な衝突との違いをあなたはどのように描くのか？双方での特徴は何か。

・D-U-E プロセスを用いて、他人との衝突を建設的な話し合いに変えるにはどうすれば良いか。

追加演習問題

> **＋ 演習問題 9.5　スタッフの変更への対応**
>
> 　この活動を達成するには、解答手段を持つことだが、コミュニティパートナーとの人材配置では予期せぬ組織変更が存在するはずである。
>
> 　最初に「行き詰まりとパンクしたタイヤ」のケーススタディーを振り返ろう。クラスで以下の質問に対して、あなたは答えを書き出し、話し合おう。
>
> ・「行き詰まりとパンクしたタイヤ」で、ボランティアコーディネーターが突然辞めてしまった。あなたは学生の反応をどのように注視するのか。教職員はどうだろうか。
> ・コミュニティ団体との最終的な衝突は何を生み出すだろうか。これはいかに違うように扱われるだろうか。
> ・コミュニティパートナーのスタッフが交代する間、そして、その後について、学生がスムーズに対応するのに、全体としてあなたは何を思うだろうか。

> **＋ 演習問題 9.6　あなたの衝突のパターンを特定しよう**
>
> 　この活動を達成することで生活に起こりうる衝突のパターンをあなたは見つけ出せるだろう。時間を取って、以下の質問に対する解答を書いてみよう。学生たちと一緒にあなたの解答から洞察を共有するのが有効だろう。あなたのグループ（あるいは、クラス）と共に、建設的な衝突パターンを発展させるためにもう一つフィードバックをしてみよう。
>
> ・あなたが他人とあった衝突を思い出そう。
> ・あなたが双方に挑戦し、到達しようとした大きすぎた目標について、あなたは何を思うのだろうか。
> ・目標に到達するためのあなたの忠告は何か。
> ・目標に到達するためのその他の人への忠告は何か。
> ・その他の人の忠告に対して、あなたはどのように応えるか。例えば、単に同意するのではなく、その人が悪いと言うだろうか。あなたはその人の話に耳を傾け、彼・彼女の考えを通して話すだろうか。195 ページの表を見て、特に、あなたが示す

態度を特定してみよう。

・あなたの行為は事態を悪化させたのか、あるいは、衝突を解決したのか、どのようにあなたは思うか。

・あなたの態度は主として破壊的だったのか、あるいは、建設的だったのか。

・もし、あなたの態度が、主として破壊的であったのならば、より建設的なものにするにはどうすれば良いだろうか。

・あなたが巻き込まれた一つか二つの衝突の状況を思い浮かべてみよう。一つ目の状況であなたが取った方法をもう一度思い出してみよう。衝突を解決するためにあなたが取る方法のパターンが見え始めただろうか。もし、これらのパターンが建設的ではなく、むしろ破壊的な傾向があるならば、変えてみたいパターンとやってみたいパターンを明らかにしてみよう。

+ 演習問題 9.7　行き詰まりとパンクしたタイヤについてもう一度考えてみる

この章の冒頭で見た「行き詰まりとパンクしたタイヤ」のケーススタディーの結果と対比して、もう一つのケーススタディーを作ってみよう。ダレル、ジェイ、チュンのうちの誰かが、聞く姿勢を持って意思疎通を図り、衝突に対して建設的に対処しようとするケースを作ってみよう。

第 10 章　すそ野を広げる：コースコンセプトの新しい視点

クリスティーン・M・クレス、ジュディ・パトン（翻訳　阿久根　優子）

金曜日の夜 8 時。本当は、今夜は友達と出かけるはずだった。でも、代わりに、倉庫の中でフードバンクのためにスープの缶詰を数えている。なんて退屈な奉仕プロジェクト。

堆肥の山を計測するのに授業料を払うなんて思ってもみなかった。最低。牛が峡谷から 2 フィート離れたところで糞をしようが、2 マイル離れていようが、私にはどうでもいい。

図書館の建物に絡みつくツタをむしって、私の手には水ぶくれができている。それより、中で子どもたちに読み聞かせなどをすることが私のすべきことじゃないの？その方が価値あることなのでは？

　時としてサービス・ラーニングで課せられた作業とより広範な社会的・政治的な問題との関連性を見いだすことは難しい。私たちが缶詰や動物あるいは建物を目の前にしている時、それらと貧困、水利権あるいは都市の再生との関連性を理解することは難しいかもしれない。けれども、ほとんどの地域社会で起きることは多面的であるだけでなく相互に依存している。次の例を考えてみよう。

　中西部のある州では、図書館も含めたすべての公的施設の管理業務を削減しなければならなかった。それによって解雇された清掃員や整備員は、新しい仕事を探している間、家族のために地域のフードバンクを利用した。しかしながら、牛乳やチーズのような乳製品は、流域の汚染をめぐる法廷闘争の後で不足していた。その件では、農家は環境保全主義者に対抗し、州都で何百ガロンもの牛乳を道路に流して抗議行動を行った。一連の出来事は、上院議員や議員に対する一般市民の激しい抗議につながり、議員たちは不適切な予算編成を非難された。すると今度は逆に、議員たちが、州の歳入を増やすための財産税の増税構想を否定した有権者を非難した。

　この話を聞いて、あなたは、自分や自分のクラスや学校が何か状況を好転させることができただろうかと自問するかもしれない。しかしながら、人類学者の Margaret Mead (1971) は、「個人の小さな集団が世界を変えられるということを疑わないでほしい。実際、そのような人々だけが世界を変えてきたのだ」と言っている。寄付された物資をフードバンクの棚に貯蔵したり、家族が必要とする支援や寄付の出所について話をしたりすることで、貧困問題や州の経済政策に関してより深い洞察を得られるかもしれない。農家や水文学者と付き合うことで、家族経営の農場の維持と下流での飲料用水の保全との複雑さを学ぶかもしれない。老朽化した図書館の保全に関して建築家、歴史家そして都市計画家と仕

事をすれば、図書館、読み書きの能力、青少年の犯罪の関係性を違った観点から見ることができるかもしれない。

　では、ホームレスにスープを提供することでは十分でないと私たちは言うのだろうか？…その通り。海岸のごみ拾いは、最初の段階にすぎないのだろうか？…その通り。3年生を指導することは、そのこと自体に良いことを見いだすということだろうか？…その通り。私たちは、さらに一歩先まで踏み込むために、たったひとつの思いやりのある行動よりも多くの行動を、四年制大学や短期大学から課されるのだ。サービス・ラーニングの背後にあるすべての意図は、学ぶということである。

　私たちは、地域社会の問題を引き起こす根本的な問題についての理解を広げ、個々人や集団でその解決策を見つけ出すために、サービス・ラーニングの経験の活用を試みなければならない。

遷移的学び

　第9章で私たちはサービス・ラーニングを時として失望と欲求不満の伴う旅として学んだ。それゆえに、すべての旅は新しい視座をもたらすものである。新しい経験の旅に出ると、物事が先週、昨日あるいは1時間前に見たものと同じではないということに気づくかもしれない。多くの教育者は、この現象を**意識**の変化と呼ぶ。実際、Merizow（2002）は、この過程を**遷移的学び**と呼んでいる。

　遷移的学びは、事実を記憶することあるいは情報を列挙することよりもはるかに多くのことを含んでいる。それは、新しい知識が個人的に意味のあるものになり、地域社会につながっていく深遠な学習である。つまり、私たちの経験は、それまでとは異なる形で社会と関わっていくための新しい洞察とスキルをもたらしてくれる。第5章で私たちは異文化の人たちの中で有能であるためには、マインドセット、感情およびスキルセットを必要とすることを学んだ。同様に、遷移的学びにおいても、批判的な質問をし、振り返りを行い、変化のテコ入れのための方策を明確にするために、これらの能力を活用する。それは、誠実に生きること、すべての個人の行動は多くの点で他者の人生に影響することを知ることを意味する。このように、遷移的学びの本質は、（学問的な知識も含めて）、あなたの能力やスキルを、地域社会や世界を、暮らし、働き、そして楽しむのにより望ましい場所にするために用いることにある。

知識獲得の方法

　遷移的学びに参加するということは、情報収集やその処理に関して自分の好きなスタイルを知ることでもある。これは、**洞察を得る方法**と呼ばれ（Belenky, Clinchy, Goldberger & Tarule 1986）、学習スタイルと密接に関係している（Kolb 1984、第6章を参照）。例えば、研究や論文執筆のスキルが優れている学生たちもいれば、地域の人々

にインタビューしたり、カウンセリングの手助けをしたりすることが得意な学生たちもいる。業務をまとめることやプロジェクトのスケジュールの作成に長けている人々もいれば、芸術的で視覚的な創造力に富む人々もいる。

あなたは、これらは単なる個性の違いであると考えるかもしれない。確かにある程度はその通りである。 しかしながら、私たちがどのように行動し人々と関わるかは、どのように学ぶかと複雑ということに関係する。私たちの中には、最近の犯罪統計を調査し分析することを好む人もいれば、自身の経験について受刑者と話をすることを好む人もいる。また、地域のプロジェクトが（何を達成するかに関わらず）関係者にどのような影響を及ぼすかに関心を持つ人もいれば、(一部の人々の気持ちに反するかもしれないが) プロジェクトの効率性や効果を確認したい人々もいる。

★ **演習問題 10.1　つまらないことと意味のあること**

1. あなたが一人で作業するにしろ、グループ作業をするにしろ、コミュニティベースの体験の一部として行う小さな作業を5〜7つをリストに書き出してみよう（例えば、コピーをとる、予約をする）。
2. これらの作業とそのプロジェクトのより大きな目標とを関連づけてみよう。プロジェクトの意図する成果に、これらの小さな作業がどのように役立つだろうか。
3. プロジェクトの目標をより大きな社会的あるいは政治的な問題と関連づけてみよう（例えば、落書きを落とすことは、地域社会を形成することに資するのだろうか）。
4. 地域社会を前向きに変化させるために必要な特別の能力を明らかにしてみよう。これらの問題に取り組むことは、どのようなマインドセット、感情、そしてスキルセットを必要とするのだろうか。これらの能力を身近な問題に活用することで、遷移的学びはどのような結果をもたらすのだろうか。地域活動やクラスでの学習は、コミュニティパートナーたちに向けて、あるいはパートナーたちとの再確認の意義を促進するのだろうか。

何が正しい答えや方法なのだろうか。それは、上述したすべてである。知識獲得の方法を理解すればするほど、私たちは地域社会の問題の解決により多く貢献できるだろう。ひるがえってこれは、自分たちと異なるかもしれない人々と活動することで、私たちにより強い忍耐とより多くの共感をもたらすかもしれない。究極的に、これは遷移的学びの最も顕著な特性のひとつなのだ。

　演習問題 10.2　教養の目的のための教養に取り組んでみよう。最後の質問群が、プロジェクトを成功させるために必要なロジスティック上の実施項目以上の問いかけであることに気付いてほしい。実際のところ、その夜に学生たちは高校のプログラムのために6,000ドル強を集めることができ、試みは大成功であったと思われた。では、地域社会

における長期的な影響の観点からは、学生たちは成功したと言えるだろうか。学生たちは地域社会に変化を引き起こしたのだろうか。それとも、これはより大きな問題への単なる「応急処置」的なやり方にすぎないのだろうか。

＋ 演習問題 10.2　教養の目的のための教養

「課外活動をやめる学区」という見出しで、CBL のコースを履修している学生たちが、芸術、演劇、音楽のプログラムをもう１年続けるための資金集めをする地元の高校生と一緒に活動すると決めたことについて書かれた記事があるとしよう。学生たちは、高校生たちによるショーの間に入札式オークションを実施し、地元の事業者からの寄付を集めることを計画した。あなたはこの学生たちの一人で、これがあなたのサービス・ラーニングのプロジェクトである。以下のことについて考えてみよう。

＋ 選択演習問題

・プロジェクトを完了させるのに必要な役割や作業のリストを確認しよう。
・あなたは、これらの役割や作業の中でどれをしたいか考えてみよう。
・これらの関心事と、あなたが好む学習や知識獲得のスタイルはどのように関連しているだろうか。
・学んだり、知識を獲得したり、他のことをするために、あなたのスタイルはどのように活用できるだろうか。

★ 根本的な問題の探究

・この種のプロジェクトは必要だろうか。その理由は何だろうか。
・そのプロジェクトは地域社会の要求をどのように満たすのだろうか。
・そのプロジェクトは、より大きな地域的、政治的、社会的な問題をどのように回避することができるのだろうか。
・これらのより大きな問題に取り組む代わりに、クラスはどのようなプロジェクトを実施できるだろうか。
・あなたの専攻する学問分野の、どのような情報、アイディア、理論、概念モデルが、地域社会の課題に洞察や実現可能な解決策を提供できるだろうか。

批判的な質問

　遷移的な学びは、直面する問題（例えば、新しいバンドの制服に必要なお金）に直接対処するためや地域社会の問題を生じさせる経済的、社会的および政治的な原因に関する**批判**

的な質問の一環として、挑戦しがいのある質問をするために知識獲得の方法を使うことを意味する。

　批判的質問は、批判的思考や能動的な振り返りと多くの共通点がある。あなたが自身や他者に問いかける批判的質問には次のようなものがある。

　組織を危機的状態にしている組織内部と外部の力は何だろうか。変化の力は誰に、どこにあるのだろうか。特権、抑圧あるいは差別の問題が関与しているのか。どのような具体的な方策（あるいは**レバレッジ・ポイント**）が明確な効果を生み出す状況を作り出すのか。その組織に対してどのような価値観や信念が重要か。個人は何を必要としているのか。グループは何を必要としているのか。地域社会は何を必要としているのか。

　批判的質問は、単に皮肉的、否定的あるいは嫌みであることとは違う。根底にある問題や関連する問題を評価するというより、むしろ理解する手段である。**演習問題 10.2　教養の目的のための教養**の場合では、芸術や演劇の提供が不足していることは、単により大きな行政や経済の問題の兆候にすぎない。

　批判的質問は理由を問う：なぜ資金がないか。

　批判的な質問は行為者を問う：誰が資金配分を決定する権限を持っているのか。誰が資金管理に責任を持っているのか。個人的な管理の問題なのか。これは州からの資金の流れの問題なのか。両方なのか。

　批判的質問はいつ、どのように、どこでかを問う：これらの問題は最初に学区レベルで起こったのか、それとも連邦政府の優先順位が、一貫教育をすることから共通テストの要件を満たすことに変わったということなのか。

　批判的質問は次のようにも問う。コンピュータにお金をかけることと学習成果に関係性はあるのか。これを、地元の歴史博物館での校外学習や学内での演劇にお金を費やすことで実現する学習成果とどのように比較するのか？

　いくつかの教育分野では、この批判的アプローチは**脱構築**と呼ばれる。例えば、10代の若者による暴力行為のような地域社会の問題は、無数の質問への答えを批判的に調べることで脱構築できるだろう。例えば、次のようなことである。10代の暴力行為は、単に少数の不良少年少女によって起こされるのか？10代の暴力行為は、しつけ不足の結果なのか？10代の暴力行為は、学校や教育的努力の失敗なのか？10代の暴力行為は、厳しい経済状況の結果なのか？10代の暴力行為の根源は何か？我々はその問題に解決策をどのように見つけることができるだろうか？

　社会問題を脱構築する目的は、問題を生じさせている要因を1つずつ明らかにし、詳細に調べることである。これらの要因を特定できれば、地域社会の問題の解決に着手できる。

学問領域としての批判的な質問

　全体的な問題を解決するために知識獲得の方法や批判的質問とともに用いる貴重なツールが、学問領域のレンズ [12] である。実際、ビジネスや地域社会に携わる人々は、高等教育機関の長に対し、大学を卒業する時に必要とされる最も重要なスキルの１つが、分野を超えてコミュニケーションができる能力だと言っている。もしあなたが技術者を目指しているのならば、環境保護主義者と会話する能力が必要かもしれない。もしあなたが植物学者になりたいなら、公衆衛生の専門家と一緒に仕事をするかもしれない。もしあなたが弁護士になりたいと望むのなら、依頼者を支援する際に、メンタルヘルスのカウンセラーに助言を求めることがあるかもしれない。

　アカデミックキャリアのどの時点かで、あなたは、自身の研究の専攻領域に集中することになる。四年制大学や短期大学では、学問領域は主要な４つのカテゴリー、自然科学、社会科学、人文科学および実業系のプロフェッショナルスクールに分けられる。学問領域は、批判的質問の特定の枠組みと言えるかもしれない。それらは、特定の理論的枠組みや一連の質問を通して問題を探求する方法である。自然科学では、科学的手法が、理解や体系化の中心に位置づけられる。文学では、文学理論が、書かれたものに対する見方や考え方の方法となる。地域社会の問題や要求に複数の学問領域の視点を取り入れることは、しばしば、その時点で最適で、個別では決して見つけることができないような方策や解決策（レバレッジ・ポイント）を見いだすのに十分に多様な幅広い思考をする手段となる。学問分野のレンズと枠組みは、互いを活気づけることができる。研究における最も革新的な仕事は、複数の学問領域が出会い混ざりあう、領域の縁で起こっている。バイオテクノロジー、医療人類学あるいはゲノム・プロジェクトを考えてみるとよい。これらの進歩のすべてが、知識を得て批判的に思考する様々な点において、複数の学問領域の理解力や専門知識を必要としている。

★ **演習問題 10.3　誰に責任があるのか**

・あなたのコミュニティパートナーが取り上げた問題に対して責任を負うすべての人、すべてのことを書き出し、ブレーンストーミングをしてみよう。

・次に、書き出したものをカテゴリーやパターンに分類してみよう。経済的、政治的、社会的、環境的、地理的等でつながるような原因はあるだろうか。

・さらに、批判的質問のリストを参照しながら、あなたが分析したことについての批判的質問をいくつか考えてみよう。

・最後に、変化を起こすために必須で鍵となる領域（レバレッジ・ポイント）として、何が必要だろうか。もし可能なら、プロジェクトを一緒に進めている人々にあなた

12　訳者注：物の見方を手助けする装置の比喩として使われている。

　サービス・ラーニングでかなり難易度の高い点は、地域社会に自分の学問領域の知識を
どのように用い、応用するのかということを見つけることである。 活動に従事する学習
者にとって、（多大な時間や労力を費やす作業を通して）クライアントやプロジェクトに
直接焦点を合わせることはとても簡単であるが、自分が学問として学んだことを——反射
的かつ効果的に——応用することは忘れがちである。

　英文学専攻のある学生は、地域の衛生団体と一緒に活動した時、彼のクラスのプロジェ
クトに貢献するような方策をすぐに見つけることができなかった。そこで、そのコミュニ
ティパートナーは、クライアントに活動の有効性を説明する資料が必要であると話した。
この学生は、文書資料作成における、特定の読者への目標の合わせ方や効果的な記述方法
を知っていた。彼の提案や能力により、そのプロジェクトは、ホームレスの若者を対象に
した特定の健康問題に関する冊子やその他の情報媒体を開発できた。 さらに、その講義
を受講したすべての学生たちが協力して、寄付された薬の追跡システムのコンピュータ化
と当局の事業計画の両方を作り出した。医学部予備コース、英文学専攻、経営学専攻そし
てグラフィックデザイン専攻の学生たちは、彼らの固有のスキルや才能でコミュニティ
パートナーの目的の達成のために用い、感染症リスクがある若者の公衆衛生ニーズに対し
てよい影響をもたらした。

　次の地域社会の状況を踏まえ、あなたが何に取り組もうとするかを考えてみよう。ある
市の交通当局が、地元の大学の工学部に相談を持ち掛けた。当局の担当者たちは、車いす
が適切にシートベルトで固定されずに起きた少し前の事故を受けて、車いすの乗客の安全
性を懸念していた。工学部の学生たちは、シートベルトシステムを調べるために物理学専
攻と数学専攻の学生たちでチームを組んだ。研究室では機器の操作性は十分すぎるように
思えた。問題は何だったのだろうか。そして彼らはそれをどのように解決しようとしたの
だろうか。

　学生たちは、実際の使用状況の情報が必要であると考えた。彼らは、人類学専攻の学生
たち——彼らの学問的背景やスキルは現実世界にあるデータ収集の重要性を強調する——
に２週間にわたってバスで通学し、車いすの乗客のシートベルトの利用を観察するよう
に頼んだ。人類学専攻の学生たちは、バスの運転手がシートベルトを締めるのを手助けす
るためには、乗客の体を後ろから抱き寄せなければならないので、体が接触することに気
づいた。見知らぬ者同士のスキンシップに対する社会規範を踏まえれば、シートベルトは
適切に締めることができない構造だったのだ。機械的な問題と思われたことは、実際は対
人関係の問題だったのである。そのため、装置全体を再設計し、その後、心理学、コミュ
ニケーション、人類学や社会学を専攻する学生たちの洞察を用いて、検証されることになっ
た。

　あなたは、思いもかけない方法で自身の学術的知識やスキルの応用に挑戦するだろう。

あるサービス・ラーニングのプロジェクトでは、ビジネススクールの教員や学生たちが、技術系の新興企業のためにマーケティング計画を作成しようとしていた。しかしながら、学生たちがコミュニティパートナーを訪問した時、どのような計画が可能であるかという前に、基本的な組織の再編が必要であることが分かった。学生や学部は、強力なリーダーシップのないマネージャーと組織への忠誠心に欠ける従業員とがどのように働くかという、政治的に慎重な対応が求められる問題に直面した。彼らの最初のステップは、従業員と重役とを結びつける企業構想や理念を作り出すことだった。

📈 演習問題 10.4　学問領域のレンズ

　あなたの専攻や学問分野のスキルや批判的質問の視点のリストを作ってみよう。次に、そのリストをコミュニティパートナーやプロジェクトが必要としている活動の種類と比べよう。最も簡単なつながりから始め、徐々に難しいことに取り組むようにしよう。(専攻での典型的な活動とは異なる考え方に挑戦してみよう。もしあなたがグラフィックデザインを専攻しているならば、あなたは、がんを罹患していた元患者の調査プロジェクトにどのように貢献できるだろうか。もしあなたが歴史学専攻ならば、高齢の活動家への聞き取り調査でどのようなスキルを使えるだろうか。)最後に、あなたの学問領域のレンズが、現在、そしてこれからのサービス・ラーニングでどのように貢献できるかについて考えたことを、短い文で書いてみよう。もしあなたがグループで取り組んでいるのならば、まずあなた自身でこの演習問題をやってみて、その後、他のメンバーのものと比較すると良いだろう。この活動により、あなたのクラスに多様な専攻の学生がいることがわかるだろう。また、演習問題を反復する際に、自分の副専攻のスキルや知識を使うこともあるだろう。

　同じような例であるが、地域のレクリエーション施設の案内標識のデザインを依頼されたグラフィックデザインの学生たちは、デザインとともに案内標識自体の必要性について激しい論争があることを知った。学生たちは簡単なデザインを製作するものだと思っていたが、それどころか、彼らが学んだのは、地域の人々と会話し交渉するスキルがプロジェクトの重要な要素であるということであった。自身で思考することを経験すること、その場で対応すること、そして相反する価値観や優先事項に対処することはこの世界の暮らしや仕事の一部である。「試験」で「正しい」解答をする多くの講義とは異なり、サービス・ラーニングのプロジェクトでは、あなたは複数のアプローチを熟考することを試される。

専門知識の源としてのコミュニティパートナー

　サービス・ラーニングの重要な特徴は、学生が自らのスキルや学んだことを実社会で使う機会があることである。さらに、批判的質問や概念的知識はとても大切であり、これら

の考え方や概念を活動の中に見出すことは、永続的で深い学習を行うのに極めて重要なことである。しかしながら、学習のための主要資源は、地域社会の関係者そのものである。地域社会の専門家たちは、（講師がどれほど博識かは問題ではなく）大学の教室で提供されているものとは全く異なる経験から培われた幅広い知識とスキルを持っている。コミュニティパートナーは、学生たちや教員たちと地域社会の問題に取り組むための学問的な**専門知識**の共有を期待する一方で、学生や教員は、自身の理論を実践に移すことを通じて（独自の専門知識を持って）地域社会に役立つことから学ぶのである。この象徴的な関係は、**互恵関係**の良い例となる。サービス・ラーニングは、大学と地域社会との間で**互恵的学び**のプロセスを確立する。

　例えば、地元の支援機関で移民や難民を個人指導することにした教育学専攻の学生たちは、当然自分たちの指導技術の専門知識が参加者の英語習得を手助けすると思っていた。しかしながら、参加者たちは、語学の練習のために参加者同士互いに会話することを承知しているわけではないということがすぐに明らかになった。これに失望した教育学専攻の学生は、参加者は非協力的で学ぶ気がないとコミュニティパートナーに不満を漏らした。その時そのコミュニティパートナーは、学生たちに移民や難民たちの文化的、宗教的、政治的そして歴史的な背景に関するワークショップを行った。それにより学生たちは、彼らは国家的、社会的そして政治的な要因が、違いを乗り越えるために参加の場に内在することを知り、「世間は狭い」などということはないと理解するようになった。

　時には、学生たちは、コミュニティパートナーの専門知識を受け入れ難いこともあるかもしれない。Habitat for Humanity（ハビタット・フォー・ヒューマニティ）を支援していた建築学専攻の学生たちは、プロジェクトのコーディネーターが、低所得家庭のための 12 のデザインすべてを財政的な制約と選定した場所での建築は不可能という理由で却下した際に、予算編成や都市計画の講義を受けた。地元の YMCA の活動でのおしゃれなパンフレットを作成しようとしたマーケティングのクラスでは、利用者の平均的な読解レベルが中学 1 年生並みであるにもかかわらず、大学レベルの用語が使われていることを理由に、その機関のディレクターによって文字通り白紙に戻された。地域社会からのそのような叱責は、あなたが期待するような互恵的学びの様式とは思えないかもしれない。それゆえに、（地域社会とのやり取りでの）互恵関係は、新しい視点を受け入れ、地域社会の視点から問題を考えようとする意欲を必要とする。

> **＋** 地域社会の視点をさらに理解するために、**演習問題 10.6　テーブルの両サイド**に取り組んでみよう。

　サービス・ラーニングを学ぶ者として、自分自身に次のような問いをしてみよう。地域社会の専門家の視点を意図的に尋ねたことはあるだろうか。プロジェクトについての企画会議や打ち合わせにコミュニティパートナーを招いているだろうか。コミュニティパートナーの価値観や動機に関心を向けると同時に、プロジェクトの目標や目的は明確になって

いるだろうか。総じて、互恵関係とは、プロジェクトの成果物だけでなく、それを完成させるための過程も含めてのことである。互恵とは、あなたが地域社会に、そして地域社会があなたに与える影響のことである。

　成果への期待と同様に、この過程を十分に意識することで新たな洞察を得ることになるかもしれない。インターンシップや体験実習と同様に、サービス・ラーニングのプロジェクトで、あなたは様々な職業分野での専門的基準を探ることができるかもしれない。例えば、新しい建設会社のマーケティング・ロゴをデザインするプロジェクトの中で、学生たちは、働き方、服装、コミュニケーション、意思決定、そして批判やフィードバックの受け止め方に関する期待を含めて、その企業の文化を学んだ。

　他のケースでは、学生たちはがんを罹患していた元患者たちを支援する CD を制作した。そのプロジェクトは、学生たちにとって、ソフトウェアの開発の経験とともに、医療用語や地域社会の健康ニーズに触れる機会となった。最も重要なことは、学生たちが自身の民族中心的なものの見方に向き合ったことである。もともとすべての情報が英語で記載される予定だったが、多様ながん患者たちとともに活動する中で、学生たちは多言語の健康情報のウェブサイトを見つけて、それらとリンクさせる必要があることに気づいた。さらに、医師や看護師たちとの会議で、その学生たちは、医療保険や患者の社会経済的地位によって決まる予防や医療処置の選択肢の違いについての議論に加わった。こういった永遠に記憶に残るようなサービス・ラーニングは、医療の現実社会について、教室の中で取り組むこと以上により豊かな洞察と学びをもたらす。

　それゆえに、学問的理論を現実の地域社会の問題に適用する際、しばしば異なる度合いの理解や行動が生じる。コミュニティパートナーは、一般的に、プロジェクトに取り入れられ、地域社会に関する幅広い洞察を得るのに用いることができる知識や見解を持っている。地域社会の専門家とともに活動することによって、あなたは、社会問題は複雑であり、その解決には思慮深くかつ積極的な参画や介入が求められていることを学ぶだろう。

　結局、互恵的な学びは、しばしば地域社会のクライアントと直接仕事をする中で得られる。私たちの最善の目的は他者を助けることであるが、私たちは、しばしば与えることよりも多くのことを受け取ることになる。ある社会学専攻の学生は、日誌で次のように振り返った。

　私は、[家庭内暴力のシェルターで]これらの女性たちの忍耐力にとても感銘を受けた。彼女たちが行っていることは信じられないほど素晴らしい。彼女たちの多くは子どもたちを育てている。だから彼女たちは裁判がより速やかになされるように推し進め、学校の責任者たちとやり取りし、安全に家に戻ることができない時でさえ請求書の支払いの交渉をする。彼女たちの組織や粘り強さは素晴らしい。彼女たちは、私にすべてが当然ではないと考えることを教えてくれた。

　同様に、英語を母国語としない人を指導する英文学専攻の学生は、自身の体験から次の

ように述べた。

> そう、私は彼らに文法と文章の構造を教えている。彼らは私にベトナムの文化、
> 仏教、そして世界に存在する全く異なる生き方を教えてくれている。私は、彼ら
> に言語の要素を教え、彼らは私に人生の要素を教えてくれる。

意識的な生き方

　「司法へのアクセスを平等に」と呼ばれるサービス・ラーニングのプロジェクトでは、
コミュニティカレッジの学生たちが、少年法の事業所と社会から疎外された若者たちとと
もに働いた。コースの終わりに、歴史学専攻の学生は、授業が始まる前は不平等を理論的
には理解していたが、問題を目の当たりにした今は、制度に内在する歴史的な人種や民族
に対する固定観念をより現実的に見るようになったと日誌に書いている。

> 私は、米国の司法制度の強みの１つは、すべての人を平等に扱うことだと常に
> 信じていた。しかし、それは幻想だったとはっきり分かった。私の依頼人は 15
> 歳の中南米系の男性で、彼は私たちのクラスでこの３か月間頑張った。裁判所
> で、保護観察官は、彼の行動報告書を提出しておらず、彼の弁護士が彼に会っ
> たのは公判手続きのわずか５分前だった。彼は、軽微な外出禁止違反をしたに
> すぎないが、判事は彼を拘置所に戻した。私は大きな無力感を味わった。私は、
> 彼がいい子と知っていたが、制度は彼をトラブルメーカーとみなした。私には、
> これがもし同じ状況の白人の子どもなら放免されたのではないかという疑念が
> 残った。

　この学生の経験でわかることは、権力をもたない人々の現実と司法制度の政策や手続き
をどのように運用しなければならないのかについて、彼に視点の転換や新しい気づきがも
たらされたことである。彼にとって、歴史が真に迫ってきたのである。
　世界観を変えることは、サービス・ラーニングの多くのコースの暗黙の目標である。政
治、経済そして司法制度が、あるグループの人々をそれ以外の人々よりもどのように優遇
しようとしているかを見なければ、本当に支援が必要な人たちを守ることはできなくなる。
南米から最近来た難民とともに活動したサービス・ラーニングのクラスでは、学生たちは
当初、その地域の地理のことを分かっていなかった。ある学生は、日誌に「中南米は温暖
な気候なので、より少ないお金で生活することはたいして難しくない。そこでホームレス
でいることは、米国でホームレスでいることよりも容易だ。」と書いた。
　学生たちの視点は、彼らの国での政治的不安や市民の権利の欠如のために米国に逃げて
きた家族たちと関わるにつれて変わり始めた。学生たちは、歴史と現在の政治的な出来事
を調査し、文化的な生活問題について学ぶために地元機関とともに活動し、難民のパート

ナーと話し合いをした。その結果、驚くべきことに、企業の利益を守るために、アメリカが市民戦争を引き起こした軍事クーデターに資金を提供していたことを彼らは知ったのである。そして、難民のパートナーたちの生活に関わる問題を調べることで、学生たちは、つながりや責任ということに違った意味を感じるようになった。

> **私たちは、たとえ違う場所にいようとも、彼らの目で見たものを見ようとした。私たちは多くのことを学んだが、それ以上に大事なことは、自分が恵まれているということだ。私は、自分がより大きな問題の一部であることを感じるようになった。私たちの政府は、彼らのこの状況を作り出すのを手助けした——そう、いくつもの方法で。私もそれに関わったのだ。今、私はもっとよく事実を知り、政治的に参加する必要があると考えている。**

　サマースクールのプロジェクトの一環として、ある工業技術専攻の学生が重度の障がい児のためのキャンプに参加した。キャンプ参加者と活動する中で、その学生は、子どもたちの能力開発を支援するための器具を開発できるように理学療法のコースを追加履修し、自身の進路を変更した。 彼女は、学部のメンバーに、自分はとうとう「天職」を見つけたと語った。

★ 演習問題 10.5　批判的意識とキャリアスキルの拡大

　人や場所に対するあなたの見方が突然変わった時、どんな状況で活動していたのかを思い出してみよう。おそらく、あなたは、自分の支援によってクライアントがとても喜んだとか、重要な大学の試験に合格したなど、貢献活動をポジティブに考えていることだろう。また、それとは逆に、クライアントが個別指導の約束の時間に現れなかったり、コミュニティパートナーがプロジェクトの肝となる細部を整えていなかったりしたなど、ネガティブな思いを持ったかもしれない。あなたの感情や新しい考え方がひらめいた決定的な瞬間や出来事を思い出してみよう。その後、以下の一連の質問を読み、その答えをクラスメイトと共有するか、振り返りレポートに書いてみよう。

・その状況にあなたはどのように反応したのだろうか。あなたは幸せや怒りを感じたのだろうか。あなたはその原因が何で、また誰が原因だと考えたのだろうか。個人が原因だと批判しただろうか（例えば、彼は怠けているとか彼女は当てにならないなど）。あなたの考えは、当初考えていたことから広がり、より大きな社会的、政治的あるいは組織的なことが問題の原因になっていると考えるようになったのだろうか。

・その状況につながる他の要因を検討するようになったのはなぜだろうか。あなたは振り返りレポートやエッセイを書いただろうか。クラスメイトや教員と話をしただ

ろうか。追加的な読書や調査をしただろうか。あなた自身の主専攻や他の領域から
の学問的概念を検討しただろうか。何が、批評から批判的意識へと、あなたの見方
を変えさせたのだろうか。

・批判的質問や意識の向上が、あなたの活動にどのように活気を与えたか、また今も
与えていると言えるだろうか。貢献活動の現場でのあなたの行動や振る舞いは、ど
のように変わったのだろうか。結果として、あなたの視点や自己意識がどのように
変容したのかを書いてみよう。

・これらの変容した視点や生き方は、あなたの未来の仕事でどのように役立つだろう
か。地域社会に参画するメンバー、市民としてあなたの役割は何だろうか。職業生
活や個人の生活の中で、変容を促進するために、新しい知識やスキルをどのように
使おうとするだろうか。

サービス・ラーニングがもたらすことができるのは、こうした自己変容、世界で自分た
ちや自分たちのいる場所をどのように見るかについての意識を変化させることである。多
くの学生にとって、地域社会での体験後には、物事を変えることはできないと思うことや、
そのためにできることは何もないという感覚は、大きく変わってくる。これらの例の要点
は、あなたに自分自身のことを考え、あなたが自分の目標、大志そして価値観をどのよう
に理解するかを問いかけることである。今は、あなたはこのコースの終わりについて考え
ているだけかもしれない。もしあなたが3年次生ならば、卒業を夢見ているかもしれない。
大学院生にとっては、主要な問題は、適切な指導教官あるいは論文のテーマを見つけるこ
とかもしれない。しかしながら、いつかあなたは自分の教育を終え、大学の先にある人生
を歩み続けることになる。あなたは、どういう人生を送りたいのだろうか。どのように意
識して人生設計をするのだろうか。どのようなことで人々に知られるようになりたいのだ
ろうか。

まとめ

サービス・ラーニングの科目は、高度な気づきと遷移的学びの両方を達成するために、
現場（体験的学習）で理論（学問的概念）を使う練習となる。本章では、より大きな概念
の世界とキャンパスの外で起きている問題をあなたの経験に結びつけるために、科目内容
と地域社会の問題との関係性を検討してきた。究極的に、サービス・ラーニングの科目は、
あなたが積極的に意識してどのように変化を起こしていくかを学ぶ手助けとなるはずであ
る。最後の例として、ポートランド州立大学の学生グループは、持続可能な生態系と外食
産業に関するサービス・ラーニングのプロジェクトで有機農産物のレストランを計画し開
業した。そのレストランは現在、学生たちが健康的なベジタリアン用の食事をとることが
できる場所となっている。さらに、その学生たちは、キャンパス内で競合する外食産業の

会社に対して影響を与え、そこが新しいメニューや有機栽培の野菜や果物の提供をするようになった。あなたのプロジェクトの社会的、経済的、環境的そして政治的側面を、次に例示する質問を使って考えてほしい。

・従来の教室での学びとは異なるコミュニティ・サービスのプロジェクトを通じて、あなたは何を学んだのだろうか。
・プロジェクトの結果として、地域社会、州および世界に対して、あなたはどのような洞察を得たのだろうか。
・これらの問題は、同時にどのように相互に関連し、相互に依存しているのだろうか。
・地域社会の意思疎通や個人の生活に影響する文化的な固定観念や思い込みを発見しただろうか。
・将来の問題解決を見据えて現在のシステムや慣行を改善するためには、どのような新しいスキル、知識および洞察を適用できるだろうか。

　サービス・ラーニングの経験の成果は、地域社会の意思疎通の複雑さについての理解を広げることと、自身の信念や価値観を行動へ移せる深い見識である。新たに得られたこれらのスキルや知識は、あなたの学問分野のレンズによって強化拡大され、ありとあらゆる方法で地域社会の中で活用できる。さらに、どのようにして変化を生み出すのかが分かる（すなわち、内的および外的影響やレバレッジ・ポイント）。あなたが権力と特権の問題を十分に認識するようになれば、あなたは一層、平等と社会的公正を促進するような立場におかれることになる。最後に、そのような地域社会の組織との継続的なつながりが、公共の利益のより大きな一因となり、あなたの人生をより豊かに、より有意義にすると信じてほしいと願っている。

重要な概念

意識	批判的質問
脱構築	専門知識
レバレッジ・ポイント	互恵的学び
互恵関係	遷移的学習
知識獲得の方法	

重要な問い

・科目の内容と地域社会の問題との間にどのような関係性を見つけただろうか。
・地域社会の問題をより理解するために、あなたの学問分野をどのように活用するこ

とができるだろうか。

・抽象概念と体験的な学習は、どのようにすれば相互に触発させられるだろうか。
・あなたのコミュニティパートナーがいる場所では、社会的問題と政治的問題との間にはどのような関係性があるのだろうか。
・知識と経験の資源として、あなたの地域社会はいかなるものだろうか。
・この経験はあなた自身の理解をどのように深めるだろうか。
・この経験はあなたの組織に対する理解をどのように深めるだろうか。

追加演習問題

➕ 演習問題 10.6　テーブルの両サイド

　もしあなたが１つのグループで活動しているならば、小さな２つのグループに分かれてみよう。その１つは「大学グループ」、もう１つは「地域社会グループ」としよう。「大学グループ」のメンバーは、学生や教員がそのプロジェクトを始めるにあたってのすべての仮定や計画のリストを協力して作ろう。サービス・ラーニングの体験の初めのころからの自分のメモや振り返りを参考にしても構わない。「地域社会グループ」では、コミュニティパートナーがプロジェクトに持ってきたすべての課題や新しい視点のリストを作成しよう。活動が終了したら、ノートを比較し、互恵的学びの過程でのパートナーシップの進化について話し合ってみよう。

📈 演習問題 10.7　振り返ってみると

　ある伝記作家があなたの今まで 30 年間の人生と仕事についてについてインタビューに来ていると想像してみよう。準備をしておきたいだろうから、あなたはいくつかのメモを書き留めるとする。あなたは職業、家族、地域社会、そして政治への関わりの点で、何をしてきただろうか。最も特筆すべきことは何だろうか。あなたの人生は満たされていただろうか。何がそうさせ、あるいはそうさせなかったのだろうか。もし可能なら、他の人（あるいはグループ）と向かい合い、あなたの振り返りの要素を共有してみよう。もしあなたがここで想像していることを現実のものとしたいなら、あなたはどのような地域社会を創造するだろうか。

第4部

参画の取り組みの評価

　第4部（第11章～第14章）の到達目標は、地域を基礎とした関与の成果を評価することから学習者を支援することである。学習者の努力は本当に地域や関係者に変化をもたらしたのだろうか。一方、学習者は、コミュニティとつながる過程で、どんな技能、知識、価値を得たのだろうか。こうした学習が、将来、学習者が自身の地域社会でポジティブな変化を起こすにあたって、どんなふうに役立っていくのだろうか。

演習問題等の記号：

 必修問題。個人ワークでもグループワークでも必ず取り組んでほしい。

 選択問題。より深く理解するための一助となるので、できるだけ活用してほしい。

 選択問題。地域社会の課題解決し変革を進めるうえで有益な資源や情報を得るために活用してほしい。

第11章　採点を越えて：学習と貢献活動の評価をめぐる便益と課題

シェリル・B・ゲルモン、スーザン・アガー＝キッペンハン、クリスティーン・M・クレス

（翻訳　當間　健明）

大学から1マイルも離れていないところで子どもたちがお腹をすかせていることは全く知らなかった。たとえたったひとりでも子どもの生活を改善出来るなら、何かとても良い行いをしたと感じるだろう。

この引用は、ある学生が空腹の子どもがいること、彼らを助けることの重要性を考えたものである。「良い行い」をすることについて誰も議論の余地はないが、私たちの行いは周りの状況の中で捉える必要がある。他人を助ける時に、一食分を提供するだけで十分なのか。それとも、飢餓に対する長期的な解決方法を目指して動くべきだろうか。

あなたのプロジェクトの現時点において、おそらくあなたはこのような課題について話し合ってきたことだろう。例えば、あなたの地域で何人の子どもが似たような状況にあるのかを調査してきたかもしれない。どれくらいの期間に援助を提供できるかを決めたかもしれない（例えば感謝祭の休暇中など）。個人的に、またはグループで、子どもに食事を与えること、食料配給をする、または既存のサービスを活用して家族と地域をつなぐために補助金を申請しようとしたかもしれない。さらに、あなたの専攻学科の理論的で学問的なモデルを用いてこれらの課題に対処しようとしたかもしれない。

サービス・ラーニングの経験の終盤に、自分自身、クラスメイト、コミュニティパートナーに、あなたの献身と仕事の影響度合いについて聞いてみてほしい。何か良いことをしただろうか。あなたのプロジェクトは違いを生み出しただろうか。表面的にはこれらは一見単純な質問のように思われる。おそらく、あなたは助けを行ったのだ。何か良いことを行ったのだ。しかしながら、前の章で学んだように、サービス・ラーニングは複雑で、統合された学習アプローチである。だから、あなたにとって戦略的または手法的な評価にかかることと、これらの総合作用があなたにどういう影響を与えたかを確認することが必要不可欠である。そうすることで、あなたは、最初の段階で学習や地域貢献活動にクラスメイトと取り組むことにしたいくつかの根拠や前提条件を再評価していることに気づくかもしれない。第9章では、サービス・ラーニングの旅におけるあなたの進歩を全体の状況の中で把握するために、「失敗」についてあなたの前提条件を調べるように問いかけた。同じように、この章では、評価の技術を使う知識と能力を高めることで、あなたの「成功」の定義を探検し広げたいと思う。特に、経験を分析し評価するための3つのフレームワーク（**概念、指標、根拠**）を紹介することで、プロジェクトの影響度合いをより良く理解するための戦略を提供する。私たちは、サービス・ラーニング経験の初期、中期、まとめの評価の重要性を明確にするために、はじめの「ALPSの作業」を基にする。

違いをもたらすことはできたのか

　「違いをもたらすことはできたのか」という問いに対しては、いろいろな答えをすることができる。「違い」は、回答する人の視点（学生、教員、コミュニティパートナーやクライアント等）によって変わるかもしれない。また誰が何を評価するのかによっても変わってくるかもしれない。個人、グループ、組織、地域住民、または、たとえば飢餓やホームレスなどの目立つ社会問題によっても変わるかもしれない。地域との仕事が成功したと述べて、この評価の根拠となる文書、データ、ストーリー、ケーススタディーや他の根拠となるものを提示する時、仕事の影響度合いだけではなく、地域の組織にさらに良い変化をもたらしたということを説明するのだから。

　例えば、貧しい地域に所在するある高校では、高校中退率は11％だったのが19％まで上がってしまった。心配した高校の校長は、地域のコミュニティカレッジの英語の教授と数学の教授に相談して、アカデミックスキルの習得と学生の在籍率向上を目的にして、学際的なサービス・ラーニングのプロジェクトチームを結成した。最も基礎的なレベルでは、コミュニティカレッジの学生が高校生の学生にチュータリング・個人指導を行った。もっと重要なことには、高校生がアカデミックスキルを習得すると、互いに教え合うことができるように訓練をした。2年間のうちに、中退率は7％に下がり、高校卒業後に大学に進学する学生の数は18％増加した。この数字に感銘を受けた慈善家の団体がこの校区とコミュニティカレッジに45万ドルの助成金を寄付し、このプログラムが継続し拡大できるようにした。

　幾つかのプロジェクトの効果はすぐに現れなかったり、もしくは効果の範囲はあなたやクラスメイトや教員が当初予想していたよりも狭いものとなったりするかもしれないが、それでもなお、成し遂げたことを注意深く評価することは欠かせない、極めて重要なことである。実際に、たくさんのことを吟味することができる。

・**地域のパートナーシップを創設し強化する**：理想的なサービス・ラーニングの経験において、コミュニティパートナーは本物の協力者となる。私たちが貢献していることと同様に、私たちが受け取り経験したことの両方を確認できる能力が、相互援助の概念を本物のものにする。

・**個人の成長を測定する**：地域における経験は、私たちの価値観を反映し、スキル・能力や専門的技術を発達させ、個人のキャリアプランを考える機会を提供してくれる。新しく得た知識の洞察は私たちの能力を広げて、実践的な職人、家族のメンバー、市民となれるようにする。

・**教えることと学ぶことのプロセスを吟味・調査する**：サービス・ラーニングの授業には、地域で得られた体験や経験をアカデミックな体験・経験に結びつけるという明確なゴールがある。評価をすることで、授業を改善することができ、教員の学習に貢献し、学生の経

験とプログラムの構築に長期的な影響を与えることができる。

「評価」によってどのような意味付けをするのか

　評価とは、何が達成されたのか（またはされていないのか）と、達成したことの価値を反映する構造的な機会を提供する。これは、経験したことを複数の視点から考え、建設的なフィードバックを与える熟考した反復して行うプロセスに参加することを含む。評価（evaluation）と測定（assessment）は、頻繁に互いに入れ替えて使われる用語である。どちらの用語を使うにしても、評価する目的とは、改善に向けて努力する時に、私たちの学習したことを明確にして他の人々と共有するものだ。この意味では、評価というのは循環もしくは学習サイクルでイメージすることができる（**図11.1**）。経験を評価（**評価**）し、洞察を導き出し（**分析**）、これらの洞察に基づいて何か新しいことを試し（**実施**）、そして経験を再び**評価**する。この評価のサイクルは学習について根底になる重要な土台であり、評価サイクルは、新しく得られた洞察を直接実施に反映する。

　第6章では熟考と省察の考え方を紹介し、サービス・ラーニングの経験における重要な3つのレベルの必要不可欠な評価について論じた。（1）活動前の省察（プロジェクトの特定と計画作成）、（2）活動中の省察（意味を考え、観察し、分析し、適応すること）、そして（3）活動後の省察（新しい知識とその応用）である。これらの演習問題に取り組むことで、あなたは既に評価による学習サイクルに積極的に参加していることになるのである。

図 11.1　評価学習サイクル

　そして今あなたは、活動後の省察に到達している。それは、新しい知識の利用・応用があったのかを決める非常に決定的に重要な要素であり、あなたがどのようにして**成果**を収めたかを説明し、他の人たちと共有することである。成果とは、あなたが到達したゴールのことである。例えば、あなたのプロジェクトの目的は、地域の運動場にある遊具を修理することであり、このタスクを成功裏に遂行したとしよう。一新された遊具は、共有された目的から、実現された実績・成果となる。

　あなたはどうやってこの成果に到達したのだろうか。あなたがこの業績を達成したという根拠となるものは何か。例えば、あなたは遊具のために必要な量以上の材木の寄付を受

けたとする。そして余った材木を、ハビタント・フォー・ヒューマニティという団体に再寄付したとしよう。あなたの成功の証拠は、修復した公園の遊具として間違いなくあるのだが、それはあなたが非営利団体に寄付した木材の量（板の長さで測られるもの）も含まれる。他にも、あなたがこのプロジェクトに費やした時間量が、成果を証明してくれるかもしれない（思ったより早く終わった）。参加者の人数（14人の近所のボランティアが助けてくれた）、使った資金の額（$465以下の予算）、そして公園にいる幸せな親子連れからのコメントかもしれない。

　サービス・ラーニングの授業全体（地域での経験の一つだけではなく）を評価する時に、学生、教員、地域の人々は、この授業の目標と目的、これらの目的を支持するような活動、そして結果として生まれた成果について批評的に見るものだ。授業やプロジェクトの性質によるが、成果や証拠と言うのは、放課後のレクリエーションのプログラムでサービスを受けた子どもたちの数から、相談相手になる方法について解説する公共放送の告知の制作に至るまで様々なものがあるだろう。新しいリサイクルプログラムにあなたが参加した家の数をカウントすることかもしれないし、第二次世界大戦中の軍需工場で働いた女性へのインタビューを基にした事実に基づく実話の本を出版することかもしれない。別の言い方をすれば、**量的データ**（数えられるもの）と**質的データ**（観察や経験を記述したもの）の両方もしくは一方を集めるかもしれないということだ。実際、多くの研究者は、報告書の性質や読む相手に対応して複数の評価の方法（量的評価と質的評価）を使うことで、プロジェクトの強みと弱みを最適な方法で明らかにし、前提条件や主張を立証したり反証したりし、クリエイティブなコミュニケーション（例えば、チャート、写真、引用、短いストーリーなど）を形作り、情報を共有している。

　サービス・ラーニングの評価は、他の視点からも行うことが出来る。教員は、どのような振り返りの演習問題や活動が学習者にとって効果的なのかを知りたいだろう。団体の管理者は、サービス・ラーニングの授業が、大学と地域による都市再開発の活動に対してどのような効果があるかを知りたがっているかもしれない。あなたのサービス・ラーニングの内容や関わり方から組織が得たもの、組織が費やした資源について、時間と費用の分析をしたいのかもしれない。

　したがって、良い評価とは、授業のゴールやコミュニティパートナーのゴールの道理に基づいて論理的に展開されるもので、量的な手法（数字など）と質的な手法（インタビューや観察記録など）をよく考えたうえで利用するものだ。これらの結果は、グラフや表や個人的な経験に基づいた多くの記事や説明によってまとめられる。評価がこのように行われた時は、直感の代わりに実際のデータに基づいたものになるため、後続する授業の設計や計画は、あなた自身、クラスメイト、教員、地域のそれぞれのニーズや行動を反映する形で継続的に改善される。

評価をするうえでの課題

　次の例で説明される多様な認識について考えてみよう。登場人物はサービス・ラーニングに対して、それぞれ明らかに独特の見方と違った期待を持っている。地域の課題、学問的な配慮、個人の成長に関するものなど、サービス・ラーニングの経験に違いを生じさせるものが多くある。それぞれの要素はすべて正当なものではあるが、サービス・ラーニングを経験する一人ひとりの参加者に等しく価値のあるものではないだろう。このことはプロジェクトを評価する際、また影響度合いを評価する際に、非常に重要な考慮するべき点である。

コミュニティセンターで私たちが何か重要なことをしたのかどうか、私には本当にわからない。私たちはほとんどの時間を子どもたちとただ話をして過ごしただけなのだから。先生はなぜ、コミュニティセンターの仕事と授業における講読との関係について議論をする時間を取らないのか、私にはわからない。

学生

コミュニティセンターで子どもたちと働くことは、学生たちに対しては授業で学んだ発達理論を理解して応用するための機会を提供し、同時に地域社会に対しては意味のある人的資源を提供している。

教員

大学生がコミュニティセンターにいて、子どもたちと打ち解けて交流することはとても有益で価値があることです。そこの子どもたちの多くは、大学に行ったことがある人と接したことが全くないのですから。それは彼らの未来についての考えを変えました。子どもたちは、大学が本当にどんな所か見に行くために、キャンパスへの遠足の準備を私たちに要望しています。

コミュニティパートナー

私たちはサービス・ラーニングに対して組織的に取り組んでいる。私たちの長期的な地域とのパートナーシップによって、資源配分や組織的サポート体制が再評価されるようになった。

大学のサービス・ラーニングの責任者

★ 演習問題 11.1　アルプス（ALPS）を克服する

　第２章では、サービス経験におけるゴール、役割そして責任について理解していることを書き出した。これに基づき、あなたは書類を作成し（**演習問題 2.7　貢献活**

動のための行動学習計画（ALPS））、活動アイテム、責任者、そしてタイムスケジュールを明らかにした。第4章では、あなたのチームのタスクを描き出し、それを遂行するためのタイムスケジュールを設定するために ALPS を詳細化した。

　この演習問題では先に作成したこれらの文書を振り返ることから始める。その後、下記の質問に答えよう。
1. サービス経験を通じてあなたが個人的に成し遂げたことを、3〜5つ挙げてみよう。
2. 可能ならば、サービス経験を通じてあなたのグループで成し遂げたことを、3〜5つ挙げてみよう。
3. 質問1と2で挙げた項目について、どのようにしてこれらの成果を「証明」できるのかを示してみよう。言い換えれば、成果の証拠として、あなたが他人に見せることができるものは何だろうか。
4. あなたの質問や、収集したい追加の証拠のリストを作成してみよう。

　もしあなたがグループで作業をしているなら、あなたの回答を他のメンバーと話し合ってみよう。

　地域の組織にとっての最優先事項は、子どもたちの安全を守ることかもしれない。教員は、地域のニーズを主張する側と、授業の学習目的を主張する側に分かれるかもしれない。あなた自身も含めて、学生は、自分自身のキャリアプランの状況を考慮して、地域と学校の評価の両方を気にするかもしれない。組織的な視点でみると、総合大学や単科大学は授業に対応する教員等のリソースの効率性と、地域との関係への献身という2つの間でバランスを取ろうとするかもしれない。この優先度は、成果にどれだけの価値を置くかによって決まる。（第9章　失敗からでも学ぶ気持ち：うまくいかなった時に　を参照すれば、教員、コミュニティパートナー、学生の期待が利害衝突することについての議論を再考してもらう助けになるだろう。幸いなことに、第9章で詳しく説明した戦略は、評価の視点の優先順位について考える時にも応用できる。）

　評価に関する他の難問は、スケジュール、リソース、反対する参加者、新しい発見への恐れ、握りつぶされるレポート、または熟練者がいないことである。良いニュースは、これらの難問を克服するための戦略が存在するということである。

サービス・ラーニングの評価の戦略

　サービス・ラーニングのプロジェクトを実行するための活動や行動が必要なように、評価とアセスメントには、よく考え抜かれた行動とよく練られた努力が必要である。これを実施するための包括的なモデルがポートランド州立大学で構築され、制度化された場面・

状況の応用を通じて修正され、改善強化されてきた（Gelmon, Holland, Driscoll, Spring & Kerrigan 2001）。このモデルは、個人的なゴールや授業のゴールだけではなく学習経験の満足度という意味で、学生の個人的な学びについて評価することができる。このモデルはまた、教員の参画を推定・評価する方針・方策を提供し、サービス・ラーニングへの決意と献身への方策を提供し、サービス・ラーニングへの組織や制度としてのサポートの方針を提供する。つまり、このモデルは地域の自治体等への貢献の影響度合いと、地域と大学のパートナーシップの評価について述べているのである。

前にも述べた通り、評価とは進行中の学習サイクルの一部である。サービス・ラーニングのプロジェクトの「（ひとつの）つづれ織」の中で、前から後ろへと糸を織っていくようなものである。活動を評価することで、強み（個人的な強みとプログラムの強み）と改善の機会を特定し、現実と理論の両面で明確に、学問と地域を結合することができる。

まず、あなたのサービス・ラーニングのプロジェクトを評価するために、下記の質問を自分自身に（またはクラスメイトやコミュニティパートナーと一緒に議論をして）問いかけてみてほしい。

- 評価の狙いは何か。私は何を知る必要があるのか。
- 誰がこの評価の情報を知りたいのか。または、知る必要があるのか。他の人々（学生、教員のメンバー、コミュニティパートナー、クライアント、同僚等）は何を知る必要があるのだろうか。
- この評価の根拠とするためには、どのようなリソースが必要か。また、どのようなリソースが利用可能か。
- 私はどのように評価するのか。
- 評価した結果がどのように活用されるか、前もって知ることができるか。

最初の段階では、これらの質問は少し怖いものかもしれない。私たちのほとんどは、正式な評価を実施した経験をあまり持ち合わせていない。だが、このプロセスは簡単に3つの役立つ部分に分割することができる。それは、概念、指標、根拠である。このフレームワークは次のように定義される。

- **概念**：私たちは何を知ろうとしているのか。
- **指標**：どのように計測すればよいのか。
- **根拠**：私たちが収集し、提示し、表現するものは何か。

仮に、あなたが評価しようとしているものが、地域のホームレスシェルターでのサービス経験を行ったクラスメイトが地域社会について学んだことであるとしよう。あなたが評価する概念は、ホームレスについての学生の地域社会への理解である。この概念の指標となるものは、ホームレスに貢献しうる問題に関しての学生の知識かもしれない。あなたが集めようとしている根拠は、あなたが作成し、クラスメイトに分配した調査のデータ（量

的なデータ）や、あるいは低所得者の住居に関する課題図書とシェルターサービス利用者に関する課題図書の関係性について問われたテストの記述式質問の回答（学生や教員の許可を得て）ということになるかもしれない。

- **概念**：ホームレスについての学生の地域社会への理解
- **指標**：ホームレスに貢献しうる問題に関しての学生の知識
- **根拠**：調査結果（量的なデータ）や、あるいはホームレスについて学生が書いた文献調査論文（質的なデータ）

　仮に、あなたが評価しようとしているものが、地域のホームレスシェルターそのものについてのサービス・ラーニング科目の影響度合いを調査することであるとしよう。あなたが評価する概念は、サービス・ラーニングの授業の影響度合いである。この概念の指標となるものは、ホームレスであるクライアントを無料の低所得者用住宅に入居させた人数ということになるかもしれない。あなたが集めようとしている根拠は、あなたが作成し、クラスメイトに分配した調査のデータ（量的なデータ）や、あるいは低所得者の住居に関する課題図書とシェルターサービス利用者に関する課題図書の関係性について問われたテストの記述式質問の回答（学生や教員の許可を得て）ということになるかもしれない。

- **概念**：ホームレスシェルターにおける学生のサービスの影響度合い
- **指標**：低所得者のクライアントへの住宅斡旋数
- **根拠**：シェルターの職員と共に活動して入居させたクライアントの実際の人数（量的なデータ）や、あなたのクラスが手助けになったかどうかについてのシェルターの職員へのインタビュー（質的なデータ）

　評価の手法（戦略、デザイン）を決める時に、クライアントの満足度、費用、時間、他の社会奉仕団体との協力、交通移動など、他の点も同じように考えることが大切である。最も重要なことは、あなた（そしてあなたのグループ）が評価の限界について合理的な範囲を設定し、評価の結果を地域の利益となるようにするためにどのように集め、配布し、情報伝達するのかを計画することである。

　CIE モデル（Concept, Indicator, Evidence）は、全体的なサービス経験を評価する時に役に立つ（**演習問題 11.2**）。次項では、個々の学生の成長や、教えたり学んだりする環境、地域団体や構成要素への貢献について評価するのに役立つテクニックを紹介する。

あなたが自分の経験を理解すること

　演習問題 11.1　アルプス（ALPS）を克服するでは、サービス・ラーニングの経験の中で、あなたは自分の貢献や達成したことを評価し始めた。サービス・ラーニングに関係するス

キルや知識を特定し、はっきりと表現する能力は、どれくらい多くのサービス・ラーニングを他の場面で経験したことがあるかに左右される。あなたや他の学生が、以前に一度も正式なサービス・ラーニングを経験したことが無くても、他の関連した経験や立派なスキルがあれば、あなたやクラスメイトの学習にかなり貢献したはずである。

　過去には、サービス・ラーニングによる個人的な影響度合いは、時間が経つにつれて累積することに学生たちは気づいている。サービス・ラーニング活動における個人の「成功」や「失敗」を決めることは困難だし、評価はフリーサイズの帽子のようで画一的なアプローチでは使えない。したがって、学習の影響度合いは、今回のプロジェクトの活動と、あなたの以前の経験の状況を考慮した中で考えなければならない。

　これをするために、**自己評価マトリックス**を考えてみよう。これは、サービス・ラーニングの様々な視点からあなたの経験レベルを認識することで、強みを特定することを可能にするものである。この表は、元々はプロフェッショナルな経験に使われるスキル獲得モデル（Benner, Tanner & Chesla 1995; Dreyfus & Dreyfus 1996）を適用したもので、さらにサービス・ラーニングの授業と研究でファカルティ・ディベロップメント（FD）で使用するために精密化したもの（Gelmon & Agre-Kippenhan 2002）である。

　自己評価マトリックス（**図11.2**）は、経験したことや学習したことがどのように連続的に発展していくかを表している。各段階では、スキルのレベルは、役割（例えば「担当した」など）で分類され、具体的に記述（例えば「参加」など）されているので、それぞれのサービス・ラーニングの経験の要素を事実に基づいて説明することができる。それぞれのスキルレベルの短い定義とサービス活動の記述がこれに続く。記述については**付録11.1**を参照してほしい。この表と関連する記述を確認して、**演習問題11.3　自己評価マトリックスを使う**に進んでもらいたい。（各分類についての説明は次項以降で見つけることができる。）

★ **演習問題** 11.2　CIE モデルを利用する

　以下のマトリックスを用いて、評価計画を作成してみよう。あなたの ALPS（**演習問題2.7** を参照）で初期に作成した目的と、概念、指標、証拠を結びつけることが望ましい。その後に、行動計画でちょうど行ったように、この評価計画のタスクとスケジュールを決めよう。あなたの初期のゴールとサービス経験の成功の評価プロセスに明白な関係性を持たせるようにしよう。

目的	概念	指標	証拠
1.	1.		
	2.		
2.	1.		
	2.		

自己評価マトリックス（Self-Assessment Matrix, SAM）				
活動内容	←---------------------- スキルレベル ----------------------→			
	探索者	初心者	担当者	熟練者
経験	全くないか、限定的	初めて	多少の	豊富な
学習	触れる程度	観察する程度	参加する	リーダー
個人的な成長や発達	自分のことだけ	自分自身に気づく	他人と繋がる	リーダーになる
省察	全くないか、限定的	一般的な洞察	洞察	豊富で統合された洞察
地域と繋がる	個人的な利益	地域のニーズや価値に気づく	地域と部分的に繋がる	地域との繋がりをファシリテートする
異文化間能力	自分のことだけ	他者の存在に気づく	敬意を表し、他者を尊重する	他者を探し受け入れようとする
市民参画	気づかない	活動に参加	組織化する	社会的に公正な世界を目指す運動を開始できる
地域で働く素質や能力	知らない	限定的で偏っている	要求に応えられる	創造的であり、自立しており、リーダーシップがある

図 11.2　自己評価マトリックス

自己評価マトリックスにあるスキルレベル

・**探索者**の学生が尋ねること：サービス・ラーニングの経験とは一体何だろうか。

・**初心者**の学生が尋ねること：サービス・ラーニングの経験において、何が開始する時の助けになるだろうか。

・**担当者**の学生が尋ねること：サービス・ラーニングを通じて、私に何ができ、何に貢献できるのか、何を学び、他にどのようなスキルを身につけるべきなのか。

・**熟練者**の学生が尋ねること：サービス・ラーニングや他の経験を通じて私が学んだことを他の人たちが学べるように、私はどのように彼らの手伝いをすればよいのだろうか。

自己評価マトリックスにある活動の構成要素

・**経験**：サービス・ラーニングに自分の身を置くこと、関連する活動に前もって参加すること

・**学習**：自分や他人のために知識を創造すること

- **個人的な成長や発達**：自分自身のスキルや技能の発達と、キャリアや人生設計の統合
- **省察**：サービス・ラーニングの経験と学問的な授業内容を結合することと、学習の鍵となる分野を特定することを目的として、サービス・ラーニング経験を熟考した振り返りと分析
- **地域と繋がる**：自分自身を地域と繋がるものとして考えること
- **異文化間能力**：違うグループの人々の間にある類似点と違いを認識すること、違うグループの人々と交流できる能力
- **市民参画**：地域の発達や地域参画を支える活動の中で個人的な関与の範囲（学問的および学問的でないものの両方）
- **地域で働く素質や能力**：個人が現在と未来において関係する地域の仕事に参加できるという自身の潜在能力について理解し、気づくこと

★ **演習問題 11.3　自己評価マトリックスを使う**

それぞれの記述を注意深く読んでマトリックスを復習してほしい。蛍光ペンなどを使い、サービス・ラーニングの開始時に、最も自分にあてはまると思われる構成要素に印を付けておこう。可能な限りこれらの構成要素を説明している例をよく考えてほしい（ほとんどの人は、様々な構成要素の違う列に答えを書いている）。

さらに、サービス・ラーニングの経験が終わった後に、違う色の蛍光ペンを使い、それぞれの構成要素の中で最もよくあなた自身を記述している所に印を付けてみよう。

- どの部分に光が当たっているだろうか。あなたはどのように変化しただろうか。
- あなたの変化を促進したものはどの要素か。これらの要素はどのように変化を起こしたのだろうか。
- CIE モデルを思い出してみよう。これらの変化を、概念、指標、証拠の３点の枠組みに当てはめてみよう。
- あなた自身の学習経験を評価して、あなたがさらに地域へ貢献するためには、何ができるだろうか。

学ぶ環境を評価するための手法

サービス・ラーニングの授業は、伝統的な授業とはかなり異なる。すべての時間を教室で過ごす代わりに、地域へ出かける。それぞれの講習日に講師の話に耳を傾ける代わりに、グループワークで議論を行う。テストを受ける代わりに、プロジェクトを終わらせるためのスケジュールを決める。当然、サービス・ラーニングのすべてが通常の授業で開催されるわけではない。何人かの学生は、キャンパスで正規のカリキュラムと並行して行われる

正課外活動において、コミュニティ・サービスを実施しているかもしれない。他にも合衆国のワークスタディに参加して、地域でプロジェクトを実施している人もいるかもしれない。しかしながら、あなたはサービス・ラーニングに参加しているので、ただサービスを実施するのではなく、全員が活動の反省・評価に参加して欲しいと望んでいる。実に、それがサービス・ラーニングの全体的な考え方だからである。

私は、この授業のことについてずっと考えていることに気づきました。この授業が私自身の意思決定に影響を与えていたのです。

サービス・ラーニングの授業を１科目履修した後に、地域のプロジェクトを引き受け、自信を持ってリードできるようになりました。

ここでしばらく本書を読むのを止め、あなたの学習を何が支えていたかを評価してみてほしい。クライアントに洞察を与えるような地域の課題について読み終えただろうか。あなたと一緒に活動している教員や管理者は、プロジェクトについて明確なゴールや情報を与えてくれただろうか。あなたは、コミュニティパートナーと自分自身について、また彼らのニーズや興味についてよく分かるようなオリエンテーションやトレーニングセッションに参加しただろうか。

ここで少し、あなたの学習の妨げになったものを評価してほしい。あなたがサービスをする実際の時間量は少なすぎたのだろうか。教員や管理者は、多すぎる裁量と重すぎる責任を与えなかっただろうか。コミュニティパートナーは情報とサポートについて約束を守れなかっただろうか。

あなたが授業の一部であるこのサービス経験を終了したと仮定して、あなたは、授業の状況を説明する「教えることと学ぶことの連続性」を使うことで、学習環境を評価できるかもしれない。これらの連続性は、サービス・ラーニングの授業を評価するレンズのようなものを提供し、学習プロセスを吟味し、学生と教員の間の関わり合いを明らかにする（Gelmon et al. 2001）。連続性の５つの要素は以下に定義することができる。

・**他者への関わり**：伝統的な授業の力点は学生が学問的理解を深めることだが、理想的なサービス・ラーニングの授業の場合、力点は学生のニーズと地域のニーズの両方に置く。地域学習を評価するために尋ねられる質問は以下のようなものである。学生と教員は他の人々のニーズや興味に関心を持っているか。彼らは地域のため、また同僚のために、これらのニーズや興味を見つけようとして積極的な関わり合いを示しているか。
・**学生の役割**：伝統的な授業において学生はどちらかと言えば受け身である。サービス・ラーニングの授業では、学生たちは教えたり学んだりするプロセスに積極的に参加しているだろうか。学生たちは授業の内容やプロセスや活動について、意思決定しているだろうか。学生は自分自身の学習に責任を持ち、クラスメイトの学習にも貢献することを

通して、学習者としての役割から、学習もするが教えもする役割に遷移しているだろうか。

・**教員の役割**：伝統的な授業において、教員は、管理し、命令し、教育する指導的立場にいる。サービス・ラーニングの授業でも同様だろうか。それとも、教員は協働作業を手助けし、支援しようとしているだろうか。教員は授業での権限を学生と役割分担しているだろうか。教員は教えるのと同様に、学ぶことにも寛大だろうか。

・**学習の方向性**：伝統的な授業の力点は個別学習だが、多くのサービス・ラーニングの授業では集団学習が重要である。学習環境は学生と教員が協働する集団的なものだろうか。それとも各自が自分自身の学習に集中するものだろうか。

・**教授法（指導戦略）**：伝統的な授業では教員は「銀行」のような存在で、情報を学生の頭に「貯金」する。学生は単純に反復しただけの情報を周期的にテストやプレゼンテーションで「出金」することを期待されている。サービス・ラーニングでは全く逆で、教員は学生の経験を促進し、学生が自分自身での意味づけや学習をする「建設的な」環境を作る。サービス・ラーニングの環境では、知識は答えを見つけ、質問を発するために活用されているだろうか。知識を蓄積するために理論と経験を組み合わせることが強調されているだろうか。

　あなたが関わっているサービス・ラーニングがどのようなタイプであっても、他者への関わり、学生の役割、教員の役割、学習の方向性、そして教授法（指導戦略）についてのよく考えられた省察は、あなたの経験について他者にフィードバックを与えるのに役立つだろう（**演習問題 11.4**）。結局のところ、評価自体が学習のプロセスなのだ。前にも述べたように、あなたの経験を評価し、分析を通じて洞察を展開し、施策を実施するためのアイディアを提供することなのだ。さらに、経験の成果を知るための証拠を特定する。例えば、ルームメイトがあなたに「サービス・ラーニングのどんな点が好きか」と尋ねたとしよう。あなたはおそらくこう答えるだろう。「まったく違う性格であっても、全員がグループのプロセスに明確に関わっていた。それがグループを楽しくて興味深いものにした。そして素晴らしいことに、予定された会議には全員が揃っていた。」

　この続きに、ルームメイトが次のように質問したとしよう。「それで、先生は何をしていたのか」と。あなたはこう答えるだろう。「彼は教員というよりは、世話役として振る舞っていた。彼は私たちのブレーンストーミングや問題解決を助けたが、コミュニティパートナーに対しては私たちが究極的な責任を持つようにさせてくれた」と。

地域にとっての利益を計測する

　これまでのところで、サービス経験があなたやあなたのクラスに対して（たぶん教員に対しても）どのように変化を起こすかについて理解してもらえたことと思う。地域社会に対してはどうだろうか。あなたが一人あるいはグループで活動する時に、あなたは既にい

くつかの成功の証拠（量的な情報と質的な情報）を集めてきただろう。特に最初の活動の中で、個人とグループの達成した項目を振り返った時にはそうだったことだろう。ここで、**演習問題 11.1　アルプス（ALPS）を克服する**で作成した質問リストを見直してもらいたい。効果的だったかどうかを確認するために、他に何が必要だろうか。この効果を示すために、他に何を集める必要があるだろうか。

　あなたのサービス・ラーニング活動は、地域で本当に困っている課題に目を向け、地域での活動をサポートするための追加のリソースを提供する時に非常に大きな影響を持つことができる。あなた（とあなたのクラスメイト）が参加することで、コミュニティパートナーが新しいまたは追加のサービスとプログラムを提供することが可能になるかもしれないし、それはあなたの貢献がなければ実現できなかったかもしれない。定義された範囲、明確な役割とタスク、そして成果を普及するための戦略を使って、よく考えて計画された評価の仕組みを開発することは、将来の行動と地域社会への影響度合いを考えるための大きな力となる。（**演習問題 11.5　成功を計測する：計画されたアプローチ**に取り組んでみよう。）

　地域の代表者に、学生の仕事内容や学生と協働した経験を尋ねると、地域社会にどのように役立ったか理解できるだろう。そのためには、フォーカス・グループのような円滑に進行される対話の場を持つことが有効である（可能ならばクライアントを含めて）。そのような会話のアウトラインは**演習問題 11.6　地域によるサービス・ラーニングの評価**に示されている。

📈 演習問題 11.4　授業の学習環境を評価する

　サービス・ラーニング科目の学生であることを、どのように感じるだろうか。教員が使う手法は、伝統的な授業と同様か、あるいは異なるものだろうか。教えることと学ぶことに関する下記の5つの要素を見てみよう。5つの要素それぞれにおいて、この授業の文脈の中で教えることと学ぶことを最もよく示しているとあなたが思う場所に印を付けてみよう。

他者への関わり：	低 い ←――――――――――――→	高 い
学生の役割：	受け身 ←――――――――――――→	自発的
教員の役割：	直接的 ←――――――――――――→	合意形成や相互理解をサポート
学習の方向性：	個人的 ←――――――――――――→	集団的
教授法（指導戦略）：	知識の蓄積 ←――――――――――→	建設的

　あなたが印を付けたことを証明する証拠はどのようなものだろうか。可能であれば、クラスメイトとグループになって、あなたの洞察について話し合い、今後のサービス・ラーニング科目のために提案リストを作成してみよう。

演習問題 11.1　アルプス（ALPS）を克服すると、演習問題 11.2　CIE のモデルを利用する（また関連する他のワークシートも一緒に）で作成した物を活用して、評価するための計画を作ってみよう。

1. 概念と指標について書き出してみよう。
2. 次に、探し求める証拠のタイプ（量的な情報や質的な情報）を決めよう。
3. 誰が証拠を集めるか（データを集めるか）、誰から集めるか（他の学生、教員、クライアント、コミュニティパートナー等）、そしてどのような形式で集めるか（アンケート、レポートなど）を決めよう。
4. いつ実施するかを決めよう。
5. 最後に、どのようにしてデータが分析されて、実行する際の改善提案を含む報告書やプレゼンテーションに使われて統合されるのか、具体化させよう。

評価におけるその他の重要事項

サービス・ラーニングの評価に影響を及ぼす考慮は他にもある。これらは経済的な影響度合いや利益など明確で具体的な分野から、異文化間の課題や人道的な考慮など、測定が難しいものまで幅広く存在する。また、地域の組織の意思決定と、学生と教員のキャリアの意思決定の背景まで考慮に入れる必要がある。これらの事柄の関係性は、特定の授業やサービス経験の文脈に基づいて決定される。

・**経済的な影響度合いや利益**：政府機関がサービスを提供するならば、サービス活動は、費やした費用によって評価されることがある。例えば、20 名の学生が 1 週間につき 4 時間の家庭教師を 10 週間行った場合は、このクラスは合計で 800 時間の家庭教師を提供したことになる。比較できる市場価値を使うことで、このサービスの金銭的価値を評価に添えることができる。コミュニティパートナーと自治体は、これらの測定量を学生が提供した資源の種類を伝達する助けとして使うことができる。その価値のすべてを表現しているわけではないが、これは幅広い方々に理解できるものである。さらに、コミュニティパートナーは財政的支援をしている組織に報告をする必要があるかもしれないし、経済的な計測量は有用である。しかしながら、経済的な指標はサービス・ラーニングの経験のすべてを伝えられるわけではない。地域で働くことを通じて学ぶという意味で、経済指標は完全に正確ではないし、サービス・ラーニングが最大限に効率的というわけでもない。

・**異文化間の課題**：すでに述べたように、仕事においては評価に影響を与える期待と優先

順位がある。第5章では、異文化間能力と付随して起こる必然的結果としての課題について学んだ。多様な人々を異文化や多様な組織的背景から連れてくることで、評価に影響を与えるような問題が生まれる。言語的な障壁が、目的について話し合う能力に影響を与えるかもしれない。学生や地域が相互交流する方法に影響を与えるような、文化的な嗜好があるかもしれない。これらの違いは、結果を出すための障害物になるかもしれない。障害物を避けることは、具体的にサービス・ラーニングを評価する際の非常に重要なステップとなる。異文化間の課題は、様々な評価方法がデザインされ、実施される方法に影響を与えるかもしれない。(異文化間のサービス経験についての詳細は、第12章を読んでほしい。)

- **人道的な考慮**：サービス・ラーニングの授業に影響を与えるかなり著しい人道的な考慮があるかもしれない。組織の教員は特定の地域の多くのプロジェクトを選択するかもしれない。あるいは、組織は幾つかの主要な課題を選択するかもしれない。無視できない地域の課題があるかもしれない。これらを考慮すると、いくつかのプロジェクトに高い優先順位を与え、学修計画や学問的な評価よりも、サービス提供者として最も重要と思われる場所へ学生を配置することを決定するかもしれない。

- **サービスの意思決定**：サービスの選択が与えられると、学生は評価に影響を与えるサービス経験に強い魅力を感じるかもしれない。彼らは、多くの授業が詰まっているスケジュールや家庭の事情に影響を受けるかもしれず、その結果として、選択した授業は彼らにとって興味のあるものではなく、スケジュールに合うように選んだものかもしれない。他の学生は、学校やプライベートな生活での経験とサービス経験を結びつけ、活動における高度な専門的知識や専門的技術をもたらすことができるかもしれない。興味の幅や能力の幅の違いは、ふぞろいな成績をもたらすかもしれず、評価を難しくするかもしれない。

- **キャリアの意思決定**：将来の職業選択は、サービス経験を選択するうえで、非常に重要な考慮すべき事柄であるかもしれない。学生は彼らの将来のキャリアの準備に役立つと感じるような授業で良い成績をとることに重きを置くかもしれない。彼らはまたスムーズに行かないものには、責任を感じないかもしれない。キャリアへの影響度を無視して、サービス経験を評価することは不可能かもしれないからである。

評価者として、これらの要素がサービス・ラーニングの経験にどのような影響を与えるかを予期し、評価戦略で対応することで、あなたはこれらの具体的な課題を克服することができる。すべての評価手法は、倫理的であり、大学の安全ガイドラインの要求を確実に満たしていなければならず、そのために、学部の構成員、地域社会の人々、そして大学の研究所等の評価経験を用いるようにしよう。

評価の最後のステップは、結果を報告することである。データを集めたら、適切な時期にそれを分析することに責任を持ち、発見したことを様々な関係者（他の学生、教員、地域、組織団体等）へ報告すべきである。典型的な方法は、目的、活動、測定・観察の手法、結果、

そして改善についての報告書を作成することである（Gelmon, Foucek & Waterbury 2005）。また、プレゼンテーション（クラスの中や地域の自治体）、出版（学生新聞や機関誌）や展示（地域のショッピングモール）などの形態を取ることがよくある。機密情報や個人情報が開示されないよう、また地域の自治体や組織などから評価結果の公開に対して許可を得ておくように気をつけなければならない。情報を供給する最も便利な方法としては、結果をウェブサイトに投稿したり、地域の自治体で展示するポスターを準備したり、年次報告書や他の地域へのレポートに含めたり、コミュニティパートナーのための情報冊子に含めることなどがある。

　綿密な業績評価が終了したら、依然として、すべきことがたくさんあると感じることだろう。子どもたちは依然として空腹で、家族は依然としてホームレスのままであり、地域はいまだ安全ではない。私たちが一回のサービス・ラーニングの経験の間でできることより、もっと成し遂げるべきことが地域には存在するのが常なのである。あなたのCBLの活動努力に対して考え抜かれた評価は、あなたと他の人々に刺激と献身を与え、地域課題に関わり働くことを継続させるようになるだろう。なぜなら、あなたは実際に他人の生活や人生に「違いを引き起こす」ことができるということを、行動で示せたからである。あなたの経験と貢献が終わった後もずっと長い間、あなたの地域への熱心な仕事への献身と優しさの影響は続くのだということを覚えていてほしい。

　　私たちはグラフィックデザインの授業で、あるNPO法人のためにアイデンティティ・システム（ロゴマーク等やホームページのヘッダー、いつも使う色やフォント等の企業組織のアイデンティティを示すもの）を作りました。そのNPO法人は、小学校2年生から高校を卒業するまでの間の子どもたちに良き指導者を提供しています。そのNPO法人は、私たちの仕事にとても喜んでくれました。彼らは、ホワイトハウスに招待され、私たちがデザインした小冊子を提出しました。私が最も報われたと感じたのは、授業が終わってから数か月経った後のことです。私は土曜日のフットボールのゲームに行ったのですが、隊列に私たちのロゴがあったのです。中学校のフットボールチームの子どもたちが全員、私たちのロゴのついたシャツを着ていたのです。それは、本当に素晴らしい光景でした！

重要な概念	
分析	評価
地域で働く能力	CIE モデル
市民参画	コンセプト
地域との繋がり	従事
評価	証拠・根拠
経験	専門家

探索	実践・実行
指標	異文化間の適性
学習	結果
初心者	個人的な発達
量的データ	質的データ
省察	自己評価マトリックス

重要な問い

- どのようにして、あなたは自分のサービス・ラーニングの経験を評価する最も良い方法を特定できるだろうか。
- サービス経験の結果を観察し測定する方法には、どのようなものがあるだろうか。
- 評価はどのようにして現在進行中の授業の活動に含めることができるだろうか。
- 評価するうえでの課題とは何だろうか。それを克服するために、あなたは何ができるだろうか。
- どのようにして、評価の過程で発見した情報を広めることができるだろうか。

+ 演習問題 11.6　地域によるサービス・ラーニングの評価

　サービス・ラーニングの経験において地域の代表者からのフィードバックを得るために、地域の代表者（またはクライアント）を選んで、あなた、他の学生、そして教員のメンバーと一緒に、建設的な議論に参加するように招待しよう。会話を観察し、しかるべき議論を進めるためのファシリテーターを決めよう。全員が議論に参加し、誰かが会話を独占することがないようにしよう。ここでのゴールは参加することであり、意見の一致や合意を得ることではない。

サービス経験に当てはめることができる質問の例を示す。
1. 自己紹介をして、あなたのサービス・ラーニングの授業における役割を話してください。
2. この経験の中でうまくいったことは何でしょうか。どのような要素が成功に貢献しましたか。成功したと言える証拠や根拠がありますか。
3. この経験において、どのような障害や妨げとなるものがありましたか。どのようにしてそれを避けることができたのか説明してください。
4. この経験において、あなたの個人的なゴールは達成できましたか。
5. 次回はどのような違ったやり方ができますか。ひとつ変えるとしたら、それは何

238

でしょうか。

6. サービス・ラーニングの活動に学生や地域の代表者が準備をするために、大学が改善すべきことは何でしょうか。

7. サービス・ラーニングの活動に学生や教員が準備をするために、地域団体が改善すべきことは何でしょうか。

8. この経験を他の学生や地域の代表者にどのように説明すればいいでしょうか。強調したいことは何でしょうか。

　会話が終わった後に、全員で共有した情報について、あなたは何をしようと考えたか、簡単に経験を述べて話し合ってみよう。この情報には誰がアクセスすべきだろうか。それはどのような形式で可能だろうか。

付録 11.1　自己評価マトリックスの記述

　学習というのは、スキルや専門的知識を徐々に増やすプロセスである。自己評価マトリックスのそれぞれの構成要素の詳細な説明が以下に書かれている。これを読んで、自分のこれまでの経験に基づいてどのようにあなたが個人的に応用できるかを考えてみよう。

・**学習**：探索者レベルでは、学生はサービス・ラーニングについては経験がなく、初めて教授法に触れ、地域活動への参加や協力的な環境で働くことの意義を学ぶ。初心者は、プロセスと相互作用を特に観察し、教員の協力体制を手本として学ぶ。担当者は、サービス・ラーニングの経験に積極的に参加することで学ぶ。熟練者はサービス・ラーニングの授業へ貢献する活動に他の学生を誘導することから学ぶ。

・**個人的な成長や発達**：探索者レベルの者は、学習のスキルや意思決定を共に考えずに、一般的に個人的に気になることについて自分で考えている。初心者レベルの学生は、自己認識を形成しつつあり、学習と個人的な意思決定を共に考える方向の能力を会得しつつある。担当者は、学習と意思決定を結びつけて考えており、他人からの影響も受けている。熟練者の学生は、長期的なキャリアと個人の意思決定に関連付けて、学習と意思決定を結びつけて考えるような「全体像」を構成している。

・**省察**：探索者レベルでは、学生は省察を学習方略としては用いていない。初心者にとっては、省察は熟考し慎重に検討するものだ（通常は課題としてさせられている）が、学習とは結びついていない。初心者にとって省察とは、「天気予報」のように日誌の記録事項として書かれているようなものだ。活動の中で自分が気づいたことをリスト化しているもので、概念、読書や他の授業で行われる活動に結びついていない。担当者においては、学生はサービス・ラーニングの経験の様々な点を結びつけて考え始めている。熟練者レベルの学生の省察は、豊富な事柄が統合されている。学生は読書、授業のゴール、地域の経験、自己啓発を結びつけて考えている。

・**地域と繋がる**：探索者レベルでは、学生には地域との繋がりは見えていない。初心者の学生は、地域のニーズや価値を気づいており、彼らと地域への繋がりが見え始めている。担当者レベルの学生は、地域との関係が形作られ始めており、彼ら自身を地域との文脈を通して正確に分かっている。熟練者レベルの学生は、互いに連結しているニーズを認識し、地域との繋がりを手助けしている。

・**異文化間能力**：探索者レベルでは、学生は世界を自分の価値観を通じて見ている。初心者のレベルでは、多様性のあるグループの類似点と相違点への認識を形成しつつある。担当者レベルでは、違いを認識しており、他人の視点、価値、優先順位を尊重している。熟練者レベルの学生は、地域課題に多様性のある考えを提供することの重要性を認識している。彼らは多様性の価値を認めており、サービス・ラーニングにおいて必要不可欠な要素であるとみている。

・**市民参画**：探索者レベルでは、市民参画するということに気づいていない。初心者のレベルでは、地域に貢献しているという視点があることを知らずに学生らは様々な活動に参加している。担当者においては、学生は市民参画の概念を理解しており、その発展へ貢献する活動を組織する能力を持っている。熟練者レベルでは学生は市民参画を完全に理解する発達レベルに達し、活動を開始し、社会的正義や社会的公正の理解を発展させ、地域の問題に応用することができる。

・**地域で働く素質や能力**：以前の経験が無いので、探索者レベルの学生の能力はわからない。初心者レベルの学生にとって、地域との交流は限られていて一方通行であり、授業の宿題に従うだけだが、要求に応じて参加している。担当者においては、学生は、初心者レベルでは必要だった（宿題などの）指示がなくても、地域の課題に対応する独自の能力を発達させている。熟練者レベルでは、学生は必要性を認識し対応する創造的な方法で地域と仕事をする。彼らは自立的であり、他人に働きかけるリーダーシップを発揮する。

第12章　どっぷりはまれるグローバル・サービス・ラーニング：出かけるまでに知っておくべきこと

クリスティーン・M・クレス、ステファニー・T・スタカマー、
トーマス・J・ヴァン・クリーブ、チスラ・エドウィン（翻訳　林　薫）

　この章の狙いは、母国から離れて世界のどこか遠く離れた場所で、あるいは国内でも全く経験のない未知の場所で、1週間から2、3か月にわたる期間で集中的に行われる実地活動への参加者に、サービス・ラーニングの準備と進め方についての手助けをすることである。

　どのような貢献を行うにしても、これまで経験のない新しい地区や地域で行うためには、十分に配慮、考慮したうえで活動を準備して進めていくことが必要になる。ある白人の大学生が、同じ市内でも主にラテン系の人々の居住地域で活動を行う場合には、そこのコミュニティと十分に交流を行うために、人々がその学生に対して持つ文化的な期待、あるいは人間関係上の期待を学ぶことを迫られる。同様に、ある中産階級出身のアフリカ系の大学生が低所得の学区で課題を抱えたアフリカ系の子どもたちに学習指導を行うには、信頼を得るために、気を引くためのキャッチフレーズと、子どもたちの属するコミュニティで使われている言葉を習得する必要があることを知ることになるだろう。

　しかし、もしこのような環境にいるこの二人の学生が、同じようなホストファミリーとともに活動する場合でも、春休みの貢献活動の一環で（例えばフアレスやフィラデルフィアなどの）別の土地へ赴く場合や、（ブラジルやケニアなどの）外国で現地の人々と活動する場合には、旅や生活をするための手配（ロジ）の負担や学ばなければならないことは、指数関数的に増加する。

　この章は、以下の3つのカテゴリーに分かれている。
・準備－現地に赴く前、出発前に、行う必要があること、知る必要があることは何か
・実践－どのようにして現地に滞在中の学びを意味のあるものにするか
・成果－どのようにすれば、活動を通じて成果を出したこと、あるいは何か変化が起こったことを認識できるか

準備：出発前

　留学や海外で履修する課程の中にボランティアやサービス活動が含まれることもあるが、ここで取り扱う情報や戦略は、教職員と学生が数日間から数週間にかけて別の場所へ共に旅をする、春休みの貢献活動や科目などについてである。例えば、カリフォルニア州のオクシデンタル・カレッジの教職員と学生が、ニューオーリーンズに赴き、ハリケーン・カトリーナからの復興支援活動に参加して、学校の外壁塗装を行ったり地域の花壇に花を

植えたりする。オレゴン州のパシフィック大学の学生と教職員が冬学期の間（秋学期と春学期の間の短い学期の間）、ナバホの人々に受け入れてもらう。そこで、お年寄りを手伝って枝払いや庭を耕すような家庭内作業を中心に行う。あるいは、ポートランド州立大学の大学院生が毎年２月に３週間インドに行き、孤児や虐待を受けた女性、HIVに感染したセックスワーカーの女性の支援活動を行う、といったことである。

　どこに行くか、何をするか、誰とともにサービス活動を行うかが、次の３つの準備カテゴリーに関連してくることは明らかだろう。

旅の手配：どうやってたどり着くか？　何を持っていくべきか？　どこで寝るのか？

　多くのプログラムやコースで、まず学生はグローバルに展開し現地に入り込んで行われるサービス・ラーニング活動への参加申し込みを行い、受け入れてもらわなければならない。このプロセスは実際には競争である。申込書を書き、推薦書を誰かに書いてもらい、成績証明書を添付し、面接を受けなければならない。その場合には、まず活動のコーディネーターから提供される必要資料や情報、科目の場合には、教員が準備するシラバスに十分注意しなければならない。以下の質問に自分で答えてみよう。
・行先はどこで期間はどれくらいの長さか？この期間中、別の科目の課題を完成、提出することができるか？　もし仕事や家族の用事がある場合にそれと両立させることができるか？
・このプログラムは専門科目の単位になるか？　このコースから得られる知識やスキルは希望するキャリアに進むための助けになるか？　アドバイザーは頼りになるか？
・参加する本当の動機は何か？　親から離れたい？　みんなとわいわい楽しみたい？　自分を変えたい？　新しいボーイフレンド、ガールフレンドと出会いたい？　行ったことのない土地に行ってみたい？　貢献活動を通じて学びたい？

　教職員や引率者ともっと詳細に話し合わなければならない状況になることもある。もし、身体的な障がいがある場合には、旅行中の行程や滞在場所に困難があるかどうか、問い合わせることが必要である。可能であれば、どんな支援が必要か率直に話し合ってほしい。すべての状況をあらかじめ予測するのは難しいが、自身の安全や安心を成り行き任せにしてはならない。

　同様に、身体的な限界があるので参加するのは無理だと思い込まないように。リンダは片目が不自由な学生だったが、奥行感覚が得られないために山道を歩く時に一歩一歩を踏むことが難しく、ネパールでの貢献活動旅行に参加することは無理だと考えていた。教職員との面談で、山村にはジープで入り、歩く必要があるところはごく短いことがわかった。この旅はリンダの人生を変えるものだった。リンダは村のお母さんたちと栄養問題に取り組んだ。帰国してからリンダは、国際的な保健教育が重要だと考えて、専攻を心理学から地域保健に変更した。

グローバルに展開し現地に入り込んで行われるサービス・ラーニングの旅に先立ち、ほとんどのプログラムや科目は出発前のミーティング、オリエンテーション、あるいは授業を行う。教員やファシリテーターは通常、旅程や現地での滞在に必要な詳細を提供してくれるので、これらの会合に必ず参加するようにしよう。もし、以下の質問に関する情報が提供されなかったら、必ず聞くべきである。

・旅行の手配はどうなっているか？　フライトの予約は自分でしなければならないか？バンに分乗するのか（自分たちで運転するのか？）
・どのようなドキュメントが必要か？　パスポートは？　入国ビザは？　旅行傷害保険はどうするのか？
・予防接種は行ったほうがよいか？
・服装その他どのようなものを持っていけばよいか？（処方薬の包みも忘れないように）
・滞在するのはどのような家屋か？　部屋は相部屋か？
・食事はどのようなものか？　（何か制限がある場合には）自分の食事制限は大丈夫か？
・携帯電話やそのほかの機器は使えるか？

　これらは常識的な質問と思われるかもしれないが、他者とつながって貢献活動を行い学ぶことができるようにするためには、基礎的な食事と住居のニーズが前提条件として満たされていなければならない。この点は軽視すべきではない。**欲求段階説**として知られるMaslow（1954）の理論は、人々の繋がり、協力そして共同体などは（栄養や住居などの）基本的な生理的欲求が満たされて初めて形成されると主張している（**図 12.1** 参照）。
　このような基礎的な欲求が充足され、またコミュニティが形成されていることを前提として知恵や学びに結びつく省察を行うことができる。飢えていたり、寒さの怖れがあったりするようでは、高次の学びに参加する力を持つことは、実際に不可能であろう。そのような状況では、人々はまず生存のことを考えるだろう。学校で子どもが読み書きに集中で

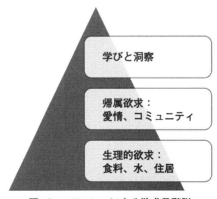

図 12.1　Maslow による欲求段階説

きるようにするために多くの学校で朝食を提供していることが一例である。

　なぜ、この欲求の優先度のピラミッドを心に留めておくことが重要なのだろうか。きわめて簡単なことであるが、大部分の人々は新しい環境では食欲が減退したりよく寝られなかったりするからだ。このようなことがあると、学習を続けていくことがきわめて難しくなる。

　米国人の学生がメキシコシティでストリートチルドレンに算数を教えるサービス・ラーニング活動に参加していたが、活動を支援する非営利団体に対して大きな不満を抱くようになった。学生たちは、この団体は教育よりも子どもたちの衣料や住居に狙いを定めるべきだと感じていたのである。サービス・ラーニングに参加する学生たちは直感的に、ストリートチルドレンへの支援を考える中で、この欲求のピラミッドをあてはめていたのである。しかし、学生たちが理解していなかったのは、彼らの不平不満にはきわめて多くの文化的な問題が絡み合っていたことである。多くの子どもたちが、大人の暴力団のリーダーの支配下にあった。彼らは、子どもたちが金や盗んだ物を持ってくることを期待していたのである。これらの子どもたちに対してできるであろう最善のことは、学びを通じて思いやりや愛情を提供することであった。

個人、コミュニティそして文化を理解する

　教員やプログラムのコーディネーターは、ともに滞在しサービス活動を行う個人や地域の人々についての歴史、宗教、政治そして文化についての理解に役立つ読み物やウェブサイトを教えてくれるだろう。大部分の人は、自らの選択や行動だけで支援が必要となるような状況に陥ることはない。むしろ重要なのは、戦争、偏見、貧困など（ごく一例だが）は世代にわたる波及効果があるということである。苦難を抱えている人々がどのような政治、経済、環境、宗教そして歴史的な経緯でそうなったかについて、外部の人間であるあなた方が完全に理解することはできないだろう。しかし、理解する努力を行うことによって、あなたの支援しようという真の意思が拒絶されず、受け入れられるようにすることは必然である。

貢献活動の着眼点：おむつの話

　中西部の技術系カレッジの学生が、配電網が届いていない農村部の先住民の家族に太陽熱を利用して排泄物を堆肥化するトイレを設置する支援を行うべくニューメキシコ州に来た。学生たちは現地との連絡役を担う地元のコミュニティカレッジの数学クラスと協力し、設備の設計と建設、据え付けを行っていた。5基目まで設置したところで、何人かの技術系の学生が先住民家族の子どもたちが半裸で、下半身はおむつなしで走りまわっていることに気が付いた。技術系の学生たちは善意でお金を集めて布製のおむつを買い、最終日の感謝会（サンキュー・セレモニー）で先住民の族長に贈呈した。しかし、族長は感謝するのではなく、学生たちの無知と侮

等をやんわりとたしなめた。砂漠に住む家族は布製のおむつを洗う十分な水を確保
できず、都市部の子どもたちより早い年齢でトイレを使う訓練を受けている。先住
民の大人は、子どもたちの体に何が必要か十分に注意を払っていた。太陽熱を利用
したトイレは必要だったが、おむつは不要だったのである。

　個人的にせよ集団的にせよ、私たちは間違いを起こし、文化的な侵害を犯しがちである。
しかし、より多く学び、より事前に準備することによってこのような誤りの可能性は低く
なる（異文化に関することの準備についての更なる考え方については第5章も参照された
い）。活動する国や場所の習慣、非言語的コミュニケーション、話されている言葉などに
ついて、ウェブサイトやユーチューブで動画を探そう。現地の言葉でありがとうと言える
ようになるだけでも大きな意味を持ちうるのである。
　さらに、現地で普通に行われている礼儀、特に着るもの（短パンは不適切か？）、紹介
や面会の仕方（男性にしても女性にしても握手をしたり隣に座ったりしてもよいか）、贈
り物（チョコレートは誰でも喜ぶか？）などについての情報を事前に見つけておこう。
　個人であるいはクラスとして率先して、誰もが参考情報を共有できる情報集積ウェブサ
イトやウェブページ、動画やブログなどを始めよう。そのようなサイトにアクセスできる
かどうか、またそのサイトにたどりついたあと、そこに何かを加えることができるかどう
か確かめよう（もちろん技術的な条件に依存するが）。
　貢献活動を行うために出身地に戻る場合もあるかもしれない。そこの文化的な代表者あ
るいは専門家として責任を一手に引き受けるのではなく、活動の助けになる交流を容易に
するいくつかの文化的な価値や優先事項をクラスメイトとシェアできるかどうかを見てみ
よう。あなたは伝統やお祭りを面白く説明できる音楽や動画を持っているかもしれない。
また、貢献活動やプロジェクトを最も適切に方向づけることに役立つ個人的、専門的ある
いは家族的な関係をもっているかどうか考えてみよう。
　また同様に、もし地元に戻るのであれば、あなたの経験があなたの記憶しているものと
は異なっているかもしれない可能性、あるいは地元の人々があなたとの立場性（ポジショ
ナリティー）について違った見方をしている可能性に備えておこう（立場性と立場の理論
については第5章参照）。このことはシカゴの社会的経済的に下層の地域で、アフリカ系
学生が活動を行った際に生じた。学生たちは勉強の面倒を見るティーンエージャーから歓
迎されなかったばかりか、高校生たちは、大学生を「オレオクッキー（チョコレートクッ
キーで中にクリームが入っている）」と呼んだのである。中身は白いが外側は黒いという
意味である。このように出身のコミュニティからの拒絶は失望させられるだろうし、どう
対応していいか、その方向性もわからなくなる。もしこのようなことが起こった場合には、
あなたと気持ちを共有できる信頼できる友人を探そう。

貢献活動やプロジェクトの準備
　あなたの貢献活動の場所や内容をコーディネーターが事前に準備している場合や、あら

かじめ組み立てられている場合がある。あるいは、だいたいの場所はあらかじめ決まって
いたとしても、特定の場所や任務は到着前に決まっていないこともありうる。また、事前
に決まっていたことが変更され、新しいプロジェクトが優先されることもありうる。

　あなたの能力を最大限使って、何を誰と行うことになるだろうかという情報を探そう。
もし、子どもたちと働くことになるのであれば、教材を準備したり、多くの対面型のゲー
ムを準備したりすることは必要だろうか。どうやって他の言語に翻訳したり翻訳されたり
するのだろうか。もし大人と働くことになるのであれば、男性が女性や女の子と一緒に作
業できないというようなジェンダーをめぐる配慮があるのだろうか。ヘルスケアに従事す
る場合には、医療機器や薬はあるのだろうか。建物の建設資材や塗料、植栽はどうなって
いるだろうか。コンピュータ、プリンター、電話などはあるのだろうか。

　準備が進んでくると、情緒的、心理的な準備が物理的な準備よりも重要になる。以下の
挑戦的な問いに対するあなたの対応を考えてみよう。

・ごみの山に放置されて踵をネズミにかじられた孤児の女の子を抱きあげる時、どのよう
　に感じるだろうか。もしその子がお漏らしをしてしまったら、その日一日あなたはなん
　とかやっていくだろうか。

・家庭内暴力について泣きながら話す女性の隣に1時間座って、彼女の言葉がわからなく
　てもその話に耳を傾けることはできるだろうか。

・一人の男娼の顔を見つめて、7歳の時に父親によって人買いに売られたという話を、共
　感をもって聞くことはできるだろうか。

・あなたが愛の言葉をもってお世話をすることを伝えるために、精神的に問題がありよだ
　れを流す人の手に、不安なしで手を添えることができるだろうか。

　これらの事例はもちろんやや極端な状況であるが、場所や貢献活動のタイプ次第ではこ
れよりも厳しい状況に直面するだろう。見るもの、聞こえるもの、そして匂いであなたの
感覚はほとんど打ちのめされるだろう（**貢献活動の着眼点：インドとアメリカの汚点と美
点** 141 ページ参照）。しかし、あなたは支援を必要とする人々のために、そして思いや
りにあふれる貢献活動のために、直観的な反応を脇に置いておくことが求められる。何を
感ずるかにかかわらず、貢献し学ぶことが求められるだろう。

　このことは頭の中では十分に考えてきた学生を戸惑わすことになりうる。考え抜いて答
えを出し上手に返答するという大部分の大学内での経験と異なり、貢献活動の状況におい
て簡単な答えや解決はない。それよりも、私たちの共感が知性の前に来なければならない。
共感を通じた理解によってのみ、学問的、専門的知識を応用してより大きな構造的、組織
的な解決方法を見出すことを開始できるのである。

　これは次のセクションの主要テーマ、「実践：サービス活動を通じて学ぶ」で議論を続
ける。

★ **演習問題 12.1　妥協できることとできないこと。あなたの限界を予想する**

　以下のシナリオを読んで、あなたの予定されているサービス・ラーニング旅行で起こりうる、予想される事例を一つ考えよう。選んだケーススタディーは、あなた自身が主人公になるものではないかもしれないが、もしあなたのクラスメイトが遭遇した事態の場合には、あなたはどのように反応するだろうか。活動に持参する日誌の出発前のページにあなたの反応を書いてみよう。可能であれば、旅行に同行するクラスメイトを一人見つけて、行動や考え方を比較してみよう。

ケーススタディー1
エミリーは敬虔なクリスチャンでネブラスカ州のキリスト教系大学の学生である。彼女はインドに行く前にヒンドゥ教に関する本を読んだが、サービス・ラーニング旅行でヒンドゥ寺院に入り、ヒンドゥ僧が線香で学生を祝福し、額に赤い印（訳注：ビンディーと言う）をつける儀礼が入っているとは理解していなかった。ヒンドゥ教のお祈りのあと、エミリーはこれ以上偶像崇拝を容認したり参加したりすることはできないと決意する。これは譲れない個人の信仰の問題である。今後、彼女はヒンドゥ寺院では外で待つことにする。

ケーススタディー2
ジョシュは、彼がバロウステイ高校において相談相手をしているショーンの家族から、家での夕食に招待された。ジョシュは、ニューヨークのシティー・カレッジで電気工学を学んでいるが、春休みを利用してワシントンDCに来て、後期中等教育修了検定試験（GED）を終えた学生にコンピュータースキルを教えている。ショーンの祖母は豚肉の入ったサンドイッチを差し出しながら、目に涙をためてジョシュの支援に感謝した。ジョシュはユダヤ教の家系であり、また過去4年間にわたってベジタリアンを続けてきている。彼はどうするかについて葛藤を抱え込んでしまったと感じた。

ケーススタディー3
ヘンリーは、シアトルから来た大学院生だった。彼は内戦で破壊された学校の建設を支援するために、クラスでスーダンに赴いた。ヘンリーは、先祖が昔暮らしていた大陸にいることに興奮し、スーダン人の教員や学生に親近感を抱いていたが、そのことは彼の白人のクラスメイトには十分に話すことができなかった。何人かの教員が、ヘンリーがフェイスブックのページを持っているのであれば友達としてつながることができるかと聞いた。フェイスブックページのイメージがヘンリーの心に浮かんだ。ヘンリーのフェイスブックには、彼の男性のパートナー、スティーブとのシビル・ユニオン（同性カップル）結成セレモニーのことが書いている。スーダ

ンは同性愛を禁止するアフリカ 54 か国の一つである。スーダンでは同性愛は死刑が適用される犯罪である。ヘンリーは考え込んでしまった。

ケーススタディー 4
ベトナム人のミンディーは白人の家庭に養子縁組されている。いくつかのプロジェクトの選択肢の中から、彼女のサービス・ラーニング科目の教員は、ミンディーが養子縁組される前にいた孤児院での作業をクラスのために用意した。ミンディーが子どものころ孤児院にいた時からの保育士がまだそこにいた。彼女らはミンディーのことをはっきりとは覚えていなかったが、ミンディーを世話したことは確かだと感じた。ある日の夕方、一人の保育士が、中庭で子どもたちと遊んでいたミンディーに近づいてきた。その保育士は、母親が手術を受ける必要があるといってミンディーにお金を懇願した。彼女は小声で、「あなたはベトナム人でしょ。あなたには助ける義務があるわよ」と付け加えた。

ケーススタディー 5
ジャコブは 3 歳のスリランカ人の子ども、ダヤニを抱っこして、面白い顔をつくってあやしていた。ダヤニはジャコブに笑顔を見せ、そのあと 30 分、二人は舌を出したり、目を回したり、その間ずっとニコニコしたりして遊んだ。ジャコブはこの交流がたいへん楽しいと思った。4 人の姪と遊んだことを思い出したのである。帰る時が来た。ダヤニは大声で泣いてジャコブから離れなかった。ダヤニはジャコブを帰したくなかったが、ジャコブはダヤニをなだめ、明日必ず戻ってくると約束した。しかし、ジャコブがバンに乗り込むと、彼は現場責任者から独身の男性は現在実施中の貢献活動では孤児院で働くことは許されていないと告げられた。独身の男性は別の場所で新しい学校のためのレンガ造りに従事することができるだけである。現場責任者は、既婚の男性を集めるために回覧板を回した。ジャコブはガールフレンドと 2 年間一緒に暮らしていた。活動から戻ってきたら正式に結婚しようという予定だったのである。ダヤニのことを考えてジャコブの目は涙で一杯になり、手に持った回覧板を見つめた。

実践：サービス活動を通じて学ぶ

実践という語は、簡単に言えば、考えを現実の生活の状況に適用することである。もう少し学問的な言い方をすれば、理論的な研究および概念的なモデルを、問題解決のための現実的なシナリオや、対象とするコミュニティの固有の条件へ適用することである。結局のところは、実践とはサービス活動を通じて学ぶことの目的であり、善いとされることを短期的に行いつつ、課題の本質を見抜く力を獲得していくことである。そうすることによって、その課題の長期的な解決に向けてあなたの知識や技能を適用することができるのであ

る。

　あなたが活動地に到着した当初は、実践に携わることができる能力は限られているだろう。はじめて接する光景や音にとけこみ、宿舎に落ち着くことが優先事項になる（Maslowの欲求の段階を思い出してほしい）。また長い旅行で消耗しているだろう（例えば、時差や数日間にわたる車の運転など）。

　次に示す実践戦略は、最初の適応ショックの段階から完全に現地に入り込んでサービス活動を行い学ぶようになるまでに、あなたが移行していくための手助けになることが意図されている。出発前にこの節を読むことはもちろんであるが、旅行にこの節のコピーを持っていくことも考えてほしい。

★ 演習問題 12.2　どのように感じるか

　あなたの個人の日誌を取り出してみよう。あるいは、もし電子的な手段を持っているのであれば、新しいファイルを作成してみよう。これは教員に提出したり、家族や友人、同僚に見せるためにフェイスブックに載せたりする振り返り日誌を作成する試みでは決してない。これは、あなたが完全に正直でありのままになる場である。もし、他人に見せることを選ぶなら、後日編集することができる。

1. どのような人、場所、事象が気になるのか？　あなたをまいらせ、怖がらせるような光景や音、においなどがあるのか？　どんなことを経験したのか、経験しているのか書いてみよう。
2. それをあなたはどのように感じるのか？　思いついた感情を表す言葉をできる限り多く書いてみよう。書くのと同時に、悲しさ、怒り、罪悪感、むかつき感、当惑、恐れ、無力感、情熱など、あなたの複雑な感情に注意しよう。
3. もし泣いたり、枕をぶっ叩いたりしたければすればよい。それは感情が穏やかなものではなく、場合によってはきわめて激しいものであるということである。
4. 次に、まるまる 60 秒間、静かに座り深く息をしよう。読んだり、書いたり、考えたり、感じたりせずに、ただ息をしよう。
5. あなたの日誌のページを開いて、たくさんある感情を表す言葉のリストから、一つの感情だけを取り出してみよう。縦線を引き、二つの列を作ろう。左側には、なぜそのような感情を抱くことが正当だと思うのかを書こう。右側には、どのような文化的な要素が自分の感情に影響を及ぼしているのか書こう。こうやって、単語とフレーズのリストを作っていこう。
6. 作成したリストの後に、新しいページを開き、私は状況をコントロールすることはできないが、私の感情に対する反応をコントロールすることができる、と書こう。文化的に敏感に行動することで、いつ、どこで、どのようにあなたの感情を自ら感じとることができるか、はっきりとさせて書いてみよう。

> 7. もし別の感情についてこの試みを繰り返す必要があるなら、やってみよう。その必要がなければ、次の24時間以内に、実際の行動で示す決意を固めよう。

土地とそこのコミュニティに適応する

　人間の物的な欲求（食事や水など）と安全への欲求を落ち着かせることは、最初の段階ではかなりのエネルギーを必要とする。前述のように、あなたが新しい環境に適合するための感情的、心理的な葛藤は、食べたり寝たりする場所や、快適に感じる程度などによって決定される。しかし、あなたが快適と感じるようになるまでは、より高次の認知プロセス（Maslow 1948）へ進むことは難しい。

　カルチャーショックは見知らぬ土地や人々への普通の反応であることを理解しよう。いつもの生活の安全さにもう逃げだして帰りたいと感じる瞬間（多分、数分間、数時間、数日間ということもあるだろう）があるとしても、そのような感情を認識することは、文化の違いに敏感にふるまったり行動したりする第一歩である。

　事実、Goleman（1995）は、この認識を、感情によって行動が左右されない、**心の知能指数**として言及する。感情に左右される代わりに、私たちは恐れや文化的に偏った否定的な反応にもかかわらず、礼儀正しく責任をもって行動することを選択できる。このような認識に行動が伴えば、私たちの差異の経験がただ単にそれに反応するということから、それに合わせようということになり、物の見方が自民族中心から民族を相対化できるような**文化的な敏感さ**をわれわれが発達させることの助けとなる（Bennett & Bennett 2004）。それにより、本質的に私たちはすぐ判断を下して拒絶してしまうような傾向が少なくなり、物事に対しより許容的になるのである（第5章を参照のこと）。

貢献活動の着眼点：自分の感じたことを他者のせいにする

　米国から来た大学生のグループが、南インドの小さな町での滞在の二日目に伝統的な結婚式に招かれた。みんな疲れて、時差ボケしていた。結婚式はたいへん長く、午後2時になっても昼食の声がかからなかった。クラスメイトとともに、サラは36度の暑さと、ハイピッチの音楽が耳を襲う中で、何百人もの祝福に訪れた人々と待っていた。サラは、花嫁が参列している人々から贈り物を受けとるのをずっと見ていた。サラは、インドのほとんどの結婚では、花婿は花嫁のために親が選んでいることを知っており、この結婚もそのような、親が決めた結婚だったのである。

　サラは花嫁を見ながら、愛していない相手と結婚させられるということが考えられなかった。サラは、カップルの初夜のことを考えて胃の調子が悪くなった。怒りが沸き上がり「このような奴隷制度に似た状況でなぜ人々は祝福することができるのか！」と考えた。彼女は怒りで爆発して大声で叫びたくなった。しかし彼女は大きく息をして、彼女の心の中の怒りを意識した。怒る代わりににっこり微笑み、ほ

かの人と同様にこのカップルの結婚を喜んでいるようにふるまった。

　この日の夕方遅くなってから、このカップルは父親同士が友達で、二人も何年も前から知っており、一緒に休日も過ごしていただろうということを知った。二人は見ず知らずでもなく、ずっと前から恋愛感情が芽生えていたかもしれない。サラは、自分が妄想で動かなかったことが嬉しかった。物事はいつも見えている通りではなく、彼女が想像したことがなかったような愛情の盛り上がりがありうることを理解した。

　自分の感情を認識することの意図は、自分の感情におぼれたり、他人に暴言を吐いたりしないようにすることである。複雑な状況では、自分の感情が自分の行動にどのように影響を及ぼしているかをわかっていないかもしれない。私たちは自らの感情が自分に対しては真実であったとしても他人に対してはそうではないだろうことを認識するようにならなければならない。したがって、直ちに感情に動かされるのではなく、劇において正しいことを行ったり言ったりする役を演じているかのように行動する、あるいは文字通り演じる必要があるだろう。

　同様に、第4章で議論した**帰属理論**を思い出そう。帰属理論によれば、異なった感情には言葉や他人への対応を説明する異なった原因が伴っているとする。相手の対応を説明する際に誤った原因に起因させる誤帰属は、サービス・ラーニング活動にきわめて深刻な結果をもたらす。

　例えば、（米国のような）個人主義的な文化から来ている人は、個人は自律的、自発的で、その行動は（動機、価値、性格のような）内的な原因によって決定されるという、**個人主義的**な人間観を共有している。これに対し、（日本のような）集団主義的文化では、他者との関係や社会的なグループにより依存しているという相互依存的な人間観を好んでいる。この結果として、個人の行動は社会的な義務によって影響を受けがちである。この自己認識における差異は、特に文化間の相互作用の際に、原因を帰属させる過程に影響を与える。人為的に反応を誇大化し潜在的にステレオタイプを強化する誘因、連想、文化観について責任をもって考えながら、私たち自身の感じ方を受け入れることは重要である。第5章、第6章で学んだように、文化の一般化はある程度可能であり、貢献活動や学びにも有益であるが（例えば、ベトナム人は米を食べる）、範疇的な硬直化が起こり個人に対して押し付けられると、誤解や偏見に結びつくことになる（例えば、アジア人は皆、数学が得意である）。

　次の**貢献活動の着眼点：うんざりする、いい加減にしてほしいステレオタイプ**を読んでみよう。そして、クラスメイトの誰かと、あるいは小グループで、設問に答えよう。

　春休みを利用したティファナへの活動の旅の４日目、一人の女子学生が、バンの窓から外を眺めていた。彼女は男たちが歩道で寝ているのを見て、クスクス笑いながら、隣席の友人に「ラテン系の人たちが怠け者だと言われるのがなぜかわかったわ」とコメントした。バンに乗っていたほとんどの学生たちは、暑さで消耗し、貧しい人たちがたくさんいる街路を歩きながら地元のコミュニティのオーガナイザーたちとともに行った無料のビタミン剤の配布と健康教育のパンフレットの配布をする過酷な貢献活動で疲れ切っていた。

　その夜の振り返りグループで、担当の教員はこのコメントを取り上げた。何人かはバンの中で居眠りをしていた学生もいたので全員がコメントを聞いていたのではなかったが、ジェニファーは、たいへんきまりが悪くなって、すぐに彼女の失礼な発言について謝罪をした。しかし、この旅に参加しているラテン系の学生のジュアンは腹を立てて応答した。「いつも言われている決まり文句だ。メキシコに来ても人種差別主義的なコメントから逃れられないのか。もううんざりだ。いい加減にしてほしい」

・ジェニファーがバンの中でこのような発言をした直接の動機は何だっただろうか。
・もし、あなたがジェニファーの生い立ちや置かれている環境を推察するとしたら、なぜ彼女はそのような発言をしたのだろうか。
・もし、あなたがジュアンの生い立ちや置かれている環境を推察するとしたら、なぜ彼はそのような反応をしたのだろうか。
・教員は、もっと別の対応をすべきだったのではないだろうか。
・この事件がこの旅行にどのような結果をもたらしただろうか。クラスというコミュニティはどうか？コミュニティのパートナーとの関係はどうか？地元のコミュニティとの関係はどうか。
・この事件は、関係する誰にとっても学びの機会になったか、それともつらい感情から受けた傷は修復不可能なほど大きかったか。

参画的省察

　既にいくつかの章で触れた John Dewey（1966）を思い出してほしい。Dewey は、観念と行動の間の相互の適合、関係、応用についての評価検討が十分に考えられる時にのみ、学びが完全に成り立つものと確信していた。別の言い方をすれば、概念について本で読んだり、サービス活動を行ったりするだけでは不十分である。**参画的省察**は、学びとサービス活動をつなげる接着剤である。

　第６章は、サービス前の振り返り、サービス中の振り返り（DEAL モデルを参照）、

サービス後の振り返りなど、幅広い活動を包含している。もしあなたの教員あるいは旅行のコーディネーターが DEAL とは異なるモデルを使う場合には、あなたは、あなた自身の DEAL 活動に立ち戻り、あるいはクラスメイトや小グループで学びを深めるために DEAL 活動を行うことができる。

　確かに、個人的な振り返りに最も共通に推奨される方法は日誌をつけることである。**演習問題 12.2　どのように感じるか**に記したように、あなたは紙に書かれた、あるいは電子的な日誌を、自分用にクラスの日誌とは別につけることができる。あなたが作っている内容は、同級生や友人に内容を明らかにしたり部分的に提供できたりするようになるまでは、自分限りにとどめておく必要がある。

　一つの戦略は、観察や洞察を別の観点から記録することである。例えば、あなたがこのサービス・ラーニングの一団に同行しているレポーターだと想像することができる。客観的な観点から、彼ら彼女らが行っていることをどのように記述するだろうか。彼ら彼女らはどのように感じているだろうか。動機と行動の背後に何があるのだろうか。あなたの取材対象、つまり他の学生たちにインタビューをする必要があるだろうか。彼ら彼女らの顧客、相談相手になっている人々、あるいはサービスを提供している相手に対してはどうだろうか。

　それとは別の方法として、あなたがコミュニティパートナーになったものと想定してみることもできよう。コミュニティ関係づくりを行う代表として、学生や学生が相手に提供するサービスをどのように見ているだろうか。教員やコーディネーターをどのように考えているだろうか。目的は達成されつつあるか。学生たちは彼らが望んだ目標を達成しつつあるだろうか。

貢献活動の役割と視点についての再評価

　省察が何かを達成するうえでの助けになる一例は、状況についての新しい洞察を得ることである。すでに見てきたように、もし状況がこれまでの私たちの経験とはかなり異質であるならば、貢献活動の経験に参加することは難しくなるだろう。私たちの大多数は、助けたい、何か成果を得たいという理由で貢献活動を行う。しかし、第1章で議論したように、何が貢献活動で何が役に立つかどうかは、関連する状況や文化などによってかなりの程度、特殊で個別的である。

　例えば、ハワイのコミュニティカレッジの学生がメキシコのオアハカに、先住民の人権問題の支援に行った。学生たちは、非営利の司法扶助団体の事務所で、コピー取りをしたり、文書のファイリングをしたり、コーヒーを出したりしたが、全くとは言わないまでも、滅多に、彼ら彼女らの努力に対して「ありがとう」とは言われなかった。3日目に、学生たちは教員に対して憤懣と怒りを表した。彼らは自費で何千マイルも旅してきているのに、彼らが行いうると期待していた、意味ある貢献や重要な寄与のようなものではなかったのである。

指導教授は謝りつつ、彼が出発前に、学生たちに役割と責任についてもっと理解させておくべきだったことを認めた。彼は学生たちにメキシコの文化について説明した。他者への奉仕はメキシコではあたりまえの日常的なことである。高校の生徒は 500 時間の貢献活動に従事したことを記録として提出する必要があり、大学では 1 年間の貢献活動が必要とされている。メキシコで貢献活動を行っている団体や機関は、学生を褒めるようなことはしない。なぜなら、奉仕は国民的な価値観で、責任とされているからである。さらに教授は、その行為が重要であることが前提として生得的に理解されているために、多くの文化において、過度に謝意が示されないことがある、と付け加えた（Renner, Axlund, Topere & Fleming 2011）。

　このケースでは、学生が行っていた作業は雑用に見えるが、学生がその作業を行うことによって、専門的な法律スタッフが訴訟文書を作成したり、客と面談し、状況を変えるために地域の政治家に対する働きかけをしたりすることに時間とエネルギーを集中することを可能にしたのである。学生のサービスは、事務、実務面でかなり重要なものであったが、学生は当初はそう受け取っていなかった。

　少し時間を割いて、あなた自身の貢献活動について考え、次のいくつかの質問に、答えを書くか、クラスメイトと議論してみよう。
・あなたが現在行っている貢献活動はあなたが期待していたどおりか、それとも違ったか。そのことを好ましいと感じるか好ましくないと感じるか。
・その文化では貢献活動はどのように受け取られているか。その文化に属する人々は貢献活動に何を期待しているか。あなたのような外部者によるサービスはどのように受け取られるだろうか。
・そのコミュニティにおけるそのニーズを生じさせた社会的、政治的な潜在的問題は何か？それらの課題、**経緯**（原因）、そしてニーズはあなた自身の文化や背景と同じか、それとも異なっているか。

学問的な専門性を通じて問題を分析する

　もしあなたが、科目としてではなく、もっぱら春休みの活動の期間中に貢献活動に従事している場合であっても、大学生として学んできたことから、あなたが支援する課題や人々について理解を助ける情報が得られることがある。同様に知識だけではなく技能がコミュニティパートナーやあなた自身の学びに役に立つことがある。

　例えば、1 年生の英語 101 コースの学生が、春休みにシカゴ南部の高校 2 年生の学習指導をした。彼らが担当（メンタリングについては第 7 章参照）した高校生は、比較と対比というような論文の書き方や文法について質問をした。大学生は正しく答える必要があったために、自身のライティングの知識が増えた。これに加えて、大学生たちは Google Docs や wiki サイトで良い事例を探し、その作成者から電子的にシェアする許可を得た。高校生たちは、議論や考え方を書いてまとめるための様々な方法を見ることが

できた。この貢献活動の成果は、高校生、大学生がともに文章づくりの技能を向上させたことである。

　貢献活動を通じて得ることができる知識の幅や組み合わせは無限である。例えば、地理の学生は、シアトルに赴き、小企業のための市内の投資計画づくりの一環として低所得地域で資源マップ作りの手伝いをすることにより、数学と統計学のスキルを伸ばすことができる。オマハの生物学の学生は、フロリダに赴きオイルリグの爆発事故のあとの海岸湿地帯で、水に残る原油のレベルの測定の分析を行うことができた。彼らはフィールドサイエンスのスキルを学んだのみならず、連邦と州の環境規制、原油流出災害に際しての政府の措置、多国籍企業のグローバルな責任などに関連した政策問題も認識するようになった。

　実践の目的は、学問的な思考が現実のコミュニティの状況にどのように応用できるか（できないか）についてより深く学ぶことである。あなたのサービス・ラーニングの経験を通じて、あなたは（歴史、都市研究、アジア研究などの）分野や、（看護、聴覚医学、法律などの）専門の本質的内容を学んでいるだろう。また別の学生は、例えば障がい者介護の技術、コンピュータ・ソフトウェア、工具、グラフィックデザインなどの彼らの専攻や専門に付随した新しいスキルを学んでいるだろう。また、その他のサービス・ラーニングの経験は、異文化に関わる能力や、貧困問題への理解、飢餓、HIV/AIDS の予防といったより大きな地球規模問題などを最も重視している。

　貢献活動をしながら初めて出会った人々から学ぶために、何百マイルも旅をして初めての土地に行くのなら、この経験を、単に興味本位のものとせず、そこから学べるものにしよう。

★ 演習問題 12.3　経緯、分析、行動：サービスを学問的に意味があるものとする

　もしあなたが、まだ専攻を決めていないのであれば、今いるクラス、あるいは最近履修したクラスを選ぼう。もし専攻が決まっているのであれば、あなたの専攻分野の主要概念を以下の質問と結びつけてみよう。あなたは、振り返り日誌の一部分として質問に答えることもできるし、小さなグループでシェアすることもできる。あるいは、あなたはパワーポイントや Prezi のようなプレゼンテーションソフトを使って準備し、クラスで発表するか、フェイスブックに投稿するか、科目のウェブサイトに掲載するだろう。解答案は創造的であってほしいが、シェアする内容については配慮してほしい（傷ついたり栄養不良の状態にあったりする子どもの写真を掲載することは適切だろうか）。

・貢献活動もしくはプロジェクトの学問的、専門分野的な目標は何だろうか。教員やコーディネーターは目標をはっきりと示したか。目標はシラバスに書いてあるか。いくつかの目標を自分であるいはクラスのグループで設定したか。

・一つの学問的目標を選ぼう（あるいは設定しよう）。あなたの貢献活動や取り組む

問題を学問的に意味あるものにするために、何を読み、調査し、行い、見、学んだか。あなたの経験、クラスメイトの経験、そしてあなたがサービスを行ったコミュニティの経験を裏付ける（あるいはそれとは矛盾する）概念的なモデルや調査統計があるか。どれがあなたの置かれた状況に適合し、どれがしないか。

・純粋に学問的な見地から、最終報告やプロジェクトに盛り込む事項として記憶しておくために何を学んだか。あるいは、完成しなければならないそのほかの学問的活動や課題に何を盛り込むことができるか。

・それで何か意味があったか。大学での学びでコミュニティに役立てうるものがあったか。これらの洞察が新たな対策や問題解決に結びついたか。

・次に何が必要か。何を行わなければならないか。どのような学問的対応をとることができるか。

成果：結果を出す、自らが変わる

貢献活動が終了する前であっても、あなたは自分自身の変化に気づきはじめる。これは個人的な振り返りやシェアされた振り返りから出てくることもあるし、「今、気が付いた」という洞察、「なぜこれまで気が付かなかったのだろう」という突然のひらめきがあなたを襲うような形で現れることもある。

大学がこの種のサービス・ラーニング活動に学生を参加させている理由は、学生自身が自らを変容させるだろうという期待であることは明らかである。つまり、彼らがどのように世界を見るか、感じるか、考えるかがきわめて大きく変わるという意味である（Mezirow 2002）。これは新しい生き方へつながる批判的意識を発展させるという高等教育の目的である（Bowen 1977; Cress 2004）。

では、サービス・ラーニング活動を通じてあなたが変容、変化したか、またはそのままで変わっていないかを、自分でどのように評価するのだろうか。また、あなたの努力が相談相手、お年寄りあるいはコミュニティなどの支援の受け手に対してどのような効果があったかをどのようにして評価するのだろうか？　第11章ではあなたの成果を評価する手助けになる様々な活動について論じたが、次節では、何か変化があったことを確かめる助けとなるいくつかの追加的な戦略について論じてみたい。

コミュニティへのインパクトを評価する

もし、あなたが関係する状況や文化を知らなければ、あなたのコミュニティへのサービスのタイプと重要性を判断するのは難しい。プロジェクト型のサービスはコミュニティパートナーのための新しいウェブサイトや家族のための新しい家などの目に見える結果や目的を概ね持っているので、インパクトを見ることは通常より易しい。

対照的に、「私は孤児院でおむつを洗った」「私たちの仕事はよく受けとられなかった」あるいは「私が算数を教えようとした子どもたちは全く興味を示さなかった」などのつま

らなく見える仕事は、私たちに、費やした時間とエネルギーは役に立たなかった、無駄になったという感覚を残すことがありうる。労苦が時間の無駄のように見えるのは事実である。

　しかし、マザー・テレサが言ったように、「私たちが行っていることは大海への一滴のように感じられる。しかし、その一滴がなければ大海の水は少なくなる」。数百万の票の大海のなかでも、あなたの一票は重要であり、最終的な結果を変えることもありうる。したがって、一滴に喩えたあなたのサービスを割り引いてはいけない。もしそれ全体の問題にかかわっているならば、あなたのその問題への理解を深めよう。別の言い方をすれば、あなたの愛のサービスはそれが測れないように見えても重要なのである。

　したがって、貢献活動をまだ行っている間からコミュニティへのインパクトを評価しよう。評価することは、もし実際にうまくいっていないのであれば、その方針や計画を変更するためにきわめて重要である（失敗事例については第9章参照）。

　あなたの教員、引率者あるいはクラスメイトと協力してコミュニティへのインパクトに関するデータか、次の項目に答えられる証拠を集めよう。

・サービスの対象となっている人数、あるいは支援を行った時間数を数えられるか。
・コミュニティの人々にあなたの経験について話したり聞いたりすることができたか。
・コミュニティパートナーがあなたのサービスをどう受け取ったか――何がうまくいき（うまくいったか）、現在あるいは将来何が変えられなければならないか。
・言葉、ジェンダー、組織の壁などの理由で説明や物語を得ることができない場合には、あなたがサービスを行っている人々や地域に適した短期間で行える調査を行ってみてはどうか。

　もちろん、評価の手法を十分考え、守秘義務や、データを集める前に個人情報収集の許可を得る必要があるかどうかについて大学当局（教員やアドバイザー）の指導を受けて点検しよう。わからないことがあれば質問しよう。

　あなたのコミュニティパートナーもインパクトを評価するための考え方を持っているかもしれない。パートナーは、プログラムやサービスを、これまでも長期にわたって調査しており、あなたが収集したデータを関連付け、短期、長期の傾向を検討することができるかもしれない。その場合には、政策担当者に何かの変革を提案する時に、それらのデータを提供することができるだろう。例えば、次のホームレス支援の事例を参照されたい。

貢献活動の着眼点：ホームレスを支援する

　カリフォルニア州サンノゼのコミュニティカレッジの社会学の学生たちが、夜露をしのぐための住居として一晩中バスに乗り続けるホームレスに関するデータを収集した。市の当局は市民（および市民と意見を同じくするバスの運転手）から、バスに乗り続けるホームレスが増えているという苦情を受けていた。学生たちは以前

に収集していたデータと比較して、ホームレスの乗車が増加していることを確認したが、同時にホームレスがなぜバスに乗るのか、その理由を知るために聞き取り調査を行った。明らかになったことは、6か月前から市の警察が公園での寝泊りを排除する法の執行を始め、ホームレスは行き場がなくなったのである。学生たちは調査結果を市議会に呈示した。市議会のメンバーは公園のベンチで寝ることを禁止する規制を一時停止することを要求し、長期的施策の企画立案のために、警察、市バスの職員、非営利の住居サービスプロバイダーからなる社会的サービスのタスクフォースを結成した。

このようなデータの収集は真にサービス・ラーニング活動なのか、それとも単なる調査なのか、あなたは疑問を持つだろう。その疑問は正しい。この事例では、学生たちは、ホームレスの人々と一人一人話す時に、ホームレスの人々向けの住居、フードバンク（食料提供サービス）、医療機関などの情報を提供した。学生たちは対象になる人のニーズについての評価に加えて、直接のサービスを提供したのである。

データを収集し分析するにあたっては、あなたの文化的なレンズを通してデータを解釈しないように注意しよう。可能ならば、支援対象のコミュニティの中からそこの文化に精通し、あなたを支援したり、あなたの見出したことの見方に異議を提起したり、可能性のある勧告や解決を提示したりすることができる人を探そう。この章で学んだように、あなたが、コミュニティが欲しているだろう、と考えることは、実際に必要としているものではないかもしれない。

あなた自身へのインパクトを評価する

この本に書かれている様々な振り返り活動は、あなたの貢献活動、学び、クラスメイトそしてあなた自身について、現在進行形の識見を与える。特に、あなたの振り返り日誌は、今後数週間、数か月、そして数年にわたって、あなたにより深い識見をもたらすだろう。

学生は、往々にして、サービス旅行から自宅やキャンパスに戻るまで変化を実感しない。モロッコに行った学生にとっては、大学の科学棟の給水器から飲料水を簡単に得られることで、現在の生活と、モロッコ滞在中にかかわったラクダの隊商の人々との対比を毎日銘記させることになった。給水器は国際的な水質や飲料水へのアクセスの問題を学ぶ象徴的な動機付けになった。

別の学生にとっては、元の生活に戻るそのことが課題になりうる。ハウスメイトから「バングラデシュはどうだった？」と聞かれて、マックスは、ダッカの蓋のない下水溝の想像を絶する悪臭や、色鮮やかなボヘラ・ボイシャークという新年のお祭りの光景や音を思い出しながら黙っていた。マックスは、彼の素晴らしいサービス・ラーニング旅行をどのように表現したらいいかわからず黙り続けていた。彼が口ごもりながら言うことができたのは「ああ、素晴らしい」だけだった。しかし、逆説的に、これは彼のルームメイトの好奇

心を満足させたようで、ルームメイトはそれを聞いた後ジムに出かけた。マックスは部屋に閉じこもり、壁を見つめた。彼は二つの正反対の側にあってお互いに全く認識がない空間の間を、タイムトンネルを通って行き来しているように感じた。マックスの心と体は、この二つの遠く離れた世界の間で伸びきっていたのである。

　あなたの教員やコーディネーターが旅の後の振り返りセッションを設定することが望まれる。そのセッションは、あなたの日常生活とサービスの間の対比が最も際立っている帰還後2週間以内に行われるべきである。あなたのクラスメイトと親しい友人にならなかった、あるいは、クラスメイトから今すぐ逃げ出したいとしても、クラスメイトとは、腹心の友や恋人でも完全にはわかってもらえないだろう出会いを共有しているのである。元の生活に戻る取り組みを共に行うことによって、活動中では全く考えなかった見方や視点が明らかになってくる。

　最後に、**演習問題 12.4　個人的なインパクトとアイデンティティ**をやり遂げてみよう。そして、同行した友人と、あなたがサービス活動を行った土地での伝統的な料理に対する反応を議論してみよう。もしそのような料理を提供するレストランを見つけることができなければ、ネットでレシピを調べて、食材を買って調理して一緒に食べよう。あなたがたは、それによって、生き生きとした記憶を呼び起こすことができ、活動について新たな個人的な真実をみんなと共有するのである。

★ 演習問題 12.4　個人的なインパクトとアイデンティティ

　次の数日で、下記の質問への答えを書こう。いくつかの質問については今答え、次にもう一度読み返して、翌日、さらにその翌日、あなたの答えを拡げてみよう。考えたこと感じたこと、見たことについては、ありのまま、正直になろう。日々の学校、仕事へ戻っていく中で、頭と心の中で、質問を持ち続けよう。

・旅の結果あなたはどのように変わったか。違うように考えるようになったか。違うように感じるようになったか。違うように行動するようになったか。

・残っている記憶の中で何があなたにとって最も意味があるか（それらは楽しく幸せなものであることも、厳しくつらいものであることもある）。

・あなた自身について何を学んだか。クラスメイトについて何を学んだか。教員について何を学んだか。

・あなたの専攻やキャリアの選択について何を学んだか。

・現地のコミュニティについて何を学んだか。国内で初めて行った場所か、初めて行った国か。

・今、あなたは以前とはどのように違っているか。将来どのように違うか。何が持続するインパクトか。

　これはあなたの最初のサービス経験ではないかもしれない。また、多分最後の経験にも

ならないだろう。私たちのほとんどは、生涯を通じて頻繁に貢献活動に参加するように呼びかけを受け、また多くが近年様々なサービスの機会を求め、探し出していくだろう。何回も貢献活動に参加することがもたらす計り知れない成果は、他者に対するインパクトにとどまらず、様々な経験を比較、対照し、新しい状況や環境でのさらに多様な知識や技能を得られる私たち自身へのインパクトなのである。

　これは**反復学習・教授法**の基になっている考え方である。反復学習・教授法では、新しいサービスの機会に、以前の経験で学んだことを現在の経験に適用したり、私たちのコミュニティを支援し力づけるために最も効果的な方法をほかの人に伝えたりする。これは、経験、評価、分析、実行というサイクルを構成するプロセスである（この点についてのさらなる解説および図による説明は第 11 章参照）。この方法により、私たちはサービスがどのように実施され、それが他者あるいは自分に変化をもたらしたかどうかについて、批判的に意識する。このような意識的な検討により、第 13 章で研究するより大きな構造的変革のための機会を見出すことができるようになる。

重要な概念

課題の経緯（原因）	心の知能指数
参画的省察	欲求の段階
文化的な敏感さ	反復学習・教授法
実践	

重要な問い

・なぜ遠いところに行ってサービス・ラーニングを行うのか。サービスし学ぶ十分な機会は地元にはないのか。

・遠いところで行われる活動にあなたは文化的に準備ができているか。

・グローバルに展開して現地と一体化して行われるサービス・ラーニングは、ロジ面の負担に手間を取られて、そのサービスや学びが「軽く」なるかもしれない。あなたは、貢献活動が効果を発揮し、学びを実質的なものにするために、何をするか、あるいはこれまで何をしたか。

第13章 どこからでも始めよ、どこまでも続けよ：
変化の主体

ヴィッキー・L・ライタナワ（翻訳 湊 邦生）

　Margaret Wheatley and Deborah Frieze（2011）は著書 *Walk out Walk on* の中で、世界の中で暮らし、一見解決不可能そうな問題を解決する方法についての新たなアイディアを持った個人が新たな形の関係性の下で集まって行く、7つの異なる国々の地域社会への「学びの旅」に読者を連れて行っている。読者の旅の滞在場所の1つが、南アフリカ・ヨハネスブルグのジョーバート・パークである。この公園はかつてアパルトヘイトの時代、市の心臓部にある白人専用のレクリエーション公園であった。ところが1994年4月27日には、「釈放から4年後、投獄から1万日後の」ネルソン・マンデラが大統領に選出されるのを期待する有権者が、この公園で長い行列を作った（Wheatley and Frieze 2011: 81）。1990年末までに、公園はどうしようもなく壊れた場所になっていた。アパルトヘイトの終わりに続いて、ヨハネスブルグは、禁止と分離の数十年を経て移民・移住者であふれかえるようになった。この時まで、市内の仕事や他の機会は白人のみに制限されていたのだ。ヨハネスブルグの「新参者の最初の入港地（Wheatley and Frieze 2011）」であるジョーバート・パークは、新たに到着する人々による衝撃を吸収するための資源がすぐに底をつき、犯罪やホームレス、自暴自棄が劇的に増加した。

　ジョーバート・パークの災厄にもかかわらず——ある面では災厄のおかげでもあるが——写真家による一団がこの土地を変えるために立ち上がることを決めた。これらの写真家たちは余暇に公園を訪れる人々の写真を撮って生計を立てており、公園の無秩序化によって彼らの生業は著しく悪化していた。写真家たちは、近隣の犯罪の監視や路上強盗の取り押さえ、警察に渡すための他の犯罪の写真撮影の担当に分かれた。その後すぐに自己組織の新たな取り組みが立ち上がった。母親たちのグループが、「ラペン（家の）家族・子どもセンター」（Lapeng（"at home"）Family and Childhood Center）を始めると、センターは公園の一角を占めるようになり、さらに失業者の子どもに読むことや数学、科学を教える家族支援センターへと発展した。組織犯罪と麻薬中毒に苦しむ市内の若者を招き、創造的な自己表現を行う新たな取り組みも根を下ろした。

　公園に来る若者が自尊心と文化へのつながりを得ることを目的とした芸術と文化の祭典である「ジヤブヤ・フェスティバル」（Ziyabuya Festival）を組織するボランティアとして、ジョーバート・パークに来た芸術学校の卒業生マティベディ・ンティトは、この個人的かつ集団的な努力の渦巻く勢いの中に入っていった。ンティトは、公園で芽吹く精神の他の面にすぐに熱中するようになり、その中で「ラペン・デイ・ケア」（Lapeng day care）の子どもたちの両親の多くが、自身のための食糧作物を栽培可能な田舎から来ていることに気付いた。彼らが人生を通じて発達させた園芸の専門知識は、彼らが希望に乏しい雇用市場で仕事を見つけようともがき、家族を養うのに苦労している間に、潰えようとしていた。

ジョーバート・パークの人々の豊かな情熱と経験を用いて、「温室プロジェクト」が2002年に誕生した。この取り組みは、公園の北西の一角で行われ、持続可能な実践がプロジェクトのあらゆる局面に組み込まれており、アフリカ全土で最も革新的で成功した緑化プロジェクトとなっている。Wheatley and Frieze（2011）は、温室プロジェクト代表のドラ・レベロによるプロジェクトの核心と地域社会の方向性に関する次の発言を引用している。「私たちは、豊かな場所から始め―必要なものがすべて揃っているのを知った上で―、そこから動く。私たちは、他人が私たちの問題を解決するのを眺めようとはしない。私たちは、私たちの可能性を最大限にするために働く。」（Wheatley and Frieze 2011: 88）

ジョーバート・パークにはまだ緊張も残っているが、写真家たちが自らに可能な一見小さな方法で公園を変えようと誓った頃からはかなり違った場所になっている。「どこからでも始めよ、どこまでも続けよ」は、Wheatley と Frieze がこの公園での活動を描くために使う呪文である。著者たちは、私たちがジョーバート・パークから学ぶとするならば、「出発点は単に何人かの人々がより良い未来を作るために行動に踏み出した瞬間であったことに驚く」ようにと語っている（Wheatley and Frieze 2011: 84）。写真家たちは自らの手にあったものを基に動きはじめた。それらは、訪問者がもう一度公園に来て写真を撮ってくれるように公園を掃除しようという関心や、公園を安全でない場所にしようとする人々を警察が特定して排除できる助けとなるカメラであった。彼らはジョーバート・パークを変えるために必要なことすべてをできたわけではない。しかし、彼らにはそうする必要はなかった。彼らに続く人々が地域社会の中にいたのだ。

ジョーバート・パークを変えた変化の主体は、明らかに Marge Piercy が「その低い道」という詩で描いた地域社会を思い起こさせる（第3章参照）。必要なものがすべて手元にあったことで、ヨハネスブルグの人々は地域社会として自らの公園を再生したのだ――一度に1枚の写真、1人の子ども、1つの夢。

⤢ 演習問題 13.1　歩み出せ、歩き続けよ

Margaret Wheatley と Deborah Frieze（2011）は著書 *Walk out Walk on* の中で、人々が協働的かつ互恵的な方法で前向きな変化を起こす主体として活動している、世界中の7つの地域社会に読者を連れて行ってくれる。この本のウェブサイト http://walkoutwalkon.net/ を訪れ、これらの地域社会についてさらに読むとともに、そこで行われている多様な取り組みについての動画を見てみよう。Wheatley と Frieze が公開した世界にしばらく熱中してから、以下の質問について考えよう。

・これらの地域社会について、あなたが最も共鳴したのは何か。文章を読み、動画を見る中で、特に関心を払うべき重要なものとして何が見えたか。
・これらの地域社会を訪れたときに、刺激的、挑戦的、さらには憂慮すべきだと思われるようなものに出会ったとしたら、それは何か。自身の考えと一致するどのような見方に出会い、またどのような見方によって、自分が正しいと信じるようになっ

たことが試されているか。
- *Walk out Walk on* に登場する地域社会と、あなたが行っている地域社会活動との間にどのようなつながりがあるか。あなたの貢献活動と *Walk out Walk on* の地域社会との間に見られるズレとは何か。
- ウェブサイト上で出会ったアプローチで、あなたのサービス・ラーニングの環境へ適用することが考えられそうなものは何か。それらをあなたのサービス・ラーニングに適用することとはどういうことか、またどのように適用するか。

どこからでも始めよ

　おそらく、あなたが明示的にかつ意図的に地域社会への貢献活動に携わり、困難に直面するのはこれが初めてだろう。あるいは、あなたは以前のボランティアや地域社会に根差した経験で埋まった履歴書を持って、この活動に参加したかもしれない。どちらの場合でも、どこからでも始めるというのはあなた自身から始まる―あなたが誰なのか、誰のことを深く気にかけているのか、そしてこの2点をあなたの作業にどう当てはめていくのかというところから。

　あなたがどこからでも始め、どこまでも続けるのかについて省察を深めることがあなたにとって持つ意味を形作る上で、2つの引用が助けになる。「世界が何を必要としているか、あなた自身に問いかけてはならない。あなたが活気づくこととは何なのかを問いかけ、そしてそれを行いなさい。なぜなら、世界が必要としているのは、人々が活気づくことなのだから」(Bailie 1996, p.xv)。もうひとつは、「[職業] はあなたの深い喜びと世界の深刻な飢えが出会うところにある」(Buechner 1993: 95)。

　いくつもの授業（女性学、運動論、社会変革とガールパワー）でコミュニティベースの学修課程に取り組んでいるポートランド州立大学の学生ケーシー・チェイスは、世界の深刻なニーズに対処することにおいて彼女を活気づけているものに名前をつけ、それを追求することの意味についてずっと考えてきた。運動論のライティングの授業で、ケーシーはクラスメイトと、参加者が個人のミッション・ステイトメントを作るワークショップの共同ファシリテーターを務めた。ケーシーにとって、個人の使命を主張するのは**意図性**を実践することであった。ケーシーは**意図**についてこのように述べた。

　　「**意図する**」ということは、実現させようと思っているものが心の中にあることです。日常生活で意図を持つことは、私たちが達成したい目標を反映した形で行動することを想像する機会をもたらします。例えば、ヨガの教師は授業ごとの冒頭で学生に意図を持つことを求めます。これは、学生の頭脳が学生の身体に対して、授業時間内に達成したいことを正確に伝える機会をもたせるために行われます。意図を持つことは、私たちが目標を反映した形で行動する手助けとなります。学生、メンター、教師として、私たちは理想的な学習環境の中に何を創り出

そうと意図しているかを考えることでしょう。ボランティア、従業員、地域社会の一員として、私たちは理想的な職場、組織、地域社会がどういうものかを想像するでしょう。(Chase 2012)

少し時間をとって、**演習問題13.2　始めたいと私に思わせるものは何か**と、意図に関するケーシーの言葉に対する回答を考えてみよう。サービス・ラーニングの参加者として、貢献活動においてあなたの意図とはどのようなものか。地域社会サービスに従事している中で、あなたは何を実現させようとしているか。作業経験の範囲を超えて、学生や人間として、あなたが持っているより大きな意図とは何か。今ここで、学生として、人間として、サービス・ラーニングの参加者としての意図につながりやずれはあるか。

次の演習問題――ケーシーがクラスメイトに示した問題――では、**演習問題13.2**や以前の問題の振り返りを土台として、**個人のミッション・ステイトメント**を作成していく。

★ **演習問題13.2　始めたいと私に思わせるものは何か**

ジョーバート・パークの話と先の引用について考えてみよう。その後、以下の質問に答えよう。

・このサービス・ラーニングの経験において、最も生き生きとした感じがしたのはどこか。この経験の何についてあなたは最も深く共鳴したか。その共鳴はあなたに何を語りかけているか。
・あなたが最も生き生きと感じたものと、あなたが考える自身の地域社会や世界の必要との間にどのようなつながりがあるか。あなたにとって、それらの結合点はどこか。サービス・ラーニングの経験は結合点とどのようにつながっているか、またあるとすれば、どのようにしてつながりそこねているのか。
・この文脈において、あなたにとって「どこからでも始め、どこまでも続ける」ことの意味は何か。既に始めているか。そうだとすると、始めたことをどのように名づけるか。ここからどのように続けるのか。もし本当に始めたことになっていないとしたら、そのことをどのようにして理解したのか、またどうやって始めるか。

そしてどこまでも続けよ

第8章では、リレーショナルリーダーシップの技能を使い、里親面会室を、荒廃した公共施設から温かく魅力的で子どもに優しい集会所に一変させた学生マリアに出会った。同様の課程にいた他の2人の学生であるテリーとメリッサは、どこからでも始めてどこまでも続けることが何であるかを示している。彼らの物語は、本章の**貢献活動の着眼点：どこからでも始めよとどこまでも続けよ**に示されている。

★ 演習問題 13.3　私のミッション・ステイトメント

　意図を持ったら、意図を行動に移すためのミッション・ステイトメントを示すことが等しく重要となる。ミッション・ステイトメントを出すことで、あなたが自身の意図をどれだけ果たそうとしているのか、また果たそうとしていないのかを測る明確な方法が提供される。ミッション・ステイトメントは、一日、また人生全体においてあなたが個人的に達成したものを測ることにも使える。どちらの使い方であれ、あなたが理想とする自分自身を反映できる形で生きるために何をしているか、何をする必要があるかを明らかにすることができる。世界の中であなたがどうありたいかについて語ったことに対する説明責任を持ち続けるために、ミッション・ステイトメントというレンズを通じて自身の行動を見ることを提案する。

　以下の3つの質問に答えることは、あなたが自身のミッション・ステイトメントを書く際に助けとなるであろう。

1. 自分の人生とはどういうものか？
2. 自分は何を支持しているのか？
3. 自分の人生を生き、また自分の支持するものを生かすために、どのような行動をとるのか？

　ミッション・ステイトメントを書く前に、(**演習問題 2.5　組織行動研究**の一部にあるように) コミュニティパートナーにそのミッション・ステイトメントを確認してもらおう。また、これらの記述書のさまざまな表現方法についての感覚を得るために、他の組織のミッション・ステイトメントも読もう。

　では、ミッション・ステイトメントを書いてみよう。以下に、ミッション・ステイトメントが有益なものになることを確実にするため、Chase (2012) からの豆知識を示しておく。

・ミッション・ステイトメントを定期的に再確認することを覚えておこう。ミッション・ステイトメントが意味を持ち、またあなたにとって価値あるものにするために、表現を調整しよう。
・暗記できるように、ミッション・ステイトメントは適切な長さにしよう。
・ミッション・ステイトメントは毎日見ることができるような場所に掲げておこう。
・ミッション・ステイトメントには必ず詳細で明確な成果を含めておこう。

変化を起こす

　これまで、この章ではどこからでも始め、どこまでも続けることがどのようなことかについて探ってきた。多くの場合、始めたときには1人の人間か、1つだけの集団が関わっている。それは、あなたが英語を教えているスーダン出身の幼い子どもということもあるし、あなたが履歴書作成を手伝っている難民の集団ということもある。あなたは博物館が地域社会にいる障がい者にとって行きやすくなるよう補助金申請書を書いているかもしれないし、街の中で経済的に疎外された地域にバスを持続可能な形で延伸させるよう、地元の交通局のために調査を行っているかもしれない。サービス・ラーニングの参加者として、私たちの多くはこういうところ、つまり、地域社会の必要に対処し、地域社会内の個人にとっての暮らしをより良くすることを意図した、1対1または小集団内のやりとりから始める。ジョーバート・パークやサービス・ラーニングの参加者であるテリーとメリッサの物語が示すように——そして、あなた自身のサービス・ラーニングの経験もまた教えとなっていることを願うのだが——、私たちはそれぞれ行動する力を持っており、我々自身の利益につながることだけではなく、共同的な集団にも前向きな変化を生み出すよう行動することを選ぶことができる。

　どこまでも続けることができるようにするための方法のひとつは、その等式の第2の部分について深く考えること、つまり、世界においてもっと大掛かりな方法で前向きな変化を生み出せるよう行動することを選ぶことである。私たちの変化への努力について考えるようかきたてる刺激的な論文は、社会や政治の領域における私たちの行動の影響について考えるよう求めた Paul Kivel による *Social Service, or Social Change?* である。特に、Kivel は私たちの貢献活動が対処しようと意図している不正な制度、構造、体制を、私たちの活動が意図せざる形で助長してしまう仕組みを明らかにしている。

　論文の冒頭で Kivel（2000）はこう言っている。

> **題名に掲げた問いに対する私の第一の答えは、もちろん両方である。私たちは、多くが欠乏状態にあり、生きるためにもがき、辛うじて生きられている人々に対して貢献活動を行う必要がある。私たちは、制度と組織が公平かつ公正で、すべての人々が安全で、適切な形で食糧を得て、適切な形で住む場所を得て、十分な教育を受け、安全でまともな仕事に就き、自身の生活に影響する決定に参加できるような社会変動のために働く必要がある。**

　この文章の題名は社会貢献の提供と社会変動への作業を対比させている点で誤解を招くかもしれないが、この2つは必ずしも簡単には結びつかないし、多くの場面でまったく一緒にはならない。社会貢献を行いながら社会変動のために働く団体はあるが、社会貢献を行いながら社会変動のために働かない団体もある。実のところ、多くの社会貢献の主体は、意図的に活気づかずにか、現状を維持するように働いているかもしれない（Kivel

2000: 1)。

貢献活動への着眼点：どこからでも始めよ

　歴史を専攻するテリーは、視力の低下に苦しむ人生を送っている。成長すると、テリーは重度の視力喪失につながる視力機能障害に気づいた。長い間、テリーはできる限りのことで対処してきた。彼は夫であり父であり、視力が乱れて働けなくなるまではコンピュータ産業で働いてきた。

　歴史専攻生として、テリーは視力低下のせいで学部を卒業できない事態は許すまいと決め、新たな道を選ぶことにした——法律か、おそらく公共政策である。学位を得る過程で、テリーは自分で地域社会のパートナーを選ぶことが必要となる、4年生向けのサービス・ラーニングの授業を受講した。テリーにとって地域社会のパートナー選びは簡単な選択で、オレゴン歴史協会（OHS: Oregon Historical Society）を選んだ。テリーは既に OHS の職員に対し、少なくとも博物館の一部の展示物について、目が全く見えないか不自由な人々も鑑賞できるようにするという考えを伝えていた。

　テリーは人生を通じた歴史への愛情から、特に各地の歴史的な発展について保管、展示している博物館を定期的に訪問するようになっていた。しかし、博物館の呼び物となる遺物の多くは壊れやすく、低い光度で展示しており、視力が不自由な人々にとってははるかに見づらくなっていた。テリーの考えとは、博物館の職員といっしょに展示物を修正し、目の不自由な利用者が複製を安全に扱えるようにすること、展示物の鑑賞がより容易になるようライトのついた拡大ゴーグル導入への資金となる補助金を探すこと、そして展示物の点字説明を作ることである。

　博物館の職員と大学の障がい者人材センターとによる協働的な努力において、テリーはこれらの変化を起こすプロセスを指揮した。彼はまた博物館の変化について注意を促すためのプレスリリースを書き、メディアに送付した。他の博物館も関心を持ち、視力が不自由な人が自らの博物館の展示物も鑑賞できるようにするための方法を OHS に相談している。

　そしてテリーは、彼は学位を取得した後、地域社会に根差した行動の力への確固たる信念が彼の中でどれだけ根を下ろしたかについて考えつつ、今では博物館の説明員のボランティアとなり、彼の専門知識を一般大衆に提供している。彼の道が次にどこにつながっているか彼はまだ分かっていないが、その道の中に地域社会のすべての人々にとって、利用可能性や正義を高めることを唱道する者としての活動が含まれていることは分かっている。

　第1章で読んだ**連帯**と**慈善活動**との違いと同様に、Kivel（2000）はアメリカの経済と政治の体制を描きながら論文を続け、私たちの地域社会の問題を生み出すことを助長す

る不公平に真っ先に対処することなしに個人を改めようとすることで、これらの体制の不公平がどのように温存されるかを明らかにしている。家庭内暴力を根絶するための運動の長年の支持者として、Kivel は私たちの努力が体制を変えるよりも個人を変えることにどれだけ容易に向かいやすいかについて分析している。アメリカにおける個人間の暴力が性別によって相対的に標的となってしまう人々——つまり、身体上女性の人々、半陰陽、女性、トランスジェンダーの女性、トランスジェンダーの男性——に偏って影響する一方で、これらの人々に対する暴力は主体的な地位にある人々（例えば、異性愛の男性）にも行われたり示されたりする。

　すなわち、Kivel は次のように示している。

> **もし虐待された女性たちを犠牲者として見るならば、私たちは当然ながら、彼女たちをさらなる暴力から保護し、必要なサービスを提供し、彼女たちが「前に進む」ことができるよう手助けすることを試みるであろう。私たちは、何人の虐待された女性に貢献したかによって成功の度合いを測るし、私たちの成功物語はどのようにして個々の女性たちが虐待的な家族から逃れ、自らの生活を回復させたかについてのものになるだろう（Kivel 2000: 11）。**

　この種の手法——家庭内暴力を個人レベルのものとして見る手法——は、虐待された女性がいた体制的な現実から私たちの注意をそらし、犠牲者が直面した問題に対して、単に個人レベルのみの解決手法を提供している。

貢献活動への着眼点：どこまでも続けよ

　政治科学専攻のメリッサは、いささかの不安をもって学際的なサービス・ラーニングの授業に登録した。この授業から、自身の専攻の上級授業からは得ることがないであろうどんなものが得られるだろうか。優秀な学生として、メリッサは課程に対して持てるすべてを提供するよう期待されることは分かっていたが、彼女にとってサービス・ラーニングが必要かどうかには自信がなかった―彼女の大学では必修となっていたのだが。

　彼女が最終的に選択した課程では、同級生たちと同様、彼女は自身の地域社会のパートナーを選ぶことができ、彼女はオレゴン州ポートランドに本拠を置き、災害対応や持続可能な経済開発、保健サービス、緊急・災害救援を中心とする組織であるマーシーコープ（Mercy Corps）と活動を行うことを選んだ。課程での活動の中で、メリッサと同級生たちは期間を通じて協働プロジェクトについて共同決定を下すための合意・意思形成過程に携わった。メリッサは、コンゴ民主共和国から政治亡命をしてきた同級生テレサが提案したプロジェクトに引き込まれていったのだが、そのテレサは、ポートランド圏にいるアフリカからの難民や移民への案内書の更新

に取り組みたいと考えていた。

　難民であるテレサがポートランドに来た経験についてメリッサに対して話すときの話し方には惹きつけられるところがあり、ここが彼女にとっての「どこからでも始める」焦点となった。ポートランド圏に何年も存在したにもかかわらず、入学までほとんど何も知らなかった地域社会に対してできることすべてを見つけることに、すぐにメリッサは熱中するようになった。ほとんど知らない人々の中で暮らすことがどうすれば可能になるのか、メリッサには不思議だった。これまでの政治科学の学修課程にもかかわらず、どうして彼女はこれらの人々や、彼らのニーズに気づき損ねたのだろうか？

　サービス・ラーニングの課程を終えた後も、メリッサはテレサのプロジェクトに携わり続け、ポートランドのアフリカ避難民社会で貢献活動を行う専門家へのインタビューを仕上げることで、データ収集や組織での業務を補った。メリッサは新たに火がついた関心が自身を次はどこに導くのか、完全に分かっているわけではない——教職も公共政策も支援活動も可能性がある——が、最低限として、いまやその生活が現実のものであり、目に見えるようになったそれらの人々を見ないことはできないし、彼女は自身の地域社会にいるアフリカの避難民にこれまでも、そして今も影響している物的条件を生み出した社会的な力について、積極的に関心を持っている。親、学生、市民、そして有権者として、メリッサはサービス・ラーニングで彼女が踏み出した出発点によって変化しており、彼女は自分が続けずにいられないことを理解している。

枠組みを広げるならば、私たちは、こうしたことを理解しておかねばならない。

虐待された女性たちが、社会の中の体制的な搾取、無力化、そして孤立の結果である循環に囚われていて、男性の暴力に対する寛容さ、賃金が十分でない仕事、まともな保育や手の届く価格の住宅の欠如、そして何より、お互い同士や、団結して変化をもたらすのに必要な情報と資源からの孤立によって、虐待的な関係に置かれたままになっていることを。（Kivel 2000: 12）

　家庭内暴力を単に個人のレベルで理解する代わりに、体制のレベルで理解することの些細ではあるが強力な違いに注意しよう。「個人的なことは政治的なことである」という1960年代末と1970年代のフェミニスト社会運動による掛け声は、一見個人的な苦しみを、そのような苦しみをもともと生み出している制度的かつ体制的な力と結びつけている点で、Kivel（2000）が私たちに奨励しているこの転換を正確に表現している。

「これが家庭内暴力の分析であれば、」Kivel（2000）はこう語る。「虐待された女性たちが自分たち自身のために行動するよう団結するための組織的かつ構造的な支援を提供することになろう。私たちは虐待された女性たちの<u>ために</u>働くのではなく、彼女たちと<u>ともに</u>働くのである」（Kivel 2000: 12）

聞き覚えがあるだろうか？構造的な不平等について考え、ともに対処するというこの手法は、ジョーバート・パークにおける地域社会のメンバーによる変化の主体を映し出したものであり、彼らは自分たちの場所は自身の力と関心によって取り戻すものだと認識していた。ジョーバート・パークにおける地域社会は、自らの資源が生み出した土台から、地域社会を生み出す自身の力を手に入れた―メンバー相互間の関係、食糧生産者としての専門性と誇り（そして持続可能な食糧体制）、そして自身の子どもたちが生産的で健康な生活を送るのを見たいという希望から。

Kivel は自身の文章の中で、私たち一人一人が地域社会に根差した作業において**説明責任**を果たさなければならないとも主張している。本質的には「責任」を意味するところだが、私たちの行動に「説明責任」があるという状況では、貢献活動を行う相手や、私たちが関わりたいと希望する変化への努力に対して、私たちの選択が予期せぬ結果をもたらすことを考慮することが求められる。

★ **演習問題 13.4　私の仕事から利益を得るのは誰か**

　Paul Kivel（2000）による論文 *Social Service, or Social Change?* を読むことから始めよう。この論文は、内容が豊かで、刺激的で、そして挑戦的な省察のための質問に満ちているので、文章にするか、同級生と議論する形で、あなたが最も共鳴した質問を受け入れ、回答してみることを推奨する。あるいは、読み終えた後で以下の質問について考えてもよい。全文はオンラインで入手できる。

・この論文について省察した時、あなたの身体はどんな経験をしているだろうか。
・この論文と、地域社会のパートナーとのサービス・ラーニングの参加者としてあなたが経験していることとの間に、どのようなつながりが見えるだろうか。あなたはどのようにして、パートナーとの関係を通じて社会貢献活動を提供しているだろうか。
・あなたはどのようにして、社会変動のための真の努力に貢献しているだろうか。変化のレベルにおいてより効果的になるために、あなたはどのようにして、自身の作業への意識づけを行ったり、考え方を転換させたりして、自身の仕事をしているだろうか。「**変化の主体**」としてのあなたの影響力を強めるような方法で、サービス・ラーニングの参加者として携わり続けるということは、どのようなものになり得るだろうか。そのような転換を起こすことで、誰が、どのように利益を得

るのだろうか。転換を起こすことの対価はあるのだろうか。あなたにとって、また、他者にとっての対価はあるのか。

・この経験から生まれたこれらの省察を、どのようにして未来の状況に取り入れるか。あなたにとって最も重要な方法で、意図的な変化の主体になろうと努力することは、あなたにとってどのようなものだろうか。そのような献身を現実のものにするために、あなたは今すぐどのような変化を起こすことができるだろうか。

　あなたがミッション・ステイトメントを書いた**演習問題 13.3　私のミッション・ステイトメント**をもう一度考えてみよう。あなた自身に対して説明責任を果たすという場合、あなたのミッション・ステイトメントがあなたの行動とどう合致しているのか、あなたが貢献活動を行う相手の視点を通じて経験した通りに、批判的に評価することが求められる。言い換えれば、もし家庭内暴力のシェルターで女性に対する貢献活動を行っているならば、Kivel（2000）の例を用いると、あなたの行動は家庭内暴力に対する個人レベルの理解をどれだけ補強し、あなたの行動は家庭内暴力への体制的な見方にどのように挑戦しているのか？あなたの行動は、私たちが対応している構造的な現実と対決し、そしてそれらの現実を変革しようとして人々が一緒になることに、実際にはどの程度助けになっているのか、そしてあなたの行動はどの程度、家庭内暴力が個人的な解決によってのみ対処できる個人的な課題であるという考え方を補強するようになっているのだろうか。

　正確には、Kivel（2000）は人生を他者にとってより良いものにするためにできる、地域社会のメンバーとしてのそれぞれの責任を放棄することを提案しているのではない——しかし、彼は私たちが個人や個人間を越えて、不正義を維持している現在の社会的そして政治的な力についての分析に関わることへの衝動に従わない限り、私たちはしばしば支配の体制や地域社会の力を補強することになると論じている。私たちの分析をより広い世界にも続けることで、個人にだけに向けられた表面的な一時的解決を単に提供する代わりに、私たちの地域社会が直面する挑戦の根源的な原因に対処するような方法で、組織的、制度的、そして体制的な変化のために、他者とともに働くことが可能になる。

　これらの問題に易しい答えはない——そして、易しい問題構造というものもない。しかし、あなたが社会、そして政治のレベルにおける不公平や不平等を長期化させている地域社会や制度、そして体制の中に真の変化を生み出すことに興味があるならば、私たちはあなたが（第 10 章で描いたような）批判的な意識によって、あなたの意図、行動、そしてそれらの行動の世の中に対する結果について分析するという重労働を行うよう勧める。

📈 演習問題 13.5　旅支度

　もしあなたが世界に前向きな変化を起こし続けることを使命とした行動に献身することに心を動かしたならば、私たちはあなたに敬意を表する。そして私たちは、その旅の同伴者として、我々すべてに世界のニーズに対して「私たちの深い喜び」

をもたらす作業の支度が必要なことを知っている。それらの支度のための豊かな源泉がポール・キヴェルのウェブサイト（http://paulkivel.com）であり、ここで彼は、私たちが批判的な意識を発展させ、目の前にある作業への便利な道具を得るのに助けとなる多数の論文や演習問題を投稿している。今後の探求へのリンクも含め、彼がどのような資源を集めたのかを見てみよう。その上で、以下の問題について、じっくり考えてみよう。

- あなたが出かける旅——世界の「深刻な飢え」（http://paulkivel.com）に対してあなたの深い喜びをもたらし続ける旅——について考えたとき、どのような支度が必要だろうか。どのような支援、どのような追加的な知識、どのような他者との関係やつながりなのだろうか。
- これまでこれらの支度をどのように行ってきたのか。旅を続けるのに、既に詰め込んだものや、持ち運ぶ準備ができているものは何か。
- さらに必要な支度をどう行うのか。世界の変化の主体としての旅に向けた土台を、あなたはどのように意図的に築いていくのか。

そして毎日あなたの持つ意味はひとつずつ増えていく

　この章のはじめに、私たちは第3章で見た Marge Piercy の詩「その低い道」に言及した。サービス・ラーニングの経験の手始めとして、世界において成功する変化の努力には関係性が不可欠であり、実際に前向きな変化は協調した地域社会の努力によってこそ起きることについて、あなたが熟慮することを、私たちは希望している。世界中の社会正義への運動はこの証拠を提供しており、この章で私たちは南アフリカにおけるその運動のひとつの表現である、ヨハネスブルグのジョーバート・パークの変革に焦点を当てている。Piercy の詩によって彼女が私たちに思い起こさせるように。

　　それは一つずつ続いていく
　　あなたが気にかければそれは始まる
　　行動しはじめるのは、あなたがもう一度動くとき
　　彼らが「否」と言った後に
　　それが始まるのは、あなたが「私たち」と言うとき
　　そしてあなたがその意味を知るとき、
　　そして毎日あなたの持つ意味はひとつずつ増えていく

　どこからでも始めよ。どこまでも続けよ。協働から生まれる希望がもたらす力強さに驚かされることを予想しておこう。

<table>
<tr><td colspan="2">重要な概念</td></tr>
<tr><td>説明責任</td><td>変化の主体</td></tr>
<tr><td>慈善活動</td><td>意図 / 意図性</td></tr>
<tr><td>個人のミッション・ステイトメント</td><td>連帯</td></tr>
</table>

重要な問い

・変化のために働く中で、私たちが各自負っている責任とは何か。

・世界に前向きな変化を起こすために、私たちはどうすれば合理的に献身することができるか？そうするために私たちに何が求められるのか。

・いつ、どのようにして変化のために働くか、どうすれば最も適切に選べるのか？どのような道具が、変化への私たちの努力に焦点を当てる助けとして採用できるのか。

・私たちの努力が体制的な問題に対処しているのか、それとも単に社会レベルの問題につながる原動力を補強しているのか、どうすれば知ることができるのか。

第14章　振り返り：さああなたはここからどこへ？

ピーター・J・コリアル、ヴィッキー・L・ライタナワ（**翻訳　石筒　覚**）

　ポートランド州立大学の同僚は、以下のことを学生に考えさせることによって、サービス・ラーニングのコースを始めている。彼らがサービスを通じた学習者として行おうとしていることは、最終的には彼らの経験全体の約3分の1を構成することとなる。彼女によれば、最初の3分の1は、すでに生きてきた中にある。それは、普段の生活や学校での生活の中で、この瞬間に至るまでの数日、数週間、数か月、数年においてである。次の3分の1は、今始めようとしている協働作業である。最後の3分の1は、この個人のグループが、過去および現在の知識を得て、将来の行動にその知識を応用する時に、活かされる。私たち自身を形作ったたくさんの経験や、今自らの存在を知らせる新たな経験をしていること、そして、意図するか否かにかかわらず、どのような人になろうとしているかについて決断することを思い出すことで、私たちが個人として、他人のコミュニティの中でどのように生活するかを選択する力に思いを至らせた。（**演習問題14.1　3つのリフレクション**を完成させよう。）

参画する市民になるということは、勤勉であり、批判的な思考や高いコミュニケーションスキルを持ち、他者との協働ができ、課題解決の専門知識を必要とする長い旅路である。あなたが終えようとしているサービス・ラーニングやCBLは、市民としての貴重なスキルを習得する機会を提供する大学の責任を示す証拠でもある。

　市民として個人であるあなた自身の理解を深めることに役立ち、地域社会の課題についての洞察力を養い、そうした課題を学問的に扱う際のあなたの役割を広げるための道具として本書を活用することを望む。私たちは、活動や演習問題を通じて、自身の独自の強みやスキルを、公正な社会を作り、地域社会のより大きな利益につなげるということを、参画する市民として各々が実現させることを試みてきた。

　第1章「サービス・ラーニングと市民的関与とは何か」では、サービス・ラーニングの科目で提起された「サービス（貢献活動）」の本質を検討し、それを民主主義、市民性、市民の責任に関する大きな議論に結びつけてきた。サービスを通した学びの背後にある基本的な概念は、市民として国家や世界をよりよくするため貢献することは私たちの義務であるという考え方に一致する。私たちは、自身に対して、そして他者の幸福に対して説明責任がある。この章では、大学が学生の市民的能力を向上させるためにどのような役割を果たすのかを探った。これまで明らかにしてきた通り、市民意識の開発は、あなたが何を知っているかということだけでなく、知ったうえであなたが何をするかということにかかっている。本質的には、コミュニティベースの教育経験は、市民課題に対してあなたの持つ知識やスキルを適用する能力を向上させる。

　第2章「コミュニティパートナーを開拓し維持する」では、学生とコミュニティパートナーとの関係を探り、特に学生としてのあなた自身と互恵的学習環境の一部としてのコ

ミュニティパートナー双方の利益や権利について検討した。この章では、サービス・ラーニングのプロジェクトを明確にし、あなたの個人的な学びとサービスの目標が何かを確認するための ALPS を紹介した。

> ★ **演習問題 14.1　3つのリフレクション**
>
> 　あなたが、この「サービスを通じた学び」から離れる準備ができてきたら、いかにしてたどり着いたか、この経験で何が起きたか、この経験が将来の選択の可能性につながるかについて、一度、じっくり考えてみよう。これまで終えた演習問題、とりわけ、過去の経験または厳密には今の経験についての振り返りについて、読み返すこともできる。十分な振り返りをしたら、これらの質問に応じて、10 分か 20 分の間、自由に書く時間をとってみよう。
> ・どのような生活体験（どんな種類であれ）が、この「サービスを通じた学び」の準備になっていますか。あなたが、このコミュニティ・サービスの努力につながる過去の重要な出来事や瞬間を思い出す時、この仕事に対するあなたの準備のために何が特に重要なものでありましたか。
> ・あなたがここに居た間に、あなたに何が起こりましたか。あなたが、このコミュニティ・サービスの努力の中で重要な出来事・瞬間を評価する時、何が特に重要で意味あるものでしたか。この経験のなかで、あなたはどのように過ごしていましたか。
> ・この経験を離れるにあたり、あなたはいかに冷静でいますか。あなたの経験があなたを導く場所をイメージした時、地域社会のメンバーとして、学習者として、人として、あなたに次なる経験をせざるを得ないように仕向けるものは何でしょうか。あなたは、あなたの学術的・専門的、そして個人の人生として、ここからどのように前に進んでいきますか。
>
> Carol Gabrielli (2003) より引用

　第 2 章の終わりでは、いかに本物の生活、参画する生活を送るかについての糸口を提供してくれる作家について焦点を当てた。Angeles Arrien の *The Four-Fold Way* では、戦う人、教える人、癒す人、夢を追う人の道を歩くことで、私たちは自分をさらけ出し、心遣いをし、真実を伝え、結果を受け入れることを促した。これらの言葉は、サービス・ラーニングのコースに対しては特に適切であり、続く章でのケーススタディーと引用では、この点が説明されている。

　これまでの章の振り返りを続ける前に、Angeles Arrien の考えと、あなたがまとめた経験とのつながりを省察しよう（**演習問題 14.2　4 つの道をめぐる**）。

　第 3 章「地域社会への移行：私から私たちへ」では、教室と教室外（キャンパスの外の世界）

にあなたを誘い、あなたが誰であるか、あなたが何を知っているかの認識に変化を生む実践を促した。あなたは、他の学生、教員、そしてあなたのコミュニティパートナーでもある個人とコミュニティを創っていく中で、全体は部分を積み上げた結果以上のものであるという原理を経験し、変化を生みだす可能性を高めていった。サービス・ラーニング科目の３段階のかかわり（個人、グループ、コミュニティ）を検討する枠組みとして、リーダーシップ養成に関する７つのＣを考察した。これまで学んだ通り、これらのレベルは、それぞれ他のレベルに情報を伝える。すなわち、個々の学生は集団力学と過程に影響を与え、その力学と過程はまた個々人に影響を与える。グループは共同してコミュニティに肯定的な変化を与え、同様にグループにも変化を与える。そして、個々人はコミュニティのサービス活動と結びつき、直接的な経験によって、成長する。

　大部分のサービス・ラーニングの科目は、グループワークの各段階と関わりがあるようである。第４章「グループは楽しい、グループは楽しくない：公共善のためのチームワーク」では、サービス・ラーニングのコースでの仕事を終わらせることに関係する、集団力学のいくつかの側面について考察した。例えば、グループ開発のフェイズモデル（Phase Model of Group Development）は、一連の認識可能な段階を通じてグループがどのように発展するかを理解するための概念的枠組みを提供した。この章では、あなたが協働する他者を含み入れる、あなたの学習およびサービスの目標を広げる活動を紹介した。

　第４章ではまた、クラスチームとしてのあなたの仕事をコミュニティパートナーとの協働で行ういくつかの挑戦に焦点を当てた。私たちは、グループメンバーがいかにしてあなたのグループの特定の役割を引き受けたのかを判断する手助けをするための演習問題と活動と同様に、仕事、持続、組織的役割の概念を紹介した。最終的に、コミュニティベースのサービスプロジェクトでの共同作業の課題に取り組むための有益な戦略として、明確なコミュニケーションとグループメンバー間の、そして、グループメンバーとコミュニティパートナーとの間の積極的な聞き取りの重要性を強調した。

★ **演習問題 14.2　４つの道をめぐる**

　次の質問を通して振り返りの時間を持とう。振り返りの後は、あなたが最も取り組もうとしているいくつかの質問の要素を 10 分から 20 分で自由に書きだそう。

・このサービス・ラーニングの経験と、そこに現れるあなた自身の方法について考える時、何が頭に浮かびますか。協働の取り組みの中で、あなた自身の特別なやり方をいかにして示してきましたか。あなたが何者であるかを真に理解しましたか。あなたはどんな挑戦を経験しましたか。これらの挑戦をどのようにして示しましたか。
・この経験の間、あなたはどのようにして注意を払うことができましたか。どのようにして、あなたは他者の話を聞き、他者の考え方や必要性を理解しようとしましたか。どんな出来事があり、この経験では言及されなかったことはどれでしょうか。

あなたはそれにどのように注意を払っていたのでしょうか。注意を払うことに関し
てどんな課題がありましたか。これらの課題をどのように示しましたか。

・あなたがサービス・ラーニングの間に経験することについて、いかにして真実を述
べることができましたか。どのような点で、あなたの真実は他者のものと似ていま
すか、そして異なりますか。これらの類似性と相違点からどのような意味を考察し
ますか。真実を語ることに関してどのような課題を感じましたか。これらの課題を
どのようにして示しましたか。

・どのような方法で、あなたの努力の成果を残すことができましたか。経験し始めた
時点で想像していたことと結果はどのように異なりますか。あなたの結果の予測と
結果の違いから得られることは何ですか。その結果に応える際にどのような課題を
感じましたか。これらの課題をどのようにして示しましたか。

第５章「文化的な繋がりを作る：違いを探る、権力を調査する、既得権益を明らかにする」
では、あなたとは異なる人々とともに効果的に活動するあなたの能力を広げるという意味
で、サービス・ラーニングの経験を形づくる資源を提供した。また、世界での肯定的な変
化を創出する欲求を分かち合うために、いかにして行動するかを理解するための資源も提
供した。私たちは、異なる視点を持つことが、実際、どのようなコミュニティ環境でも革
新的な課題解決能力を最大限に引き出す鍵であると主張してきた。私たちは、サービスの
考え方が文化的な基盤となっている習慣や尊敬と誠実さを有するサービスと学習の共通言
語を探求してきた。加えて、異文化的な能力という意味で、考え方、知識、心の３点を
養う必要性があると提案してきた。有益な概念ツールである Bennett and Bennett の
「異文化間感受性発達モデル」を、経験から得られる知的素養の高め方や違いをうまく操
作する方法を説明する枠組みとして紹介してきた。最終的に第５章では、コミュニティ
とのパートナーシップにおける活動での文化的な動きをよりよく理解することや、継続し
て異文化的な能力を向上させることを目的として、特定のグループのメンバーであること
に特権が付随する意味を探求してきた。

第６章「リフレクション・イン・アクション：学習と活動の関係」では、振り返りの
過程とサービス・ラーニングのクラスで果たす中心的な役割に注意を向けてきた。John
Dewey と David Kolb の業績をふまえ、観察、個人的な繋がり、関連性の３つの要素で
構成される深い振り返りを紹介した。深い振り返りを実践するために、発表、活動、マル
チメディア、ライティングなどの異なる方法を提供した。これらは、コミュニティベース
の経験の一部である洞察と意味を探る方法として役立つであろう。

第７章と第８章は、地域社会の経営とグループでの協働的な作業に関して第３章と第
４章で紹介した内容に基づいており、サービス・ラーニングの経験の２つの対人的な側面、
すなわち、助言とリーダーシップに焦点を当てた。

第７章「メンタリング：エンパワーメントのための関係性づくり」では、個人対個人
で助言する関係が、被助言者のエンパワーメントや能力形成にいかにしてつながるかを探

究した。メンタリングの二次元的機能モデルを紹介し、ピアメンタリングが、高等教育あるいは地域社会において被助言者の成功に貢献できる心理社会的支援ロールモデルをいかに提供できるかを説明した。対面式、オンライン /e- メンタリングの相対的利益についての議論の一部として、信頼度についての考えを議論し、助言者と被助言者との関係において何が重要であるかを説明した。最終的に、被助言者との信頼度を向上させるために使われる助言の道具、新しい「ジョハリの窓」を共有した。この道具は、課題解決のアプローチを獲得していると認識している被助言者の助けとなる。

第8章「リーダーシップとサービス・ラーニング：変革を進める」では、偉人、状況的、変容的、指示的といった、いくつかのリーダーシップのモデルを復習することから始めた。しかしながら、21世紀のリーダーシップは、以前のモデルで説明されていたものよりもより複雑になる傾向がある。というのは、変化があり、異文化的な文脈で活動する傾向があるからである。コミュニティ・ガーデンのようなサービス・ラーニングが行われる場所では効果のあるリーダーシップ・アプローチが、例えば小学校のような別の場所においてはいくつかの点で適切ではないとみなされる、また、都心部の住民と働く時には機能するアプローチが、移住労働者と働く時には効果がないことの証明を説明してきた。また、Lipman-Blumen の複数のリーダーシップスタイルの概念を検討し、アイディアからアクションに移行するための有益な方法として、リーダーシップの道具箱を紹介した。最終的に、一連の場面を通じて、異なるサービスの文脈での成功が異なるリーダーシップのアプローチをいかにして必要とするかを説明し、サービス・ラーニングの授業の準備をすることで、学生は道具箱を発展させる機会を得られる事例を提示した。

第9章と10章では、コミュニティベースの経験を理解するための複数のアプローチに焦点を当てた。そこでは、うまくいっている場合とそうでない場合がある。特にこれらの章では、振り返りを通して、実行したことと獲得したことの間の断絶をどのようにしてつなげるか、地域社会の相互作用が期待に沿わないものである場合、あるいは相互作用がない場合に何ができるかに関して、サービス・ラーニングのコースの文脈と内容がいかに方向性と意義を提供するかを探究した。

綿密な計画、注意深く設計された期待、特別な努力の結果、物事はサービス・ラーニングのコースから外れ得る。第9章「失敗からでも学ぶ気持ち：うまくいかなかった時に」では、崩壊と衝突にいかにして建設的にアプローチするかを考察した。また、破壊的な衝突を最小化し "行き詰まりやパンク" を避けるための3段階プログラムを紹介した。

ここでは、まず、それまでのいくつかの経験が成功か失敗かの観点で組み立て定義できるかを考える一方、協働的文脈においてそれらの経験を探究することを奨励した。そして次に、サービス・ラーニングの旅での共通の障害について検討した。最後は、文化的、個人的な相違を理解するための D-U-E プロセスのような活動や演習問題を通して、予期せぬ出来事や状況を切り抜けるための代替的反応戦略を考察し試行する機会を提供した。

第10章「すそ野を広げる：コースコンセプトの新しい視点」では、地域社会で学問的知識を応用する方法を検討した。「正解」がありテストで答えを埋めるような、大抵の授

業とは異なり、サービス・ラーニング・プロジェクトを通じて、地域社会にとって何が正しいかを決定する複数のアプローチを考える機会となった。これは、遷移的学び、すなわち、新たな知識が個人的な意味を持ち、地域社会とつながる深い学びである。あなたの経験と大学のキャンパスの外での考え方や問題を結びつけるために、コース内容とコミュニティの課題の間の関係を考察した。

　第11章「採点を越えて：学習と貢献活動の評価をめぐる便益と課題」では、サービス・ラーニングコースにおける評価の概念的基礎を検討し、コミュニティベースの活動の結果を評価するのに役立つCIEモデルのようなツールを提供した。そこでは、自己評価マトリックスによって、サービス・ラーニングの様々な次元の経験を認識することで、プロジェクトの中で獲得した強みを特定することができた。私たちはさらに、サービスプロジェクトの異なる結果が、あなたが特定のパートナー、学び、サービスの目標に向き合ったか（向き合わなかったのか）どうかの証左となるかを検証するためにALPSを再度確認することを求めた。

　第12章「どっぷりはまれるグローバル・サービス・ラーニング：出かけるまでに知っておくべきこと」では、外国あるいは何週間か数か月間の自国の他地域への移動が伴うサービス・ラーニングの経験がある学生が直面する課題を探究した。準備の節では、詳細な計画、プロジェクト準備、文化的感受性と関わりがある課題について議論した。異文化的・没入型のサービス・ラーニングの経験に対する洞察力を得る方法として、参画的省察の重要性を強調した。学問分野からの考えが、いかにして実生活での地域社会の状況に応用するか、またはしないかについて、深く学習するための知的ツールとしての実習のコンセプトを紹介した。

　最後に、第13章「どこからでも始めよ、どこまでも続けよ：変化の主体」では、南アフリカ・ヨハネスブルグのジョーバート・パーク周辺のコミュニティが、麻薬常習とギャングの暴力の地を、どのように賛美とアートの持続可能な公園に変えていったのかを、資料を活用して考察した。どこかで始まる社会変化を促すことは、あなたが誰であるか、あなたが何に最も深く関心を持っているか、という2つのことをいかにして世界につなげていくか、というところから始まることを強調した。サービス・ラーニングの実践者として、私たち自身および関わりを持つコミュニティに対して責任を持つ必要があるということを心に留めておきながら、あなた自身の個人的なミッション・ステイトメントを作り上げること、そして、あなたの価値観が意味のある行動に結びつくための青写真としてそれを活用することを奨励している。

　この章の始めに触れたように、参画するコミュニティメンバー、参画する市民になるための道のりにおいては、いろいろある中で、スキル、関わりを持とうとすること、新たな考えに対してオープンであろうとすること、そして、努力することが必要になる。それは、あなたの大学の1つのサービス・ラーニングの科目だけで始まり終わるものではない。この道のりは生涯続いていくものである。そうだとしても、あなたはかなり長い道のり、この特殊なサービスプロジェクトを歩んできたのだから、将来に対して準備を始める意味

で、最後の振り返りをしていこう。(**演習問題 14.3　その山を越えた向こうには**)

　あなたは、共有された世界で違いをつくるために共に働く、他の学生、学部、コミュニティパートナーで構成された相互連関型のコミュニティの一員となるために、成績評価や単位のような報酬のみで動機付けされた他の学生の中の一人として、あなた自身を理解しながら成長してきた。それでは、あなたはここからどこに進もうとするのであろうか?有名な言葉である「あなたが望んでいる世界にあなたがなりなさい」の中で、マハトマ・ガンジーは、私たちそれぞれに、サービス・ラーニングの背後にある価値観とともに生きることを求めている。サービス・ラーニングの経験で見てきたように、サービス・ラーニングは、スキル、洞察力、忍耐、勇気、同情、毅然とした態度、献身的な姿勢、そして、その他の能力の受け皿を必要とする。

　最後のアクティビティでは、私たちのコミュニティでの生活における参画する一員としてのあなたの将来に向けて、振り返りをする。(**演習問題 14.4　変化を起こす**)

　これまでの多くの日々を費やした貢献活動を通して共に学んできた人々を代表して、地域社会で行ってきた努力に感謝する。私たちは皆、それぞれが選んでいる活動から利益を得ている。未来は私たち皆の手にある。あなたのゆく道の次のステップは、あなた次第である。

★ **演習問題 14.3　その山を越えた向こうには**

　「クマさんが山を登ったよ（The Bear Went over the Mountain.)」という歌がある。クマが山を越えた時、そのクマが見たものは山の反対側だった…そして次の山があり、それを越えるとまた次の山が見えた……という内容の歌である。

　あなたは個人またはグループで活動をする際、この言葉のように、サービス・ラーニングのプロジェクトを終えてきた。あなたは、このプロジェクトと取り組まれてきた特定のコミュニティのニーズとともに、「山を越えてきた」のである。そこには、あなた個人の学びとサービス・ラーニングでの目標の達成もあった。そのすぐ先に、さらに多くの山々、すなわちコミュニティのニーズがあることを、この歌は教えてくれる。

　あなたの次の道のりに必要となる新たなスキル、知識、洞察力を確認する意味で、次の質問を考えてみよう。
・このサービス・ラーニングの経験を通じて、あなた自身に関して、何を知ることができたか。
・コミュニティについて、何を知ることができたか。
・自分の学問分野において、どのような新しい知識を取り組むべきコミュニティのニーズで活用できるか。
・サービス・ラーニングの経験は、参画するコミュニティメンバー、市民となる際の意識に対して、どのような貢献をしてきたか。

　もう一度、下記の質問を考えてみよう。あなたの意欲と専門的知識をコミュニティ
のために生かす方法を考える際に、何度も何度もこれらの質問に戻ってくることに
なるだろう。

- この世界（あなたの家族、あなたの近所、あなたのコミュニティ、あなたが住む街、
  あなたが住む州、あなたが住む国、あるいはグローバルなコミュニティ）を概観す
  る際、最も簡単な言葉で、あなたが見たい変化をどう表現するか。この世界で見た
  い変化は何か。
- この変化は、あなたとあなたに最も近い人々にとってどのような利益になるか。そ
  れは、他の人々にとってどのような利益になるか、共通善にどのように貢献するか。
- この変化をもたらす方法で行動するために、あなたとあなたに最も近い人々はどの
  ようなコストを払う必要があるか。そのコストは、あなたに近くない人々にとって
  はどのようなものであるか。
- この変化をもたらすための活動にとって、あなた自身と他の人々にとってのコスト
  と利益のバランスをどのように考えるか。
- サービス・ラーニングの経験を通じて、あなたは、この変化のための活動をするた
  めに、どのような準備をする必要があるか。変化の主体としてあなたが活動する際
  に役に立つものとして、どのようなスキルと能力を伸ばす必要があるか。どのよう
  なスキルと能力をさらに伸ばしたいか。
- この変化が起きるために今できることは何か。これから関わる方法で、あなたが望
  んでいる世界にあなたがなれるように、あなたの生活の変化をどのようにして創り
  出すことができるだろうか。

参考文献

Albee, E. (1960). *The zoo story: The death of Bessie Smith: The sandbox: Three plays*. New York: Coward-McCann.

Altman, I. (1996). Higher education and psychology in the millennium. *American Psychologist*, 51, 371-378.

American College Testing. (2010). *What works in student retention: Public four-year colleges and universities*. Retrieved from http://www.act.org/research/policy makers/reports/retain.html

Arrien, A. (1993). *The four-fold way: Walking the paths of the warrior, teacher, healer, and visionary*. San Francisco: HarperSanFrancisco.

Ash, S. L., & Clayton, P. H. (2009). Generating, deepening, and documenting learning: The power of critical reflection in applied learning. *Journal of Applied Learning in Higher Education*, 1, 25-48.

Astin, A. W. (1977). *Four critical years: Effects of college on beliefs, attitudes, and knowledge*. San Francisco: Jossey-Bass.

Astin, A. W. (1984). Student involvement: A developmental theory for higher education. *Journal of College Student Personnel*, 25, 287-300.

Astin, A. W. (1984/1999). Student involvement: A developmental theory for higher education. *Journal of College Student Personnel*, 40 (5), 287-300.

Astin, A., & Astin, H., et. al. (1996). *A social change model of leadership development*. Los Angeles: Higher Education Research Institute.

Bailie, G. (1996). *Violence unveiled: Humanity at the crossroads*. New York: Crossroad.

Bales, R. G. (1950). *Interaction process analysis: A method for the study of small groups*. Chicago: The University of Chicago Press.

Barber, B. (1992). *An aristocracy of everyone*. New York: Oxford Press.

Bass, B. M. (1985). *Leadership and performance beyond expectations*. New York: Free Press.

Battistoni, R. (2002). *Civic engagement across the curriculum: A resource book for service-learning faculty in all disciplines*. Providence, RI: Campus Compact.

Belenky, M. F., Clinchy, B. M., Goldberger, N. R., & Tarule, J. M. (1986). *Women's ways of knowing: The development of self, voice, and mind*. New York: Basic Books.

Benner, P., Tanner, C. A., & Chesla, C. A. (1995). *Expertise in nursing practice:*

Caring, clinical judgment and ethics. New York: Springer.

Bennett, J. M. (1993). Cultural marginality: Identity issues in intercultural training. In R. M. Paige (Ed.), *Education for the intercultural experience* (pp. 109-135). Yarmouth, ME: Intercultural Press.

Bennett, J. M., & Bennett, M. J. (2004). Developing intercultural sensitivity: An integrative approach to global and domestic diversity. In D. Landis, J. M. Bennett, & M. J. Bennett (Eds.), *Handbook of intercultural training* (3rd ed., pp. 147-166.) Thousand Oaks, CA: Sage.

Bennett, M. J. (1979). Overcoming the golden rule: Sympathy and empathy. In D. Nimmo (Ed.), *Communication yearbook* (Vol. 3, pp. 407-22). New Brunswick, NJ: International Communication Association.

Bennett, M. J. (1993). Towards ethnorelativism: A developmental model of intercultural sensitivity. In R. M. Paige (Ed.), *Education for the intercultural experience* (pp. 21-71). Yarmouth, ME: Intercultural Press.

Betancourt, H., & Weiner, B. (1982). Attribution for achievement-related events, expectancy, and sentiments: A study of success and failure in Chile and the U.S. *Journal of Cross-cultural Psychology*, 13 (3), 362-374.

Bierema, L., & Merriam, S. (2002). E-mentoring: Using computer mediated communication to enhance the mentoring process. *Innovative Higher Education*, 26, 211-227.

Bloom, B. S., Engelhart, M. D., Furst, E. J., Hill, W. H., & Krathwohl, D. R. (1956). *Taxonomy of educational objectives. Handbook I: Domain.* New York, NY: Longmans, Green.

Bourdieu, P. (1977). Cultural reproduction and social reproduction. In J. Karable & A. H. Halsey (Eds.), *Power and ideology in education* (pp. 487-511) . New York: Oxford University Press.

Bowen, H. R. (1977). *Investment in learning: The individual and social value of American higher education.* San Francisco: Jossey-Bass.

Bringle, R., & Hatcher, J. (1999, Summer). Reflection in service-learning: Making meaning of experience. *Educational Horizons*, 179-185.

Buechner, F. (1993). *Wishful thinking: A seeker's ABC.* New York: HarperOne.

Burns, J. M. (1978). *Leadership.* New York: Harper & Row.

Carlyle, T. (1891). *Sartor resartus: On heroes, hero-worship and the heroic in history.* London, UK: Chapman & Hall.

Chase, C. (2012). *Creating your personal mission statement.* Unpublished, Portland State University, Portland, OR.

Collier, P. J., & Driscoll, A. (1999). Multiple methods of student reflection in service-learning classes. *Journal of General Education*, 48 (4), 280-292.

Collier, P., Fellows, C., & Holland, B. (2008). *Students first: Improving first-generation student retention and performance in higher education*. U.S. Department of Education, FIPSE Comprehensive Grant Program. Retrieved from http://fipsedatabase.ed.gov/fipse/grantshow.cfm?grantNumber=P116B041080

Collier, P. J., & Morgan, D. L. (2002). Community service through facilitating focus groups: The case for a methods-based service-learning course. *Teaching Sociology*, 30, 185-199.

Collier, P. J., & Morgan, D. L. (2003). Is that paper really due today?: Differences in first-generation and traditional college students' understandings of faculty members' class-related expectations. *Proceedings of 2003 Hawaii International Conference on Education*. University of Hawaii-West, Oahu.

Collins, P. H. (1993). Toward a new vision: Race, class, and gender as categories of analysis and connection. In A. Ferber, C. M. Jimenez, A. O. Herrera, & D. R. Samuels (Eds.), *The matrix reader: Examining the dynamics of oppression and privilege* (pp. 97-108). New York: McGraw-Hill Higher Education.

Colvin, J. W., & Ashman M. (2010). Roles, risks, and benefits of peer mentoring relationships in higher education. *Mentoring & Tutoring: Partnership in Learning*, 18 (2), 121-134.

Community-Campus Partnerships for Health. (2001). *Principles of good community-university partnerships*. http://futurehealth.ucsf.edu/ccph/principles.html

Cress, C. M. (2004). Critical thinking and development in service-learning activities: Pedagogical implications for critical being and action. *Inquiry: Critical Thinking across the Disciplines*, 23, 87-93.

Cress, C. M. (2012). Civic engagement and student success: Leveraging multiple degrees of achievement. *Diversity and Democracy*, 15 (3), 2-4. Retrieved from http://www.diversityweb.org/DiversityDemocracy/vol15no3/vol1 5no3.pdf

Cress, C. M., Astin, H. S., Zimmerman-Oster, K., & Burkhardt, J. (2001, January/February). Developmental outcomes of college students' involvement in leadership activities. *Journal of College Student Development*, 42 (1), 15-27.

Cress, C., Burack, C., Giles, D., Elkins, J., & Stevens, M. (2010). *A promising connection: Increasing college access and success through civic engagement*. Boston: Campus Compact.

Cress, C. M., Stokamer, S., & Drummond Hays, S. (2010). *Youth-to-college: Three-year outcomes*. San Francisco: California Campus Compact.

Dewey, J. ([1916] 1966). *Democracy and education*. New York: Collier Books.

Dewey, J. (1933). *How we think*. New York: D.C. Heath.

Donelson, F. (1999). *Group dynamics*. Belmont, CA: Wadsworth.

Dreyfus, H. L., & Dreyfus, S. E. (1996). *The relationship of theory and practice in the acquisition of skill*. New York: Springer.

Duda, J. L. (1986). A cross-cultural analysis of achievement motivation in sport and the classroom. In L. Vander Velden & J. Humphreys (Eds.), Current selected research in the psychology and sociology of sport (pp. 115-132), New York: AMS Press.

Eby, L. T., & Dobbins, G. H. (1997). Collectivistic orientation in teams: An individual and group level analysis. *Journal of Organizational Behavior*, 18, 275-295.

Edelman, J., & Crain, M. (1993). *The tao of negotiation: How you can prevent, resolve and transcend conflict in work and everyday life*. New York: HarperCollins.

Ehrlich, T. (2000). *Civic responsibility and higher education*. Phoenix, AZ: The American Council on Higher Education and The Oryx Press.

Eliot, G. (1986). *Middlemarch*. Oxford University Press.

Engelken, L. C., & Washington, J. (2001, September). Who am I and what do I bring? In L. C. Engelken (Ed.), *Capstone retreat materials*. Symposium conducted at Portland State University Capstone Program, Portland, OR.

Eyler, J., & Giles, D. (1999). *Where's the learning in service-learning?* San Francisco: Jossey-Bass.

Eyler, J., Giles, D., & Schmiede, A. (1996). *A practitioner's guide to reflection in service-learning: Student voices and reflections*. Nashville, TN: Vanderbilt University.

Fisher, B. A. (1970). Decision emergences: Phases in group decision-making. *Speech Monographs*, 37, 53-66.

Folger, J., Poole, M., & Stutman, R. (1995). Conflict and interaction. In J. Stewart (Ed.), *Bridges not walls* (6th ed.). New York: McGraw-Hill.

Gabrielli, C. A. (2003). *Reflecting in thirds*. Unpublished classroom exercise,

Portland State University, Portland, OR.

Geertz, C. 1973. *The interpretation of culture: Selected essays*. New York: Basic Books.

Gelmon, S. B., & Agre-Kippenhan, S. (2002). A developmental framework for supporting faculty roles for community engagement. *The Journal of Public Affairs*, 6 (Supplement 1), 161-182.

Gelmon, S. B., & Connell, A. (2001). *Program evaluation: Principles and practices*. Portland, OR: Northwest Health Foundation.

Gelmon, S. B., Foucek, A., & Waterbury, A. (2005). *Program Evaluation: Principles and Practices* (2nd ed.). Portland, OR: Northwest Health Foundation.

Gelmon, S. B., Holland B. A., Driscoll, A., Spring, A., & Kerrigan, S. (2001). *Assessing service-learning and civic engagement: Principles and techniques*. Providence, RI: Campus Compact.

Gibb, J. (1961). Defensive communication. *Journal of Communication*, 11 (3), 141-148.

Gibbs, G. (1994). *Learning in teams: A student guide*. Oxford Brookes University, Oxford Center for Staff Development.

Giroux, H. A. (1983). Theories of reproduction and resistance in the new sociology of education: A critical analysis. *Harvard Educational Review*, 53 (3), 257-296.

Goleman, D. (1995). *Emotional intelligence*. New York: Bantam.

Greenleaf, R. K. (1977). *Servant leadership: A journey into the nature of legitimate power and greatness*. Mahwah, NJ: Paulist Press.

Guskin, A. E. (1991). Cultural humility: A way of being in the world. *Antioch Notes*, 59 (61), 1-11. Yellow Spring, OH: Antioch College Publications Office.

Hamner, D. (2001). *Building bridges: The Allyn and Bacon student guide to service learning*. Boston, MA: Pearson Allyn and Bacon.

Harkins, S. G., & Jackson, J.M. (1986). The role of evaluation in eliminating social loafing. *Personality and Social Psychology Bulletin*, 11, 457-465.

Harris, T. H., & Sherblum, J. C. (1999). *Small groups and team communication*. Needham Heights, MA: Allyn & Bacon.

Heider, F. (1958). *The psychology of interpersonal relations*. New York, NY: Psychology Press.

Heldman, C. (2011). Solidarity, not charity: Issues of Privilege in Service-Learning. In C. Cress & D. Donahue (Eds.), *Democratic dilemmas of teaching service-learning: Curricular strategies for success* (pp. 33-39). Sterling, VA: Stylus.

Hoffman, J., & Wallach, J., (2005). Effects of mentoring on community college students in transition to university. *Community College Enterprise*, 11(1), 67-78.

Hovland, C., Janis, I., & Kelley, H. 1953. *Communication and persuasion.* New Haven, CT: Yale University Press.

Iyer, P. (1998). The unknown rebel. *Time Magazine*. Retrieved from http://www.time.com/time/magazine/article/0,9171,988169,00.html#ixzz2lwA1q78t

Janis, I. (1983). *Groupthink: Psychological studies of policy decisions and fiascos.* Boston, MA: Houghton Mifflin.

Johnson, D. W, Maruyama, G., Johnson, R., Nelson, D., & Skon, L. (1981). Effects of cooperative, competitive, and individualistic goal structures on achievement: A meta-analysis. *Psychological Bulletin, 89* (1), 47-62.

Kelly, K. (2011, 5 August). *Kathy Kelly in Afghanistan, Pakistan, & Iraq: The costs of war, the price of peace* [Speech]. Portland Community College, Portland, OR.

Kivel, Paul. (2000). *Social service, or social change?* Retrieved from http://www.paulkivel.com/index.php?option =com_flexicontent&view=items&cid=23:article&id=97:social-service-or-social-change&Itemid=15.

Kolb, D. (1984). *Experiential learning: Experience as the source of learning and development.* Englewood Cliffs, NJ: Prentice-Hall.

Korzybski, A. (1921). *Science and sanity.* San Francisco: International Society for General Semantics.

Kram, K. E. (1985). *Mentoring at work: Developmental relationships in organizational life.* Glenview, IL: Scott Foresman.

Kuh, G. D. (1995). The other curriculum: Out-of-class experiences associated with student learning and personal development. *Journal of Higher Education, 66* (2), 123-155.

Leavitt, H. J. (1951). Some effects of certain communication patterns on group performance. *Journal of Abnormal and Social Psychology, 46* (1), 38-50.

Lee, J. J. (2004), Home away from home or foreign territory?: How social class mediates service-learning experiences. NASPA *Journal, 24* (3), 310-325.

Liang, D. W., Moreland, R., & Argote, L. (1995). Group versus individual training and group performance: The mediating role of transactive memory. *Personality and Social Psychology Bulletin*, 21, 384-393.

Lieberman, D. (1996). *Public speaking in the multicultural environment.* Needham Heights, MA: Allyn and Bacon.

Lipman-Blumen, J. (2000). *Connective leadership: Managing in a changing world.* Oxford, UK: Oxford University Press.

Luft, J. (1984). *Group processes: An introduction to group dynamics.* New York: Mayfield.

Luft, J., & Ingham, H. (1955). The Johari Window: A graphic model of interpersonal awareness. In *Proceedings of the Western Training Laboratory in Group Development.* Los Angeles: University of California, Los Angeles.

Mabry, J. B. (1998). Pedagogical variations in service-learning and student outcomes: How time, contact and reflection matter. *Michigan Journal of Community Service-Learning*, 5, 34.

Markus, H. G., & Kitayama, S. (1991). Culture and the self: Implications for cognition, emotion, and motivation. *Psychological Review*, 98 (2), 224-253.

Maslow, A. H. (1948). Some theoretical consequences of basic need-gratification. *Journal of Personality*, 16 (4), 402-416.

Maslow, A. H. (1954). *Motivation and personality.* New York: Harper.

McClure, M. (2006). Solidarity not charity: Racism in Katrina Relief Work. *A Katrina Reader*. Retrieved from http://www.cwsworkshop.org/katrinareader/node/461

McIntosh, P. (1988). White privilege: Unpacking the invisible knapsack. http://www.utoronto.ca/acc/events/ peggy1.htm. Excerpted from Working Paper 189, *White privilege and male privilege: A personal account of coming to see correspondences through work in women's studies.* Wellesley, MA: Wellesley College Center for Research on Women.

McMinn, T. F. (2001). *The conceptualization and perception of biblical servant leadership in the southern Baptist convention* (Digital dissertations, 3007038).

Mead, M. (1971). *Coming of age in Samoa: A psychological study of primitive youth for Western civilization.* New York: HarperCollins.

Mezirow, J. (2002). *Transformational learning.* San Francisco: Jossey-Bass.

Miller, J. G., Bersoff, D. M., & Harwood, R. L. (1990). Perceptions of social responsibilities in India and in the United States: Moral Imperatives or personal decisions? Journal of Personality and Social Psychology, 58, 33-47.

Morgan, K. P. (1996). Describing the emperor's new clothes: Three myths of educational (in) equality. In S. M. Shaw & J. Lee, *Women's voices, feminist visions* (p. 47). New York: McGraw-Hill Higher Education.

Morris, M., & Peng, K. 1994. Culture and Cause: American and Chinese Attributions for Social and Physical Events. *Journal of Personality and Social Psychology*, 67 (6), 949-971.

Morrison, M. C. (1983). In praise of paradox. The Episcopalian. (As quotes in K. K. Smith, & D. N. Berg, 1987). *Paradoxes of group life: Understanding conflict, paralysis, and movement in group dynamics*. San Francisco: Jossey-Bass.

National Academy of Sciences. (2008). *Adviser, teacher, role model, friend* (8th ed.). Washington, DC: National Academy of Sciences, National Academy of Engineering, Institute of Medicine, National Academy Press.

Oshyn, K., & Wang, T. A. (2007). *Youth vote* 2008. Retrieved from http://www.whatkidscando.org

Pagan, R., & Edwards-Wilson, R. (2002). A mentoring program for remedial students. *Journal of College Student Retention*, 4, 207-226.

Pascarella, E. T., & Terenzini, P. T. (2005). *How college affects students: A third decade of research. Volume 2*. Indianapolis, IN: Jossey-Bass.

Peet, M. R., Walsh, K., Sober, R., & Rawak, C. S. (2010). Generative knowledge interviewing: A method for knowledge transfer and talent management at the University of Michigan. *International Journal of Educational Advancement*, 10, 71-85.

Pennebaker, J. (1990). *Opening up: The healing power of expressing emotions*. New York: Guilford Press.

Pennebaker, J., Kiecolt-Glaser, J., & Glaser, R. (1988). Disclosure of trauma and immune function: Health implications for psychotherapy. *Journal of Consulting and Clinical Psychology*, 56 (2), 239-245.

Piercy, M. (1980). *The moon is always female*. New York: Random House.

Portland State University, Center for Academic Excellence. (2011). 2010-2011 *annual report*. Portland, OR: Author.

Remen, R. N. (*1999*, September). Helping, fixing or serving? *Shambhala Sun*, Retrieved from http://www.shambhalasun.com/index.php?option=com_content&task=view&id=2328

Renner, T., Axlund, R., Topete, L., & Fleming, M. K. (2011). Service-learning is like learning to walk: Baby steps to cultural competence. In C. Cress & D. Donahue (Eds.), *Democratic dilemmas of teaching service-learning: Curricular strategies for success* (pp. 92-97). Sterling, VA: Stylus.

Russell, C. (1999). *Culture, language and behavior.* San Francisco: International Society for General Semantics.

Schon, D. (1987). *Developing critical thinkers: Challenging adults to explore alternative ways of thinking and acting.* San Francisco: Jossey-Bass.

Smith, R. (1995). Competence is what you do when you make a mistake. *Focus on Faculty*, 3 (2), 1. Provo, UT: BYU Faculty Center.

Solorzano, D. G. (1997). Images and words that wound: Critical race theory, racial stereotyping and teacher education. *Teacher Education Quarterly*, 24 (3), 5-19.

Stasser, G. (1992). Pooling of unshared information during group discussion. In S. Worchel, W. Wood, & J. H. Simpson (Eds.), *Process and production* (pp. 48-67). Newberry Park, CA: Sage.

Sue, D. W. (2010). *Microaggressions in everyday life: Race, gender, and sexual orientation.* Hoboken, NJ: Wiley.

Timmons, T. (1991). *Communicating with skill.* Dubuque, IA: Kendal/Hunt.

Toole, J., & Toole, P. (2001). *The service-learning cycle.* Minneapolis: The Compass Institute.

Tuckman, B. W. (1965). Developmental sequences in small groups. *Psychological Bulletin*, 63, 384-399.

Vygotsky, L. (1978). *Mind in society: The development of higher psychological processes.* Cambridge, MA: Harvard University Press.

Washington, B. (1901). *Up from slavery: An autobiography.* New York: Doubleday.

Weiner, B. (1985). An attributional theory of achievement motivation and emotion. *Psychological Review*, 92 (4), 548-557.

Wheatley, M. J. (1994). *Leadership and the new science: Learning about organization from an orderly universe.* San Francisco: Berrett-Koehler.

Wheatley, M., & Frieze, D. (2011). *Walk out walk on.* San Francisco: Berrett-Koehler.

Whelan, S. A., & McKeage, R. L. (1993). Developmental patterns in large and small groups. *Small Groups Research*, 24 (1), 60-85.

Witty P. (2009). Behind the scenes: Tank man of Tiananmen. *New York Times*. http://lens.blogs.nytimes.com /2009/06/03/behind-the-scenes-tank-man-of-tiananmen

翻訳者一覧（五十音順）

阿久根　優子　（第 10 章）　日本大学生物資源科学部准教授

石筒　覚　（第 14 章）　高知大学地域協働学部准教授

市川　享子　（第 7 章）　東海大学健康学部講師

岩淵　泰　（第 9 章）　岡山大学地域総合研究センター助教

木原　一郎　（第 3 章）　広島修道大学国際コミュニティ学部地域行政学科准教授

黒沼　敦子　（第 6 章前半）　東京大学大学院教育学研究科博士課程、
　　　　　　　　　　　　　　国際基督教大学非常勤講師

向野　也代　（第 5 章後半）　ポートランド州立大学公共サービス研究・実践センター、
　　　　　　　　　　　　　　ユニバーシティー・スタディーズ　シニア・フェロー、
　　　　　　　　　　　　　　助教授

鶴田　佳子　（第 2 章）　岐阜工業高等専門学校建築学科教授

當間　健明　（第 11 章）　中東アメリカン大学工学部産業工学科助教授

林　薫　（第 12 章）　文教大学国際学部教授

前川　浩一　（第 4 章後半）　美麻小中学校支援コーディネーター

前田　芳男　（第 8 章）　岡山大学地域総合研究センター教授

湊　邦生　（第 13 章）　高知大学地域協働学部教授

山下　美樹　（第 5 章前半）　麗澤大学学校教育研究科教授

山田　一隆　（はじめに）　岡山大学地域総合研究センター准教授

山本　浩史　（第 1 章）　新見公立大学健康科学部教授

吉川　幸　（第 6 章後半）　岡山大学地域総合研究センター実践型教育プランナー

吉田　敦也　（序章）　合同会社テクサラダ代表、徳島大学名誉教授、
　　　　　　　　　　　ポートランド州立大学シニア・フェロー

渡邉　暁子　（第 4 章前半）　文教大学国際学部准教授

※所属は 2019 年 11 月現在

著者一覧

スーザン・アガー＝キッペンハン （Susan Agre-Kippenhan）
リンフィールド・カレッジ（オレゴン州マクミンヴィル）教育担当副学長、学部長

ジャネット・ベネット （Janet Bennett）
インターカルチュラル・コミュニケーション・インスティテュート　エグゼクティブディ
レクター
　世界中の学術機関、企業、社会福祉機関を対象とする異文化間トレーニングの設計およ
び実施を行っている。パシフィック大学修士課程における異文化間関係プログラムを担当。

ピーター・J・コリアル （Peter J. Collier）
ポートランド州立大学学際的教育研究センター　アフィリエイティッドスカラー、教授(社
会学)

クリスティーン・M・クレス （Christine M. Cress）
ポートランド州立大学教育的リーダーシップ政策学部教授(高等教育、成人教育、継続教育)
　ポートランド州立大学のコミュニティ・ベースド・ラーニングの修士課程を担当。近著
に *Democratic Dilemmas of Teaching Service-Learning: Curricular Strategies
for Success* (Sterling, VA: Stylus, 2011）.

チスラ・エドウィン （Chithra Edwin）
レディ・ドーク大学（南インド、マドゥライ）教授（数学）、国際的サービス・ラーニン
グプログラムコーディネーター

シェリル・B・ゲルモン （Sherril B. Gelmon）
ポートランド州立大学マーク・O・ハットフィールド行政学部長、教授（公衆衛生学）
　高等教育におけるサービス・ラーニングと社会参画の影響評価を研究。

ケビン・ケスカス （Kevin Kecskes）
ポートランド州立大学マーク・O・ハットフィールド行政学部准教授（行政学）
　サービス・ラーニングでのパートナーシップの開発、公共リーダーシップスキル構築カ
リキュラムを研究。

シアナ・M・ケリガン （Seanna M . Kerrigan）
ポートランド州立大学ユニバーシティー・スタディーズ　キャップストーンプログラム
ディレクター

デボラ・リーバーマン　（Devorah Lieberman）
ラヴェルヌ大学（南カリフォルニア）学長
　異文化間コミュニケーション、高等教育におけるダイバーシティ、制度変革、市民参画、評価、高等教育に影響を与える現在の問題を研究。

ジュディ・パトン　（Judy Patton）
ポートランド州立大学芸術学部演劇・映画学科教授（ダンス）

ヴィッキー・L・ライタナワ　（Vicki L. Reitenauer）
ポートランド州立大学ユニバーシティー・スタディーズ　女性、ジェンダー、セクシュアリティ研究部門インストラクター
　学際的領域でのサービス・ラーニングカリキュラム開発や教員の支援を行う。2012年、教養学部ジョン・エリオット・アレン優秀教育賞受賞者。

エイミー・スプリング　（Amy Spring）
ポートランド州立大学アカデミック・エクセレンス・センター　アシスタントディレクター（大学と地域のパートナーシップ）

ステファニー・T・スタカマー　（Stephanie T. Stokamer）
パシフィック大学シビック・エンゲージメント・センター　ディレクター、助教授（平和と社会正義プログラム）

トーマス・J・ヴァン・クリーブ　（Thomas J. Van Cleave）
ポートランド州立大学大学院教育学研究科講師（高等教育、成人教育、継続教育）
ポートランド州立大学大学院教育学研究科の高等教育、成人教育、継続教育プログラム　講師
　短期間国際サービス・ラーニングと効果的教育戦略を研究。

ジャネル・デカリコ・ボウガリ　（Janelle DeCarrico Voegele）
ポートランド州立大学オンラインラーニング　アカデミック・エクセレンス・センター暫定ディレクター（教育、学習、評価）

デラフルーズ・R・ウィリアムズ　（Dilafruz R. Williams）
ポートランド州立大学教育的リーダーシップ政策学部教授（高等教育、成人教育、継続教育）の教育リーダーシップおよび政策部門の教育教授
　2001年、エールリッヒ・ファカルティ・サービス・ラーニング賞受賞者。

※所属は原著第2版による

監訳者

吉川　幸

岡山大学地域総合研究センター実践型教育プランナー

　　京都府木津川市出身。同志社大学文学部卒業後、株式会社ベネッセコーポレーション入社。英語教材編集や新規事業開発等を担当しながら日本大学大学院総合社会情報研究科に進学し、SDGs（持続可能な開発目標）における教育の役割、高等学校段階での社会性の育成について研究。2016 年より現職に転じ、実践型社会連携科目の企画開発や「地域ぐるみのひとづくり」と題した地域の教育魅力化に取り組んでいる。博士（総合社会文化）。

前田　芳男

岡山大学地域総合研究センター教授

　　大分県豊後大野市出身。熊本大学大学院（建築学専攻）修了後、民間の都市計画系シンクタンク勤務、まちづくりコンサルタントの自営を経て、2014 年より現職。各種行政計画の立案、社会調査、イベント企画、まちおこし、土地利用や公共交通整備のための調査・提言等に従事した経験を踏まえ、中・高等教育のためのサービス・ラーニングの科目開発とその評価手法、教授方法を研究。大学を起点に高大社接続を推進している。博士（工学）。

市民参画とサービス・ラーニング

学問領域や文化の壁を乗り越えて学びたい学生のために

2020 年 3 月 1 日　初版第 1 刷発行

著　者　　クリスティーン・M・クレス、ピーター・J・コリアル、
　　　　　ヴィッキー・L・ライタナワ
監訳者　　吉川　幸　前田　芳男
翻訳者　　ポートランド州立大学ワークショップアラムナイ
発行所　　岡山大学出版会
　　　　　〒 700-8530　岡山県岡山市北区津島中 3-1-1
　　　　　TEL 086-251-7306　FAX 086-251-7314
　　　　　http://www.lib.okayama-u.ac.jp/up/
印刷所　　友野印刷株式会社